Hildegard E. Keller

FREI

Hildegard E. Keller, Prof. Dr. Germanistin und Hispanistin. Die langjährige Literaturkritikerin (Bachmannpreis ORF/3sat, Literaturclub SRF) hat die erste deutsche Werkausgabe von Alfonsina Storni in eigener Übersetzung herausgegeben und zur Autorin Performances, Kurzfilme sowie einen Podcast geschaffen. Ihr Roman *Was wir scheinen* (Eichborn 2021) mit Hannah Arendt und ihr Film *Brunngasse 8* (2022) haben ein großes Publikum gefunden. Mehr zu ihren sieben Leben auf www.hildegardkeller.ch.

# Hildegard E. Keller

Vom Leben und Weiterleben

der Alfonsina Storni

Biografie Band 2 (1930–2024)

# WACH

## Biografie Band 1 (1870–1929)

| | | |
|---|---|---|
| | Leinen los! | 6 |
| 1 | Zikade<br>Lugaggia. San Juan. Lugano. Sala. Buenos Aires. 1870–1896 | 9 |
| 2 | Brandstifterin<br>Buenos Aires. San Juan. Rosario. Coronda. 1896–1911 | 37 |
| 3 | Kosmopolis<br>Buenos Aires. 1912–1918 | 57 |
| 4 | Freiluftschule<br>Buenos Aires. Montevideo. Mar del Plata. 1919–1921 | 87 |
| 5 | Freundschaft<br>Buenos Aires. Mar del Plata. 1921–1925 | 125 |
| 6 | Ocker<br>Buenos Aires. 1925–1927 | 181 |
| 7 | Frauen<br>Buenos Aires. Am Hafen von Montevideo. 1927–1929 | 236 |
| | Nachweise | 278 |

**FREI**

Biografie Band 2 (1930–2024)

| | | |
|---|---|---|
| | Leinen los! | 6 |
| 8 | Europa<br>Auf hoher See. Spanien. Paris. Tessin. Buenos Aires. 1930 | 9 |
| 9 | Chaplin<br>Buenos Aires. Europa. Montevideo. 1931–1935 | 65 |
| 10 | Zugfenster<br>Buenos Aires. Bariloche. Santiago de Chile. 1936–1938 | 109 |
| 11 | Ich geh schlafen<br>Buenos Aires. Mar del Plata. 1938–1939 | 171 |
| 12 | Monumente<br>Buenos Aires. Mar del Plata. Berlin. 1939–1969 | 211 |
| 13 | Comeback<br>Deutschschweiz und Tessin. 1943–1988 | 258 |
| 14 | Frei<br>Basel. Bloomington. Berlin. Lugano. Zürich. 1981–2024 | 287 |
| | Nachweise | 325 |

# LEINEN LOS!
Europa. Amerika. 1930–2024

Weiter geht die Reise, die im ersten Band WACH begonnen hat. Auch hier erzähle ich von fremdgewordenen Welten: von der kargen, landkartenkleinen Auswanderungs-Schweiz und dem superreichen Argentinien, einem fruchtbaren, riesigen Land, in das Hoffnungsvolle aus der ganzen Welt aufbrachen.

Meine Gefährtin auf dieser Reise ist Alfonsina Storni – und ich bin die ihre. Sie war in beiden Ländern zuhause, ich bin ihr nach Argentinien und in die Schweiz gefolgt und habe ihre Spuren gesucht, zu ihren Lebzeiten und in den Jahrzehnten ihres Weiterlebens bis heute. Ihr Leben ist nicht vollständig dokumentiert. Splitter und Reste, die tief vergraben waren, habe ich behutsam gesäubert und hin- und hergewendet, aber es gibt viel Unerforschtes, oft nicht mehr Erforschbares.

Wo nichts zu finden war, hat die Freiheit weitergeführt. Ja, ich habe sie entdeckt, die höchst eigene Freiheit, die Alfonsina Storni fast bis zum letzten Tag genossen hat: die Freiheit beim Schreiben.

Die Originalzitate von Alfonsina Storni und vieles mehr findet man in den fünf Bänden der Werkausgabe. Die bunten Seitenzahlen am Rand verweisen auf den jeweiligen Band:

CHICAS 123
Kleines für die Frau

CUCA 123
Geschichten

CARDO 123
Interviews & Briefe

CIMBELINA 123
Theaterstücke

ULTRAFANTASÍA 123
Lieblingsgedichte

# Un deporte Nuevo
## *Fotos animadas por medio del*
# Cine-Kodak

La maravilla de las películas — películas personales — se halla ahora a su alcance. El Cine Kodak le proporciona fotos animadas para su pantalla de proyección, con la misma facilidad que su Kodak le proporciona fotos para su álbum.

¡Piense cuán divertido es! ¡Apunte la cámara, apriete el botón, y la travesura del bebé, el partido de golf de Pepe, la zambullida de Clara o las aventuras de sus vacaciones, quedan impresas en la película, listas para ser proyectadas.

¡Películas tomadas por Vd. y proyectadas por Vd. mismo! ¡Cuanta satisfacción duradera para Vd. y los suyos!

Las fotografías son esmeradamente buenas. Su costo es extraordinariamente bajo — más o menos una sexta parte del de las películas universales. Se usan películas de seguridad, y su precio incluye todos los trabajos de revelación que ejecutan los mismos expertos de la Kodak.

El Cine Kodak modelo B con lentes anastigmáticos foco 6.5 cuesta $ 270.— m|n.; con lentes Kodak anastigmáticos foco 3.5 cuesta $ 350.— m|n. El Kodascopo C cuesta $ 240 m|n.

El juego completo de Cine Kodak (tomador de películas), Kodascopo (proyector) y pantalla, por sólo $ 530.— m|n.

Las casas vendedoras de aparatos Kodak están ahora preparadas para hacer demostraciones del Cine Kodak. Si su proveedor no está listo todavía, pídanos folletos.

## KODAK ARGENTINA Lda.
Paso 434/438      Buenos Aires

*Sostenga la máquina a la altura del ojo o de la cintura, y oprima el botón.*

*Sostenga la máquina a la altura de la cintura o del ojo, y oprima el botón.*

*Para proyectar la película, basta dar vuelta la llave del Kodascopo.*

# EUROPA
Auf hoher See. Spanien. Paris. Tessin. Buenos Aires. 1930

Alfonsina Storni schaut dem Jungen auf dem Erstklassdeck zu. Er fotografiert mit seiner Kino-Kodak die Wellen. Ein neuer Sport für Leute mit Geld, aber Storni weiß, dass es auch ohne Kamera geht. Sie s c h r e i b t ihre Kodaks – Kodak-Flashs in Worten. Einige sind kurz vor ihrer Abreise aus Buenos Aires in der Zeitung La Nación erschienen: «Dein erster Blick durchdrang schlagartig die zehntausend Tage meines Lebens.» Auf hoher See gibt es viel zu sehen. Alfonsina reist zum ersten Mal nach Europa und kann sich an der Wasserwüste nicht sattsehen, Blanca de la Vega kann die Landung kaum erwarten. Sie sichtet die weiße Küste Spaniens als Erste. Das Deck bevölkert sich, der Speisesaal ist hell erleuchtet, seine Fenster weit offen, als aus vielen Mündern ein Schrei fährt: «Tötet sie nicht!» Eine erschöpfte Schwalbe ist auf den Boden geschlagen. Ein Kind hebt sie auf und drückt sie gegen die Brust. Ein Kodakmoment für Alfonsina Storni. Als Storni am 10. Januar 1930 in Barcelona an Land geht, ist sie fast ein Star. Man kennt ihren Namen aus großen Kulturzeitschriften. Sie wird Interviews geben und zusammen mit Blanca auftreten.

*Barcelona*
Die Lage in Spanien ist angespannt: Seit dem New Yorker Börsencrash von 1929 befindet sich auch die iberische Halbinsel in einer Wirtschaftskrise. Die Militärdiktatur unter General Primo de Rivera, in dessen Schatten König Alfonso XIII seit 1923 steht, kommt an ihr Ende. Es drohen Unruhen, trotz des Sieges der Spanier im Zweiten Marokkanischen Krieg gegen aufständische Berberstämme einerseits und die konkurrierende Kolonialmacht Frankreich andererseits. Der General schrieb Geschichte mit seinem Chemiewaffeneinsatz: Aus Flugzeugen ließ er Senfbomben in Nordafrika abwerfen. Während der Wochen, die Alfonsina und Blanca in Spanien verbringen, tritt Primo de Rivera zurück. Manche Schriftsteller und Journalisten sind schon im Exil. Trotzdem will man die Kolleginnen aus Südamerika gebührend in Empfang nehmen, doch ein Großaufmarsch könnte wie ein Komplott erscheinen. So beschließt man, sich in kleiner Runde zu treffen. Ein gutes Dutzend namhafter Männer heißt Alfonsina und Blanca im prächtigen Círculo Ecuestre willkommen. Bei der ersten Begegnung mit Alfonsina löst sich das vorgefasste Bild im Kopf der Gastgeber auf. Sie kennt das. Es ist wie schon 1926, als Gabriela Mistral sie in Buenos Aires besuchte. Auch den Spaniern erscheint Alfonsina Storni attraktiver, als man sich erzählt, ja «körperlich und geistig einzig-

artig attraktiv». Sie bezaubert «wie ein Wirbelwind» mit lebhaften Augen, aufgewühltem Haar und traurigem Lächeln. An ihrer Seite wirke Blanca wie eine etwas steife Schönheit, respekteinflößend sicher, aber bei weitem nicht so gewitzt. Alfonsina freundet sich schnell an. Die Gespräche bei Tisch sind pikanter als das Essen, beim Dessert duzt sie sich schon mit einigen, beim Verlassen des Lokals mit allen. Man verabschiedet sich erst im Morgengrauen. Für die nächsten Tage ist ein touristisches Programm geplant. In der Weltausstellung auf Montjuïc wird europäische Gegenwartskunst gezeigt. Die Katalanen haben ein urbanistisches Großprojekt gestemmt, um die Avantgarde nach Barcelona zu holen; von der Weimarer Republik etwa kündet der Deutsche Pavillon von Ludwig Mies van der Rohe. Ausflüge in die Umgebung: Alfonsina und Blanca sehen die zerklüftete Costa Brava, die Strände von Sitges.

Storni gibt immer wieder Interviews. Josep Maria de Sagarra, kein Unbekannter im katalanischen Literaturbetrieb, beschreibt sie in seiner populären Kolumne *Der Aperitif*. Eine lockere Annäherung, die Lust auf die Person und ihr Werk machen soll. Sagarra schaut genau hin, findet Bilder für Alfonsina Stornis Gesicht, dessen Muskulatur, ihr blondiertes Haar, das grüne Kleid, die Halskette. Er sieht die «rebellische Gespielin eines Gottes

der Pazifikküste». Sagarra ist nicht unkritisch: «Ich habe schon viel minderwertigen Honig aus Amerika gekostet.» Auch Blumen mit widerlichem Geruch, Literatur, die einfach nur Literatur sein wolle, Ausgezeichnetes sei rar, sagt er. Umso überraschter ist er bei dieser Begegnung: «Aber nichts wie dieses Haar, wie dieses muskulöse Gesicht, wie diese Stimme und diese Dichtung von Alfonsina Storni, ihre feingliedrige, von Nerven durchzogene Hand, die vor Sympathie nur so vibrierte.» Der Journalist Guillermo Díaz-Plaja geht anders an die Sache heran. Er ist gerade mal einundzwanzig und denkt in literarischen Gruppierungen, die ihm Halt geben. Alfonsina Stornis Dichtung und Persönlichkeit passen aber nicht in Schubladen, weder ihr «Feuer, auf wunderbare Weise frei, wild, unbändig» noch ihre «hinreißende Menschlichkeit». Er kann sie nicht fassen: «Die Augen haben etwas Katzenhaftes, als wären sie getigert.» Er befragt sie umso hartnäckiger: Die zeitgenössische Kunst? Sie sei Universalistin, finde alle künstlerischen Ausdrucksweisen interessant. Neue Strömungen in der amerikanischen Literatur? Die Ultraisten. Ihre Haltung zu ihnen? Formexperimente, alles gut und recht, aber nur mit einem «Strahl Menschlichkeit». Und die neuen argentinischen Namen? Ja, auch Borges. Die spanische Literatur? Klassiker, viele Klassiker. Und neue Namen? Ja, sicher, sie nenne nur Rafael Alberti,

Federico García Lorca, Pedro Salinas und Jorge Guillén. Und das Kino? Oh ja, möge sie sehr! Zum Schluss noch ihr Eindruck von Barcelona? Vielfalt, überall!

*Madrid*
Alfonsina Storni und Blanca de la Vega reisen weiter. Eine literarische Gesellschaft hat sie nach Madrid eingeladen. Im Teatro de la Comedia zeigen die beiden das Programm «Eine ultramoderne Frau und ihre Gedichte», das sie schon in Montevideo vorgetragen haben. Alfonsina präsentiert die Italienerin Amalia Guglielminetti, eine Lieblingsdichterin, Blanca rezitiert Gedichte lateinamerikanischer Lyrikerinnen (Agustini, Mistral und Ibarbourou) sowie großer Namen in Spanien (Unamuno, Jiménez, Alberti, Lorca). Enrique Díez-Canedo porträtiert Alfonsina Storni. Er zählt zu den großen Netzwerkern zwischen Spanien und Lateinamerika, ist freier Mitarbeiter von Zeitungen in Mexiko und Argentinien (La Nación). Zuerst würdigt er Alfonsina Stornis Auftritt: «Der Vortrag war eine wirkliche Darbietung, durchdacht, kenntnisreich und in vollem Bewusstsein der Reichweite des Themas. Es war weit mehr, als die Ankündigung verheißen hatte: ein literarisches Stück mit ganz hohen Meriten.» Auf der Bühne tastet sich Storni spielerisch ans italienische Original heran, bald in

wörtlicher Übersetzung, bald in freier Nachdichtung. Dann schlüpft sie in die Rolle der Literaturvermittlerin und stellt Guglielminetti als kreative Persönlichkeit vor, mit Blick auf Kolleginnen aus Italien, Frankreich, Chile und Uruguay. Der Journalist findet dies keineswegs «eine elegante Abhandlung von akademischer Kälte», vielmehr sei es «eine eigentliche Sektion der Seele», also eine auch autobiografische Lektüre: «Fast ein Geständnis.» Enrique Díez-Canedos' Bericht erscheint in mehreren Zeitungen, einmal auch kombiniert mit einem Selbstporträt von Alfonsina Storni: *Selbstdemontage,* vermutlich in Spanien verfasst, ist ein aufregender Text, auch voller Rätsel, die ihr Publikum verblüffen. Es spricht weder die rotzfreche Debütantin von 1916 noch die Verfasserin von *Die Wölfin.* Die Autorin hält Rückschau auf das Leben, aber noch nicht in der relativen Gelassenheit der späten Jahre wie im Gedicht *An die Göttin Poesie.* Packt sie in Europa noch einmal die alte Lust, sich selbst und ihr Publikum auf die Schippe zu nehmen? Wie bei einer Stand Up Comedy? Eine Künstlerin auf Kollisionskurs mit ihrem Ambiente, die unter beißendem Spott ihre Blessuren zeigt? *Selbstdemontage* ist ein kubistisches Bild. Wildes Spiel und bitterer Ernst, Galgenhumor und offene Wunde. Das zarte Bleistiftporträt, das dem Abdruck beigegeben ist, stammt vielleicht von Emilio Centuriόns Hand.

*Interviewkomödie in Madrid*
Das Pressehaus ist ein topmodernes Gebäude, gerade erst im Auftrag des Madrider Presseverbands fertiggestellt. Mit Büros und Wohnungen, einem Konzertcafé, einem Kino und in den obersten Etagen auch Hotelzimmern. In einem davon sind Alfonsina und Blanca untergebracht. Dort spielt sich eine herrliche Szene zwischen den beiden Frauen und einem Reporter ab. Eines Tages steht nämlich César González Ruano vor Alfonsinas Bett und ist über die unkomplizierte Argentinierin so verwundert, dass er zuerst erzählen muss, wie es dazu gekommen ist (Storni ist schwer erkältet, Blanca lässt ihn trotzdem hereinkommen). In seiner *Interviewkomödie in fünfviertel Stunden* beschreibt der Reporter Alfonsina und Blanca: «Man erahnt den schlanken Körper unter den Leintüchern. Das Haar auf dem Köpfchen ist noch goldblond, das Gesicht breit, sehr amerikanisch, die Augen schauen liebevoll und zugleich schelmisch drein. Als sich Blanca mit einem kleinen Hopser aufs Bett setzt, achtet sie auf ihren Rock, was die Bewegung etwas unelegant aussehen lässt.» Alfonsina Storni hält einen Parfümflakon, tropft sich von Zeit zu Zeit etwas auf ihre Hände und ermuntert den Journalisten, sie alles zu fragen, selbst wenn Blanca wie eine Klosterschülerin aussehe. Der Interviewer nimmt allen Mut zusammen und fragt, ob sie lieber Männer wären. Blanca

ist verheiratet, da sind gewisse Themen tabu, aber Alfonsina fragt er nach Flirts und Liebschaften. Der ungewöhnliche Ort lenkt das Gespräch auf Delmira Agustini und den skandalösen Femizid, der auch in Spanien im Gespräch bleibt wie später, seit 1973, der Feuertod von Ingeborg Bachmann.

Agustinis Gedichte sind Teil von Stornis Bühnenprogramm. Die Bourgeoisie von Montevideo habe die Texte «als unanständig taxiert» und Delmira fallengelassen, da habe sie zeigen wollen, dass sie heiraten könne, wie und wann es ihr passe: «Das arme Mädchen heiratete den Erstbesten, einen Pferdehändler. Natürlich verstanden sie einander nicht, und Delmira reichte die Scheidung ein. Man muss wissen, dass er nicht platonisch und Delmira schön war. Bestimmt wollte er, dass sie nur ihm gehören sollte, bevor er sie für immer verlieren würde, und bat sie um ein letztes Rendezvous. Bei jener Zusammenkunft tötete er sie und beging Selbstmord. Was für ein grässliches Foto in den Zeitungen, Delmira am Fußboden, im Unterrock, blutüberströmt.» Diesen Faden nimmt Blanca auf: «Die Kleidung ist nicht unwichtig, das muss man sich mal vorstellen, so ein Tod, wirklich nicht wünschenswert, auch wegen des Unterrocks.» Das Interview wird zur makabren Humoreske. Von der «Seelenverwandtschaft», die Gabriela Mistral zwischen ihr selbst, Storni und Agustini erkennt, findet sich hier keine Spur. Der

143 Journalist fragt Blanca, ob auch sie schreibe: «Nein, mein Freund, ich komme nicht aus Uruguay. Dort schreibt ja jede Frau ihre Verse. Wie eine Epidemie ist das, nein, ich gebe mich damit zufrieden, sie zu rezitieren, aber auf meine eigene Art, mit einer persönlichen Note. Also ganz anders als Berta Singerman, weniger theatralisch und auf schauspielerische Effekte aus.»

Blanca und Alfonsina machen einen Abstecher nach Sevilla und besuchen die Iberoamerikanische Ausstellung. Sie ist kleiner als die Weltausstellung in Barcelona, aber für Storni hält sie eine Überraschung bereit. In einem der Pavillons sieht sie Originalhandschriften von Teresa von Ávila. Leicht verschämt berichtet sie später, wie ähnlich ihrer eigenen sie die Handschrift der Mystikerin empfunden habe. Stornis Interesse an Grafologie ist aus dem Interview vom 23. April 1924 bekannt, doch hier wird sie nicht von allfälligen Parallelen zwischen Persönlichkeiten berührt. Es ist vielmehr die Genealogie des weiblichen Schreibens, die seit Jahrhunderten Frauen verbindet: «weibliches Fleisch, das die männliche Gabe des Ausdrucks erhalten hat». Fast alle schreibenden Frauen, sagt Storni, sind Individuen, die nach innen wirken. Kraftzentren, die das, was sie anziehen, der eigenen Natur einverleiben und dadurch andere anziehen. Storni nennt sie «zentripetale Individuen».

*Paris*

Die Reise geht weiter. Alfonsina und Blanca bleiben nur noch ein paar Tage. Sie fahren von Spanien aus nach Paris und kommen hundemüde in der Gare de Lyon an. In der Pension lassen sie sich gleich ins Bett fallen. Hier taucht bestimmt kein Journalist mehr auf; hier warten auch keine Auftritte auf sie, nur noch Vergnügen, Bummeln, in Cafés herumsitzen, vielleicht noch ein Museum und ja, Menschen. Manuel Ugarte lebt jetzt in Paris. Mica und Hipólito allerdings wollen erst im Sommer von Barcelona nach Paris umsiedeln. Und Gabriela Mistral und Palma Guillén sind nicht mehr in Paris, sondern vielleicht in New York oder Florenz, Alfonsina weiß es nicht. Plötzlich überkommt sie der Impuls, den sie in den letzten Jahren oft verspürt hat: zu ihren Wurzeln zurückkehren! In allerletzter Minute beschließt sie, allein ins Tessin zu fahren. Sie fragt Blanca nicht, ob sie mitkommen wolle. Es ist ja nur eine Stippvisite bei der Schweizer Verwandtschaft. Bei der Gare de Lyon schaut Alfonsina am Empfangsgebäude hoch zu den gigantischen Zifferblättern. In einer halben Stunde fährt der Zug nach Basel. Sie stellt ihre Reisetasche ab und schaut den Glockenturm und all die Figuren an der Fassade an. Ganz zuoberst thronen Königinnen. Oder sind es Göttinnen? Auf jeden Fall Frauen. Dieser Bahnhof ist ein Kunstmuseum im Freien, natürlich viel kleiner als La Constitución in Buenos Aires, aber elegant wie alles in Frankreich. Alfonsina Storni genießt die letzten Minuten an der frischen Luft, dann nimmt sie ihre Tasche und geht zum Gleis, auf dem der Zug in die Schweiz wartet.

*Durch den Gotthard*
Am nächsten Morgen um sieben steigt sie im Schweizer Bahnhof in Basel in den Gotthard-Pullman-Express, mit Amerikanern, einer Familie aus Rom mit Dienstpersonal und zwei älteren Ehepaaren aus Deutschland. Zum allerersten Mal durch den Gotthardtunnel, auch da ist Zweite Klasse wieder fein genug. Lange fährt der Zug durch das Dunkel, es beginnt merkwürdig zu riechen, die elektrische Beleuchtung ist schwach. Alfonsina Storni ist froh, als die Bahn wieder ins Freie kommt und die Leventina hinunterfährt. Kurz vor Mittag hält der Zug in Lugano. Auch die Amerikaner und eines der deutschen Paare steigen aus. Macht man denn hier Urlaub? Davon hat ihre Mutter nie erzählt, auch nicht vom städtischen Flair ihrer Geburtsstadt. Alfonsina Storni knöpft den Mantel zu und geht durch die Unterführung zum Vorplatz des Bahnhofs. Dort lässt sie den Blick über die Dächer der Altstadt schweifen, am Kirchturm vorbei über den See, hinauf bis zu den weißen Bergspitzen im Blau. Schnee, im Februar liegt Schnee, das hat sie

ganz vergessen. Mit so viel Schönheit hat sie nicht gerechnet. Alfonsina Storni erinnert sich nicht, ob es die Bahn nach Tesserete damals, als sie hier lebte, schon gab, nur an die Eselchen vor den Kutschen, viel braver als die in San Juan. Sie steigt in einen der blauweißen Wagen und fährt mit der Spielzeugbahn durch ein Bilderbuch. Bei Sureggio führt die Trasse über ein Miniviadukt. In Lugaggia fällt ihr links oben ein stattliches Haus auf. Dann hält der Zug mit einem kleinen Ruck in Tesserete. Alfonsina Storni nimmt die Reisetasche und steigt aus, hinein in ihre frühe Kindheit. Zio Michele erkennt seine Verwandte sofort. Mit ihren achtunddreißig Jahren ist sie noch immer zierlich. Sie aber traut ihren Augen kaum. Er ist zweiundfünfzig und so stattlich wie sein Restaurant, das die beiden gleich darauf betreten.

*Tesserete und Lugaggia*
Onkel Michele ist eigentlich kein Onkel, sondern ein Cousin: der Erstgeborene von Angelo Storni, dem ältesten der vier Storni-Brüder, die nach San Juan ausgewandert waren. Als die vierjährige Alfonsina nach San Juan kam, war Michele schon fast erwachsen, ein schlaksiger junger Mann, der die Kleine aus der Schweiz auslachte, weil sie so tat, als könne sie lesen. «Du hältst das Buch ja verkehrt herum», feixten er und andere Cousins, bis

Alfonsina wegrannte und sich weinend versteckte. Als Micheles Vater 1897 starb, kehrte die Familie nach Lugaggia zurück, Michele lernte Anna Banfi aus Tesserete kennen, sie heirateten, gründeten eine Familie und arbeiteten im Ristorante Banfi mit. Seither ist viel geschehen, Tesserete ist elektrifiziert, denn die Bahn hat nicht nur Tourismus in die Capriasca gebracht, sondern auch Strom. Michele stellt seiner Cousine die ganze Familie vor, Anna und die Kinder, Zia Pina, die Letzte aus der Generation von Alfonsina Stornis Vater. Sie alle arbeiten im Familienbetrieb, der ein Restaurant, eine Bäckerei und einen Lebensmittelladen umfasst, mit. Alfonsina nimmt nur einen Espresso. Sie holt das Buch für Michele aus der Tasche, *Ocker,* schon in dritter Auflage, um eine Widmung hineinzuschreiben, mit roter Tinte «Para mi primo Miguel Storni, cariñosamente. Alfonsina Storni», darunter 1930 und ganz zuunterst ihre Adresse. Dann markiert sie noch auf Seite 13 das Gedicht *Palabras a mi madre,* auf Deutsch *Worte an meine Mutter* und steht auf. Sie möchte unbedingt die zwei Häuser sehen, um derentwillen sie gekommen ist: das Elternhaus ihres Vaters in Lugaggia und das Haus in Sala Capriasca, in dem sie geboren ist. Doch Michele lässt es sich nicht nehmen, seine Cousine noch durch das Gebäude zu führen. Eigentlich könnte man zu Fuß nach Lugaggia gehen, aber nicht mit einer, die es so eilig hat. Michele öffnet Alfonsina die Autotür. Auf der Fahrt zeigt er immer wieder auf Häuser – hier die Antoninis, da die Menghettis. Plötzlich beugt er sich zu seiner Mitfahrerin hinüber und zeigt steil nach oben. Sie kann es kaum glauben: Da soll ihr Vater geboren sein? In dem großen, weißen Haus, das ihr schon im Zug aufgefallen ist? Die Ca' Storni sei früher noch nicht so stattlich gewesen, erklärt Michele. Sein Vater habe das Elternhaus renovieren und ausbauen lassen; erst dann sei es zu den seitlichen Anbauten, den Säulengalerien und dem Runddach über dem Mittelteil gekommen. Vor dem Verkauf des Hauses habe zuletzt Zia Pina noch dort gewohnt, nun lebe sie bei ihnen in Tesserete. Das Haus ist jetzt im Besitz der Familie Banfi, heißt Villa Mignon und beherbergt Touristen; an der Rezeption kauft Alfonsina Postkarten. Michele will ihr auf jeden Fall noch das Familiengrab der Stornis zeigen. Alfonsina Storni ist zum ersten Mal auf einem Tessiner Friedhof. Sie schaut sich die emaillierten Fotos auf dem Grabmal genau an: Patriarch Federico Storni, lange vor ihrer beider Geburt verstorben, und die Großmutter, die nur einen Monat nach Alfonsinas Geburt gestorben ist: «Bald achtunddreißig Jahre ist es her», sagt Michele, als sie wieder ins Auto steigen. Kurz vor der Einfahrt nach Sala biegt er ab und fährt das Sträßchen nach Bigorio hoch. Bei der Post hält er an. Es liegt zu viel Schnee. Man kann nicht ganz hinauf zum Kapuzinerkloster steigen, aber auch hier sieht man das Panorama. Micheles Zeigfinger tippt in die Luft: Origlio mit dem kleinen See, wo Paulina mit ihrer Mutter gewohnt hat, in der Ferne Lugano, die Geburtsstadt ihrer Mutter, in Sala das Haus, in dem Alfonsina zur Welt kam und die Kirche Sant'Antonio, in der sie getauft wurde. Die Schauplätze ihrer Familiengeschichte sind ganz nah beieinander. Das zauberhafte Weiß verbindet alles. Das Land ihrer Vorfahren ist Alfonsina Storni ein Gedicht wert – ohne Schnee, dafür mit Wilhelm Tell. Doch das Sonett *Die Schweiz* wird sie in keine Buchpublikation aufnehmen. Es bleibt ein Solitär in einem Werk, das gegen Patriotismus und Nationalmythen gefeit ist.

*Sala Capriasca*
Michele fährt das Sträßchen hinunter und winkt einer Frau, die aus dem Weinberg kommt. Auf dem Rücken trägt sie eine Gerla, eine Rückentrage voller Rebenschösslinge und Kleinholz. Sie ist so schwer beladen wie die «Auserwählten» in der einzigen Kolumne, die Alfonsina Storni vor elf Jahren über das Tessin geschrieben hat. Doch für diese Frau hier wäre das Wort «Bergeselchen», das sie damals verwendet hat, gar nicht passend. Die Bäuerin schaut freundlich drein, trägt den Kopf hoch, als sie Michele grüßt. Er zeigt mit der rechten Hand aus dem Fenster und

sagt, das sei Marinas Weinberg, Marina Dolci aus Sala. Alfonsina erinnert sich nur halb, vielleicht hieß so ihre Spielkameradin. Michele stellt den Motor ab, sie steigen aus. Am Spatzenturm erkennt Alfonsina Storni ihr Geburtshaus. Als sie auf den Dorfplatz kommen, schiebt der Briefträger sein Fahrrad vor das Haus und lehnt es an die Wand. Der Postino hat gerade seine Nachmittagstour beendet. Alle kennen Antonio, der gemeinsam mit seiner Frau in der Ca' Menghetti wohnt und im Erdgeschoss die Poststelle führt. Michele begrüßt Antonio, stellt ihn seiner Cousine vor. Alfonsina sei Argentinierin, aber hier im Haus geboren. Antonio schaut zum Fenster im oberen Stockwerk, auf das Michele zeigt, und schüttelt den Kopf. Das müsse vor der Zeit der Menghettis gewesen sein. Vielleicht habe Dottore Fioroni damals das Haus noch besessen. Antonio zeigt ihnen die Initialen CF im Türsturz, Cesare Fioroni. Das Haus sei seit 1896 im Besitz der Familie Menghetti. Antonio bittet sie herein, Alfonsina nickt und zeigt auf das Türmchen mit der Sonnenuhr. Natürlich, die Passarera. Menghetti geht voraus und sagt auf der Treppe, dass das kein Piccionaio sei, wie alle meinten: nicht ein Tauben- sondern ein Spatzenschlag. Er öffnet die Estrichtüre und steigt das Holztreppchen hoch, gleich hinter ihm Alfonsina, Michele bleibt unten stehen und beobachtet sie. Eng beieinander stehen sie im Türmchen, das wie ein Zwergenhaus

auf dem Dachgiebel reitet. Vier Fenster, je eines in jede Himmelsrichtung. Antonio tippt Alfonsina auf die Schulter, hebt seine Arme und steckt die Hände unter die Dachsparren. Mit diesen Löchern locke man die Spatzen an, sagt er, damit sie nisteten. So habe man leichtes Spiel, fügt er spitzbübisch an. Alfonsina dreht sich um und schaut durch das Fenster auf den Dorfplatz. Am Brunnen spielen Kinder. Sie denkt an ihre Puppen und an den Frosch, dem sie in San Juan ein schönes Trauergeleit gaben: in einer Pfanne auf Rosen gebettet. Kinder sind die Experten der kleinen Dinge.

Im Postbüro lässt sich Alfonsina Storni die Karten abstempeln, auch eine vom Haus. «Hier wurde ich geboren», schreibt sie in den Himmel über dem Haus; die ist für ihre Mutter. Michele und Alfonsina verabschieden sich vom Posthalter und treten wieder auf den Vorplatz. Ob sie nicht noch die Kirche sehen wolle, fragt Michele, das Becken, in dem man sie auf den Namen Alfonsina Carolina getauft habe? Sie schüttelt den Kopf. Eine Postkarte tue es auch, und dies auch nur, weil die Kirche dem heiligen Antonius geweiht sei: Sant'Antonio und Alfonsina lieben Vögel; der Heilige schützt auch die Spatzen vor Nesträubern. Michele zeigt auf den offenen Glockenstuhl. Wenn sie im Sommer wiederkomme, seien die Mauersegler da: «Sie lieben unsere Kirchtürme.» Am Brunnen stehen noch immer die Kinder, die sie von oben gesehen hat. Sie machen große Augen. Dass eine Argentinierin im Dorf ist, hat sich sofort herumgesprochen. Alfonsina Storni würde gern das Höfchen sehen, in dem sie gespielt hatten, irgendwo in diesen verwinkelten Gassen muss es sein, aber es bleibt keine Zeit. Schade, findet Michele, man könnte in seinem Restaurant schön zu Abend essen, doch Alfonsina muss weiter. Sie hat andere Pläne. Sie will nach Lugano hinunter, bevor es dunkel wird.

*Der Cousin*
Angiolo Martignoni kommt in Anzug und Krawatte an die Tür. Er ist zwei Jahre älter als Alfonsina Storni, aber kaum größer. Erste Geheimratsecken und eine schwere Brille, wie es sich für einen Juristen mit Doktortitel gehört. Für sie ist er wie Michele, ein Cousin mütterlicherseits, in Wirklichkeit ist Angiolo aber nicht der Neffe von Paulina Martignoni, sondern der Sohn eines ihrer Cousins – also ganz weit außen im Geäst des Stammbaums. Er gehört zum politisch aktiven Zweig der Martignoni. Wie die meisten aus der Familie sind sie im Tessin geblieben. Sein Vater Gaspare Martignoni ist Stadtrat von Lugano und Tessiner Großrat gewesen. Nach dessen Tod 1926 rückt der Sohn, Anwalt, Notar und seit 1921 im Tessiner Verfassungsrat, in den Großen Rat nach. Im Februar 1930, als sich der Besuch

aus Argentinien ankündigt, ist Angiolo Martignoni Staatsrat, also Mitglied der Tessiner Kantonsregierung, und leitet das Finanz- und Justizdepartement. Er sieht seine Verwandte aus Buenos Aires zum ersten Mal, sie wird über Nacht bleiben und am nächsten Morgen nach Paris zurückfahren. Angiolo Martignoni bittet Alfonsina Storni ins Haus. Er fragt wenig nach der Verwandtschaft, erzählt begeistert von Straßenbauprojekten im ganzen Kanton und vom Merlot aus Agno, füllt die Gläser zum zweiten Mal und stellt Brot sowie einen Violín da camos auf den Tisch. Von dem getrockneten Gamsbein, seiner Form wegen Violine genannt, schneidet Angiolo dünne Scheiben ab und legt sie auf ihren Teller. Dieses Tier habe er nicht selbst geschossen. Alfonsina kaut. Schlecht schmeckt es nicht, aber sie kann jetzt nur noch an Vaters Gewehr denken. Für einen Moment verschwimmen Alfonso und Angiolo ineinander, was bestimmt nicht am Merlot liegt. Damals, in San Juan, zog Alfonso immer wieder los, mit dem Gewehr auf dem Rücken und dem Jagdhund, der immer so aufheulte. Heimgebracht hat Alfonso nichts als einen leeren Blick. Was sie denn so schreibe, fragt Angiolo, nur Bücher oder auch für die Zeitung? Für welche? Was man in Buenos Aires über Mussolini sage? Er fragt viel, behält aber seine politischen Auffassungen für sich. Besser so für Alfonsina. Am nächsten Morgen steigt sie in den Zug. Wieder geht es durch den Gotthard über Basel nach Paris. Blanca wird später berichten, plötzlich sei Alfonsina wieder zurück gewesen. Erzählt habe sie nichts, nur einen Abschiedsgruß an Michele telegrafiert. Umarmungen. Dann geht es an die äußerste Nordwestecke der französischen Atlantikküste. Im Hafen von Boulogne-sur-Mer läuft die Cap Arcona ein. In dem fast neuen Luxusschiff auf der Route Hamburg-Buenos Aires beziehen Blanca und Alfonsina eine Zweitklasskabine. Am Waschtisch gibt es fließendes Wasser.

*Kielwasser*
Die Cap Arcona ist ein deutsches Schiff. Hier sind die Verhältnisse klarer geordnet als anderswo. Die Zweite Klasse ist die kleinste Sektion, untergebracht im Hinterschiff, leicht größer ist die Dritte Klasse im Rumpf des Vorderschiffs. Die Erste Klasse beherbergt die meisten Passagiere. Sie wohnen hoch über Blanca und Alfonsina, im Aufbau mit den drei hohen Schornsteinen. Erstklasspassagiere bewohnen eine Vielzahl an luxuriösen Kabinen und Salons im Mittelschiff. Blanca hat in Erfahrung gebracht, wie viele Decks es dort gibt, dass die Cap Arcona nur drei Jahre alt ist und eigentlich für Wohlhabende gebaut wurde: riesige Zimmer mit separaten Bädern, Tennisplätze, ein Speisesaal, hoch wie eine Kathedrale, auch ein Wintergarten mit Glaskuppel,

## *A BORDO DO CAP ARCONA*

do mais sumptuoso e mais rapido vapor da carreira Sul-Americana, onde exhalam os finissimos perfumes da afamada marca 4711, não existe monotonia no mar.

Um ambiente, distinctamente perfumado e uma atmosphera de luxo produzem um bemestar, que torna

"A VIAGEM UMA DELICIA"

Palmen und Wandbrunnen. Für jeden gebe es Vergnügungen, Jung und Alt, Mann und Frau, sogar ein Schwimmbad irgendwo im Schiffsbauch. Blanca meint gehört zu haben, dort trainierten Frauen in kurzen Badeanzügen. Alfonsina Storni interessiert das nicht besonders. Sie kann sowieso nicht schwimmen und lässt sich lieber von der salzigen Luft kitzeln. Sie klettert vom oberen Kajütenbett herunter, sachte, damit Blanca nicht aufwacht. Nach der Katzenwäsche steigt sie die Treppen zum Deck hoch. Zur Zweiten Klasse gehört nur dasjenige im Heck, aber für Alfonsina ist es der beste Ort an Bord. Von hier aus sieht man all die Spuren, die die Schiffe im Wasser ziehen: «Ein straffes Heer von Stahlkäfern krabbelt über das furchteinflößende Gewässer.» Wie kann man das nicht aufregend finden? Blanca zählt nur die Tage, so und so viele bis Rio, einer bis Santos, noch einer nach Montevideo und am letzten Tag dann Buenos Aires.

Alfonsina Storni ist als Erste an Deck. Sie hält sich an der Reling fest und atmet tief ein, schaut hinunter in die helle Fahrrinne. Ihre Lippen bewegen sich, Antonio Machado ist ihr Mann für diese Morgenstunde. Er besingt die Weite der Felder von Kastilien: «Caminante no hay camino sino estelas en la mar» – Wanderer, es gibt keinen Weg, nur Kielwasser, nichts als die eigene Spur im Wasser. Jede durchpflügt das Leben wie ein Schiff das Meer, und sieht erst beim Blick zurück den Weg, den sie zurückgelegt hat. Die kleinen und großen Lektionen, die man zu lernen hat. Auch Abschiednehmen, Sterben, neu Aufbrechen. Europa liegt hinter ihnen, nun hält die Cap Arcona Kurs auf Amerika: «Das Kielwasser ist eine wunderbar smaragdene Schleppe, mit der das Schiff schweigend die schwarze Morgendämmerung durchquert.» Alfonsina Storni denkt an ihre Spazierfahrt im Tessin zurück. Zu wenig Zeit, zu viel verpasst, aber es sollte ja auch keine Erholungsreise sein. Trotzdem: Statt zu Angiolo zu gehen, hätte sie auch in der Villa Mignon übernachten können, um die Gespenster ihres Vaters zu vertreiben. Auch in Sala hätte sie es länger ausgehalten, die alten Spielplätze aufgesucht, den Waschbrunnen außerhalb des Dorfs, das Höfchen. Michele und Anna haben versucht, sie zum Bleiben zu bewegen. Er hätte Alfonsina noch ein wenig herumgefahren und ihr Dörfer gezeigt, die man nur mit Eseln erreichen kann. Auch vom Monte Bar hat er geschwärmt, sogar im Schnee komme man rauf. Wie soll das gehen, hat sie zu Michele gesagt, ich auf Skiern? Und sich dabei gedacht: Alejandro würde sich kaputtlachen. Angiolo hat ihr ebenfalls Ausflugstipps gegeben. Der Lago Maggiore würde ihr gefallen, Locarno sei schön geworden, dort habe man ihm die Gamsvioline geschenkt. Auch Ascona lohne sich, aber nur unten am See. Die Monti seien voller Verrückter, die nackt im Garten arbeiten, ‹Lichttherapie› oder wie sie das nennen, betreiben würden. Nackte Frauen würden sogar unten am See ihre Verrenkungen machen. Vegetarismus, freie Liebe, Monte Verità, Angiolo hat sich in Rage geredet. Seine Schilderungen von den bärtigen Wilden mit ihren Spaten im Weinberg haben Alfonsina zum Lachen gebracht. Fast wie Horacio in Misiones! Trotzdem ist es ein kleines Wunder für sie, dass dieses alte Tessin jetzt Künstler und Intellektuelle anziehen soll. Jetzt habe ein deutscher Bankier das Anwesen auf dem Berg gekauft, meinte Angiolo erleichtert, nun sei zum Glück Ordnung eingekehrt. Wenn sie wiederkomme, zeige er ihr neue Viadukte und Straßen, da sei noch viel zu tun. Alfonsina Storni blinzelt in die Sonne, schließt die Augen und spürt die ersten Sonnenstrahlen auf ihrer Haut. Wie schön kann die Welt sein, wenn alle ihren Platz haben. In Spanien war alles leichter. Dort fühlte sie sich als Künstlerin gesehen, in ihrer Nahbarkeit geschätzt, als unverheiratete Frau mit ihrer Unabhängigkeit respektiert. Anders in Argentinien. Selbst in Buenos Aires wirkt eine wie sie deplatziert. Und doch überlegt sie keine Sekunde, ob sie wieder ans Ende der Welt fahren soll. Und ob Buenos Aires wirklich der einzig mögliche Ort für sie ist. Ja, und Alejandro, ihr ganzes Leben. Dorthin zieht die Cap Arcona auf ihrer grünen Schiene: «An ihrem äußersten Ende erhebt sich Buenos Aires, ein großer viereckiger Totenkopf.» Als Alfonsinas Reisenotizen in La Nación erscheinen, unterrichten sie und Blanca schon wieder. Mitten in der täglichen Routine gibt es auch Überraschungen. Zum Beispiel Concha Méndez.

*Neue Freundinnen*
Auf dem Atlantik hätten sich die Wege von Concha Méndez und Alfonsina Storni fast gekreuzt. Im Dezember 1929 fuhr die eine nach Spanien, die andere, eine junge Spanierin auf Bildungsreise, nach Argentinien. Concha reist Erster Klasse, ist aber vorwitzig genug, um mit ihrem Hündchen Minuto auch die Zweite Klasse zu erkunden, die durch ein Gittertor abgetrennt ist. Dort sieht sie eine Gruppe von Nonnen und Priestern; einer flirtet mit ihr, da ruft sie: «Schaut her, dieser Priester zwinkert mir zu.» Concha steigt in Stöckelschuhen die eiserne Wendeltreppe in den Maschinenraum hinunter. Als einige kommunistische Maschinisten ihre republikanischen Fahnen vor ihr verstecken, beruhigt sie sie: auch sie sei Antimonarchistin und Republikanerin. Zurück in der Ersten Klasse fragt sie ihren Passagierbetreuer nach einem günstigen Hotel in Buenos Aires. Das Schiff legt am 24. Dezember 1929 an. Concha checkt im empfohlenen Hotel ein, lässt ihr Gepäck aufs Zimmer bringen und geht

spazieren – natürlich allein, da sie noch niemanden kennt. Sie erfreut sich an den Brunnen mit farbigem Lichtspiel und sieht Straßenkinder, die sich an den Fenstern eines Luxusrestaurants die Nasen plattdrücken. Concha wundert sich. Ist Argentinien nicht eines der reichsten Länder? Sie gesellt sich zu ihnen und schaut, was es da zu sehen gibt: Drinnen lässt man die Korken knallen, greift beim Weihnachtsessen kräftig zu. Diese Kinder sind ihre erste Bekanntschaft in Buenos Aires, die nächste erwartet sie gleich am folgenden Morgen im schmuddeligen Speisesaal des Hotels. Eine Alte in Schwarz schlurft herbei und will sie mitnehmen zu einem «Priester», der ihr «weiterhelfen» werde. Offenbar wird die alleinreisende junge Frau für eine arme Migrantin gehalten, die man in den Frauenhandel und die Prostitution einschleusen kann. Concha kann sich das Missverständnis nur so erklären: «Denn damals sah man keine junge Frau, die allein gereist wäre.» Seit Katherine Dreiers Bericht von 1918 hat sich also nichts geändert. Concha mangelt es nicht an Adressen und Kontakten, seit sie beim spanischen Botschafter vorgesprochen und er ihren Empfehlungsbrief gelesen hat. Seine Schwester in Madrid ist eine Freundin von Concha und schreibt, die junge Frau sei eine Tochter aus reichem Haus. Schon am nächsten Tag fährt beim Hotel das Auto des mexikanischen Botschafters vor. Alfonso Reyes

holt Concha zu ihrer ersten Party in seiner Residenz ab – viele weitere werden folgen.

Alfonsina und Concha Méndez freunden sich an; Concha ist eine der wenigen Frauen der Generation von 27, einer Dichtergruppe um Federico García Lorca, Rafael Alberti, Jorge Guillén, Luis Cernuda und viele andere. Die Gruppe wird sich bald mit Antonio Machado für den französischen Surrealismus öffnen. Kurze Zeit später gesellt sich Consuelo Berges zu den beiden Frauen. Die junge Lyrikerin aus Spanien hat Concha im Wartesaal der spanischen Botschaft kennengelernt. Die zwei jungen Frauen, die in Argentinien eine aufregende Zeit erleben und ihre Chancen als Nachwuchsautorinnen bekommen, sehen in Alfonsina Storni ein Vorbild als moderne Frau, Schriftstellerin, aber auch als Theaterfrau; zurück in Spanien wird sich Concha dem Kindertheater zuwenden und Stücke schreiben. In Buenos Aires veröffentlichen Concha und Consuelo erste Gedichte in Zeitungen wie La Nación. Als Leserreaktionen gibt es Glückwunschtelegramme an die Redaktion und briefliche Einladungen zum Tee. Einmal sei sie hingegangen, erzählt Concha in ihrer Autobiografie. Bei der feinen Dame habe Concha am Ende eines langen Tisches Platz nehmen müssen, die Gastgeberin selbst saß am anderen Ende, hinter ihr ein livrierter Diener mit weißen Handschuhen. Der Tisch sei so lang gewesen, dass keine Unterhaltung möglich war: «Nie habe ich eine kitschigere Verabredung erlebt.» Concha und Consuelo arbeiten in einem Büro an der Calle Florida und machen Fundraising im Auftrag des spanischen Konsulats; es gibt spanische Auswanderer, die in Argentinien reich geworden sind. Auch die jungen Spanierinnen verdienen ihr erstes Geld – «unerhört viel», findet Concha. Man vergnügt sich zu dritt: «Wir gingen oft in eine elegante Bar in der Prachtstraße Calle Florida – ich glaube, sie hieß Risco und hatte vergoldete Deckenverstrebungen. Uns war wohl in der warmen Atmosphäre dort, wir fühlten uns aufgenommen und verbrachten die Nachmittage lesend: Alfonsina gefiel Quevedo und Consuelo Ortega y Gasset. Für mich war alles gut. Ehrlich gesagt, war ich nicht besonders gebildet und ließ mir lieber etwas zeigen, als selbst zu belehren. Eines Nachmittags brachte uns der Kellner eine bedruckte Karte mit dem Hinweis: ‹Die Damen werden gebeten, nicht zu rauchen.› Ein Herr am Tisch gegenüber hatte sie überbringen lassen. Aus Trotz zündete ich mit einem einzigen Streichholz die nächste Zigarette und die Karte an. Was soll das, dass die Männer uns zu rauchen verbieten?»

Concha und Consuelo debütieren 1930 mit Büchern aus derselben Druckerei in Buenos Aires; jede schreibt das Vorwort für die andere, Norah Borges, die jüngere Schwester von Jorge Luis Borges, steuert Zeichnungen bei. Durch die Vermittlung von Norahs Mann, dem spanischen Literaturkritiker Guillermo Torres bei La Nación, kann Concha ihre Gedichte in der Zeitung veröffentlichen. Nun verdient sie genug Geld, um sich ein Pensionszimmer zu mieten. Torres hat auch die beiden Bücher auf den Weg gebracht. Concha schildert die Reaktionen der Literaturkritik (viele Besprechungen!), aber auch die der Militärs mit all ihren charmanten Folgen: «Vierzig Kapitäne der argentinischen und der uruguayischen Marine veranstalteten für uns ein Bankett. Der Festsaal war mit Rettungsringen und farbigen Fahnen dekoriert, damit er wie ein Schiff aussah. Einer der Kapitäne kam zu mir und sagte: ‹Ich habe Ihr Buch gelesen und sehe, dass Sie gern das Meer besingen, aber nicht das entfesselte Meer, das ist das Meer, das wir Kapitäne kennen.›» Concha meint, sie wolle gern einmal aufs Schiff. Nein, Frauen seien nicht zugelassen. Dann ziehe sie halt schwarzes Ölzeug, Gummistiefel und eine Matrosenmütze an, um als Mann durchzugehen. Ein Wort gibt das andere, man flirtet, am nächsten Tag lässt er ihr ein Schiffsticket nach Montevideo überreichen und lädt sie zu sich nachhause ein. Doch Concha will nicht allein reisen – und auch nicht beim Kapitän übernachten. Sie ermuntert Alfonsina mitzukommen. In Montevideo übernachten die beiden im Hotel de los Pocitos, direkt am Strand und an der

Rambla, wo jeder am anderen vorbeiparadiert. Man sitzt am Strand, Concha geht trotz der gefährlichen Strudel ins Wasser, man trifft sich mit Schriftstellern. Eine der bekannten Lyrikerinnen Uruguays schickt Concha eine Einladung ins Hotel, allerdings mit einer kuriosen Auflage: «Juana de Ibarbourou wollte mir zu Ehren ein Fest ausrichten, doch nur unter der Bedingung, dass ich Alfonsina Storni nicht mitbringen würde.» Eine Intrige? Offenbar hatte ein Reporter in Spanien Storni nach ihrer Meinung zu Juana de Ibarbourou befragt, nachdem diese 1929 zur «Juana de América» ausgerufen worden war. Concha erklärt sich das Ganze so: «Alfonsina, die intelligent war, wird irgendwas Unauffälliges gesagt haben, aber der Besserwisser von Journalist verdrehte ihre Worte. Das Resultat kränkte Juana. Mir schien, dass Alfonsina wegen dieser falschen Verdächtigung nicht eingeladen war.» Concha ist solidarisch, schickt Juana nur ihr Buch mit Widmung, Monate später soll Juana gedankt haben. Einen ihrer letzten Abende in Montevideo verbringen Concha und Alfonsina beim Chefredakteur der Zeitung El Sol. Nach einem Interview mit Concha lädt er die zwei Frauen zum Likör ein. Welcher ihr schmecke? «Alle», sagt Concha, worauf er einen Laufburschen losschickt, er solle alle nur denkbaren Liköre kaufen. Zu dritt sitzen sie vor einer bunten Batterie Flaschen: «Wir plauderten die ganze Nacht. Alfonsina und ich waren an dem Abend so charmant wie nie zuvor. Der Humor sprudelte bis um sieben Uhr morgens, als wir auf der Küstenstraße zum Hotel zurückspazierten.» Zwischen Nacht und Tag mag Alfonsina Storni Concha Dinge anvertraut haben, die sie auf der Europareise erlebt hat: «Es begann damit, dass die Bediensteten eines der Hotels ihr Gepäck mit einem geheimen Zeichen versehen hätten, damit sie in all den Hotels, in denen sie noch absteigen sollte, schlecht behandelt würde. Mit anderen Worten: dass sich die Hotelangestellten gegen sie verschworen hätten. Auch glaubte sie, dass die sozialistische Partei sie verfolgte. Auf der Straße konnte sie plötzlich die Vorstellung überkommen, ihre Feinde seien hinter ihr her. Das war verrückt.» Vielleicht bringt Concha hier etwas auf den Punkt – als Einzige. Vielleicht geht sie aber auch Stornis Humor auf den Leim, der verstörend schräg sein kann. Das Komplott der Hotelangestellten nur ein Witz? Man weiß es nicht.

Alfonsina Storni macht Concha und Consuelo auch mit ihren Freunden bekannt. Horacio Quiroga ist für Concha eine beunruhigende Erscheinung. Bevor die jungen Frauen ihn treffen, erzählt Alfonsina von seiner Holzhütte mit getrockneten Schlangen an den Wänden und Sesseln, die er mit den Fellen selbst geschossener Tiere überzogen habe. Vielleicht tischt Alfonsina tatsächlich Schauer-

geschichten auf, vielleicht geht die Fantasie der inzwischen betagten Concha durch, wenn sie von Alfonsina erzählt: «Sie sagte auch, dass er seine erste Frau umgebracht und in seinem Garten begraben habe.» Die drei Frauen besuchen Quiroga im Urwald. Sie können nur zu Fuß dorthin gelangen. Er empfängt sie: «Wir tranken ein paar Gläser mit ihm, und als ich hörte, was er erzählte, befiel mich entsetzliche Angst.» Quiroga ist wie seine Erzählungen, findet Concha. Alfonsina soll ihn angefeuert haben, noch mehr Geschichten von schwachsinnigen Kindern und geköpften Hühnern zu erzählen. Concha beruhigt sich erst, als Quirogas (zweite) Frau und die kleine Tochter zurückkommen: «Sie waren blond, bildschön und ihre lieben Gesichter schenkten mir Frieden.» Die drei Freundinnen bewegen sich auch durch den Großstadtdschungel, gehen in Konzerte und die Oper: «Die Leute waren ganz herausgeputzt. Damals waren die glänzenden Anzugsstoffe Mode. Es war wunderbar, im Teatro Colón auf der Galerie zu sitzen, wenn das Licht anging und die glänzenden Kleider zu leuchten begannen, und alle Damen mit ihrem Perlmuttschmuck. Von oben betrachtet war das ein expressionistisches Gemälde. Ein solches Wunder habe ich in keiner Oper der Welt gesehen, nicht einmal in Paris.»

Conchas Anekdoten wurden gegen Ende ihres Lebens auf Tonband gesprochen und nach ihrem

Tod von einem Mitglied ihrer Familie kompiliert und redigiert. Es ist eine mündliche Autobiografie aus großer zeitlicher Distanz zu den Erlebnissen. Sie macht bewusst, was eine subjektive Quelle ist: eine willkürliche Auswahl einzelner Momente des Jahres, das die Spanierin in Argentinien verbracht hat. Kurzum, eine nur bedingt zuverlässige Quelle, aber im Fall von Alfonsina Storni trotzdem eine Kostbarkeit: Concha Méndez schildert sie lebendig und anschaulich. So gehen wir mit den drei Freundinnen durch die Einkaufsstraßen von Buenos Aires, zu Künstlerfesten, in Clubs und Kaffeehäuser, wo jede ihr Lieblingsbuch liest. Wir sehen die feinen Herrschaften in der Oper, an Rezitationsabenden, wo jede die Gedichte der anderen vorträgt. Folgen ihnen nach Montevideo zu einem Wochenendausflug mit einer durchzechten Nacht. Rätselhaftes, auch Dunkles erfahren wir, von Alfonsinas Freunden und auch von ihr selbst: dass sie falschen Verdächtigungen ausgesetzt ist, sich nicht mehr sicher fühlt und Panikattacken hat. Und schließlich nimmt uns Concha zu ihren Abschiedsfesten mit, bevor man die Spanierinnen mit Fahnen und Trompeten zum Hafen geleitet und mit bedruckten Taschentüchern dem Schiff nachwinkt. Wie nirgendwo sonst erfahren wir, was man mit Alfonsina erleben kann – und was nicht. Wir sehen, was eine reiche Familie und einflussreiche Freunde wert

sind, auch wenn Conchas Informationen im Detail nicht immer stimmen (so ist Norah Borges' Mann nicht der Feuilletonchef von La Nación, sondern nur dessen Sekretär; Enrique Méndez Calzada ließ Torres offenbar genug Freiraum, Concha Méndez zur freien Mitarbeiterin zu ernennen). Und einmal mehr erleben wir mit den beiden Debütantinnen, dass Publikationen Tür und Tor öffnen, in Argentinien und Uruguay sogar in die Astralwelt.

*Geister*
In der Residenz des mexikanischen Botschafters kann man den Hausgeist kennenlernen. Es sei der Geist einer Russin, die Reyes abends besuche, wie mit großer Selbstverständlichkeit auf einer Party erklärt wird. Concha staunt über den alltäglichen Umgang der Argentinier mit Verstorbenen. Sie und Consuelo machen ihre wohl eigentümlichste Erfahrung in Argentinien ausgerechnet bei Alfonsinas Freundin Salvadora – für Concha eine schillernde Gestalt; Salvadora Medina Onrubia sei die Frau des «Millionärs» Natalio Botana, Besitzer und Chefredakteur der Tageszeitung Crítica, und sie sei eine stadtbekannte Exzentrikerin: «Legendär war, dass sie beim kleinsten Krach mit dem Mann die Koffer und die Kinder packte und ins Plaza ging, das teuerste Hotel von Buenos Aires.» Salvadora geizt nicht mit dem, was sie besitzt, und lädt Concha

und Consuelo ein: «Sie hatten ein stattliches Haus außerhalb des Stadtzentrums, in das sie Consuelo und mich für ein paar Tage eingeladen hatte. Jeder von uns gab sie ein Zimmer und zu unserer Überraschung fanden wir in den Schubladen einer Kommode eine ganze Kollektion Seidenpyjamas in allen Größen, damit sich die Gäste das passende nehmen konnten. Dann merkten wir, dass sie uns eingeladen hatte, weil wir an ihren spiritistischen Sitzungen teilnehmen sollten.» Erst nach und nach merken Concha und Consuelo, was hinter diesen Séancen steckt, ohne dass klar wird, ob Alfonsina oder Salvadora selbst die jungen Spanierinnen aufklärt. Jedenfalls erfahren sie vom unehelich geborenen Sohn, dem aufgeflogenen Familiengeheimnis und von den tragischen Folgen, Carlos' Selbstmord. Vielleicht sogar hören sie von Salvadoras Beschuldigungen gegen ihren Mann munkeln, weil er ihrem Sohn die Pistole geschenkt hatte, von der zerrütteten Ehe und ihren Affären, von den Betäubungsmitteln, nach denen sie nun süchtig ist, Opium, Morphium, Äther. Trotz allem bringt Concha wenig Empathie auf: «Diese ganze Geschichte scheint einem Groschenroman des vergangenen Jahrhunderts entnommen.» Bei den Botanas geraten Concha und Consuelo in eine Situation, die ihnen bizarr vorkommt: spiritistische Sitzungen, die Salvadora selbst organisiert: «Man sah sie zwischen dem Hotel Plaza und ihrem Haus hin- und hergehen, von einer spiritistischen Sitzung zur nächsten, auf der Suche nach ihrem Sohn.» Ein Medium soll zum Geist ihres Sohnes sprechen; den berühmten Hellseher hat Salvadora persönlich aus Indien nach Buenos Aires geholt. Verzweifelt sucht sie den Kontakt zu Carlos herzustellen. Ihre Mittel dazu sind in ihren Kreisen nicht neu.

Die erste spiritistische Gruppierung Argentiniens wurde 1877 gegründet. Constancia macht ihrem Namen Ehre, denn sie besteht bis heute und fügt sich in einen Interessenverband von Menschen, die für Durchsagen von höheren Quellen offen sind. Das Themenspektrum reicht von Zeitfragen über die Evolution des Universums bis zur göttlichen Herkunft der Seele. In den 1920ern wollten auch die Anarchisten die Quelle der Geister anzapfen. Sie ersuchten Constancia um Mithilfe beim Aufbau einer politisch motivierten spiritistischen Gruppe. Der Bericht über die erste Planungssitzung zeigt, dass sich ziemlich schnell Geister fanden, die sich zum Projekt äußerten; einer war kritisch und sprach sich gegen die Neugründung aus, andere waren kooperativ, bemächtigten sich der Körper der Medien, die sich zur Verfügung gestellt hatten, und gaben starke Botschaften durch, die sich kaum von den sehr irdischen Zielen der Anarchisten unterschieden: die Zerschlagung der Bourgeoisie, Straßenproteste und Bomben. Die Geister gaben genaue Instruktionen, wo Letztere zu legen seien. Dies alles setzte den Medien auch körperlich so zu, dass sie sich von den überirdischen Anarchisten lossagten. In Argentinien und fast mehr noch in Uruguay, Natalio Botanas Herkunftsland, entwickelte sich ein lebhaftes Interesse an Phänomenen und Weltzugängen, die seit dem Mittelalter als okkult galten und auch Alchemie, Magie, Astrologie, mantische Methoden und religiöse Geheimlehren umfassten. Seit 1889 sind sie der sogenannten «Parapsychologie» zugeordnet, ein Begriff für Grenzwissenschaften, den der deutsche Mediziner und Philosoph Max Dessoir in der theosophischen Zeitschrift Sphinx geprägt hat. Die Theosophie wurde in New York von Helena Blavatsky und Henry Steel Olcott begründet, die erste Tochtergesellschaft entstand 1893, als der Hauptsitz bereits in Indien war. In Argentinien und Uruguay war man an Theosophie als Seelenlehre interessiert, aber auch als Weg der Selbsterkenntnis und des Widerstands gegen die Amtskirchen. Es gibt keinen Tod, sagen Theosophen, nur die Desinkarnierung. Natalio Botana fand in Montevideo zur Theosophie. Er soll Schüler von Édouard Schuré gewesen sein; der aus dem Elsass stammende Schriftsteller hat in seinem Werk *Die Großen Eingeweihten* Rama, Krishna, Hermes, Moses, Orpheus, Pythagoras, Plato, Jesus, Zarathustra und Buddha porträtiert. Nach seiner Übersiedlung nach Buenos Aires widmete sich Natalio seinen Zeitungs-

projekten, doch seine Frau verfolgte die okkulte Spur beharrlich weiter. Vanina Escales zeigt auf, dass Salvadora ein Diplom der Theosophischen Gesellschaft erlangte und 1923 im Beirat der Loge VI-Dharmah saß. 1924 veröffentlichte sie ihren Roman *Akasha* mit theosophischen Vorbemerkungen. Der Titel verweist auf das Weltgedächtnis, den Datenspeicher für alles, was in unserem Planetensystem je war und sein wird. Zugang dazu gewinnt, wer sich auf sogenannte Astralreisen außerhalb des Körpers begibt. Man ahnt nun, wie Alfonsina Storni zu dem Selbstbild gekommen sein mag, von dem sie in Spanien gesprochen hat: «Nun, ich werde zuerst vom Körper sprechen. In ihm hat sich meine Astralseele [21] wie eine Katze zusammengerollt.»

*Ein neues PEN-Zentrum*
Am 6. Mai 1930 feiert man die Gründung des PEN-Zentrums Buenos Aires. Der Autorenverband gehört zu dem 1921 gegründeten PEN International, einem weltweiten Netzwerk von Schreibenden. Das Bankett findet in dem schicken Hotel Plaza statt, wo Salvadora angeblich immer wieder Zuflucht sucht. Bevor man sich zu Tisch setzt, wird ein Gruppenfoto gemacht. Die Herren stehen in drei Reihen hinter den fünf Damen, unter denen auch Stornis Mitstreiterinnen am Poesiefestival von Mar del Plata sind. Alfonsina Storni sitzt vorne links, zu ihrer Rech-

ten Emilia Bertolé, Dichterin und Malerin, hinter Storni der Theaterautor Enrique García Velloso, der Alfonsina einen Empfehlungsbrief für Spanien mitgegeben hat. Auf dem Bild sind Kollegen wie Alberto Gerchunoff, Manuel Gálvez und viele andere zu sehen. Sie sind zu jung, um zu den Gründervätern der argentinischen Literatur zu gehören, zu alt für die allerjüngste Schriftstellergeneration. Sie selbst, sagt Storni in *Unsere Generation,* habe zu schreiben begonnen, als man noch den letzten Glanz von Rubén Darío gesehen habe: «Damals begannen Literaten, der Inspiration zu misstrauen und Bibliotheken und systematisches Wissen für unerlässlich zu halten.» Diese Generation, mit Storni als einziger Frau, habe von ihren Vorgängern viele Schwierigkeiten geerbt und früh gelernt, die eigenen Erfolgschancen nüchtern einzuschätzen. Mit Glück bekomme man einen Literaturpreis, eine Kolumne bei La Nación, eine Anstellung als Lehrer, Anerkennung in Europa, mehr sei kaum drin. Für die Jungen von heute sei dies anders. Sie fänden «ein günstigeres Milieu und, in gewisser Hinsicht, auch ein schon recht gut bearbeitetes Feld» vor, nähmen sich grammatikalische Freiheiten, «schmissen den Reim in den Mörser». Drei oder vier Jungautoren hätten sich an den Klassikern geschult, durchaus mit Erfolg: «Man sah sie, man nahm sie wahr.» Storni nennt keine Namen, denkt aber vermutlich an Jorge Luis Borges.

Sie nennt kaum je seinen Namen, doch hier kann man sehen, auf welche Weise sie von ihm und seinesgleichen spricht: «Meine Generation lebte nach innen, die aktuell Geförderten dagegen sind nach außen orientiert und haben mit formalen Spielen debütiert.» Sie lässt durchblicken, dass diese Jungen unerbittlich um Anerkennung kämpfen: «Dennoch vermochten sie die Überzeugendsten und Kraftvollsten meiner Generation nicht aus dem Sattel zu heben. In der Literatur, die zurzeit vorherrscht, sind immer noch sie die Taucher, die wirklich in die Tiefe vordringen.» Ob Alfonsina Storni über ihre eigene Generation oder eine künftige nachdenkt, wichtig ist ihr nur eines: «Was mich selbst aber an einer Generation von Schriftstellern interessiert, liegt nicht in der Form, sondern im Innersten des Herzens.»

Beim PEN-Zentrum ergeben sich schöne Begegnungen. Bei Tisch kann man alte Freundschaften pflegen und neue knüpfen. Am 23. August 1930 wird der hundertste Geburtstag des provenzalischen Schriftstellers Frédéric Mistral gefeiert; 1904 erhielt er den Nobelpreis für Literatur. An einem der Tische sitzt Blanca de la Vega, an einem anderen Berta Singerman, an einem dritten deren viel jüngere Schwester Paulina mit Alfonsina Storni und Bartolome Soler. Ihr Gespräch kreist um das Theater. Es ist ihre gemeinsame Welt. Der Katalane Soler schreibt Stücke und bereist mit seiner Kompanie Nord- und

Südamerika; so kommt er 1930 nach Buenos Aires, wo ein Stück von ihm uraufgeführt wird – mit enthusiastischer Kritik. Die Singerman-Schwestern haben vor ihrer Schauspielausbildung die Kindertheaterschule besucht, an der Storni unterrichtet. Paulina ist eine ganz und gar argentinische Nachwuchsschauspielerin geworden, aber ihre wesentlich ältere Schwester, noch im weißrussischen Minsk geboren, war in ihren Anfängen stark mit dem jüdischen Erbe verbunden. Die Singermans waren seit vielen Generationen Kantoren in der Synagoge, schreibt sie in ihrer Autobiografie. Berta debütiert als Kind in der jüdischen Theaterszene von Buenos Aires, wird in der Rolle von Waisenkindern beiderlei Geschlechts zum Kinderstar jiddischsprachiger Bühnen. Dann macht sie ihren eigenen Weg als Interpretin von Poesie, die große Säle füllt, mit überaus expressivem Rezitationsstil und freien Bewegungen, die an Isadora Duncan und Mary Wigman denken lassen und Alfonsinas Kollegin Blanca eher skeptisch stimmen. Gemeinsam unterrichten Blanca und Alfonsina Generationen von Mädchen, die meisten aus Immigrantenfamilien, doch wer ihre Schülerinnenschar sieht, wird unter ihnen das eine oder andere Talent entdecken – Berta, Paulina, Amelia und andere Stars in Theater, Film und Rundfunk. Bei Tisch erzählt Alfonsina von ihren Eindrücken von Barcelona und Madrid, ihren Begegnungen mit Diez Canedo,

# El teatro israelita entre nosotros

La celebrada declamadora Berta Singerman, en la época en que actuaba brillantemente en el teatro ídich
Foto Graf y Kitzer

Skulnik, gran actor que hace las delicias de la colectividad con "El hombre que gana mucho"
Foto Rappoport

Sara Sylvia, actriz del teatro ídich, muy querida en la Argentina
Foto Newbery

Un anuncio programa de estreno

EN su mayoría los porteños llaman rusos a los judíos, ignorando que son israelitas, procedentes de diversos países, y hasta muchos de ellos argentinos, aunque todos hablen ídich.

Los israelitas gustan grandemente del teatro. Su teatro es un teatro cosmopolita, con más las singularidades hebreas. Repertorio: dramas, comedias y operetas. Es lo único que se adivina al través de los estrafalarios caracteres de sus anuncios.

Sepamos más. Este año han funcionado hasta tres teatros judíos. Dos de ellos siguen prósperos a final de la temporada. ¿Qué colectividad de habla extranjera llega a hacer uso del teatro en tal medida?

Este fenómeno artísticosocial comenzó con el enorme aumento de los judíos, a principios de siglo, en salones del Orfeón Español y Orfeón Gallego. Carácter permanente tiene desde veinte años acá, con compañías en cuyo elenco figuraron Waisman, Guttentag, Najman, Finkel, Marienhoff, Sagner, Blum, Axebrad, Perelman, Zukerman... En los diez años últimos, los dramas de más éxito fueron "La Pozesa", de Anaky, autor judío ruso, y "Dios de venganza", de Asch, judío polaco residente en Estados Unidos. De las operetas, "El casamiento rumano".

Además de los mencionados, numerosísimos son los autores teatrales en ídich. Sólo Buenos Aires cuenta a Samuel Glaserman, Isaac Nuñguer, Marcos Alperson, León Malej, J. Botaschansky y algunos nuevos. Entre sus obras sobresalieron: "Hérskele Ostropóller", "Los últimos días del zar Nicolás II" y "Transvase".

Esos autores lo son también de versiones. Y si algunas de las firmas universales vertidas, además de las clásicas, son Tolstoy, Strinberg, Ibsen y Andreieff, los autores argentinos no han dejado de merecer traspasos al ídich. Se han traducido y aplaudido obras de Florencio Sánchez, González Castillo, Saldías, Berisso, Coca y el catalán Guimerá: una veintena entre todas, y entre éstas: "Barranca abajo", "Los derechos de la salud", "Con las alas rotas", "Movimiento continuo", "El Arlequín", y las de más éxito: "El hijo de Agar", "Retazo" y "Tierra baja".

Hay artistas de gran mérito, de uno u otro género, que permanecen en Buenos Aires, algunos desde el comienzo del teatro israelita: actrices, Marcela Waiss, Sara Sylvia, Clara Zukerman; actores, Waisman, Guttentag, Weler, Blum, Silberberg, Lagner, Zukerman.

—¿Quiere usted saber algo de la vida del artista judío? Interrogue usted a Guttentag. Por allí lo tiene, en aquellas primeras mesas.

Así nos dijeron en un café.

—¡Recién estaba aquí! —nos respondieron y repitieron en criollo, dejando bruscamente el ídich, los parroquianos de cincuenta mesas.

Y fuimos a otro café, a través de media legua de la ciudad, ya que el paradero privado de Guttentag no lo conoce nadie.

—¡Recién estaba aquí! —nos volvieron a decir en todas las mesas.

Por fin, en otro distante café, un café del "ghetto" en que sirven japonesas:

—¡Allí lo tiene! —exclamaron.

Pero tampoco era él. Sólo decollaba allí un sombrero parecido al de Guttentag.

¿Qué más para saber la vida del artista israelita? Es la de todos los artistas del mundo: inestable. Y si al la compañía ídich Tomaschewysky representaba hace cinco años "El judío errante", Guttentag lo sigue representando en la vida, en homenaje a su arte y a su raza. Los actores israelitas de fama mundial que pasaron por aquí, como Morris Moscowitch, Sam Goldenberg, Max Skulnik, Rudolf Zaslavsky, Joseph Shoenjold, dejaron recuerdo imborrable en la colectividad con "Shylock", "Padre", "Cadáver viviente", "Espectros", "El hombre de las grandes ganancias" y "Tobías el lechero"; y las actrices, como Malvina Lobel, Clara Yonng, Bina Abramovich, Nelly Casman, con "Madame X", "Mlle. Hoplá", "Elamorciego" y "El cantor".

La admirable declamadora Berta Singerman, israelita, que recita en castellano y pasea triunfalmente el nombre de la Argentina en el extranjero, comenzó su carrera artística entre nosotros, en un teatro ídich, haciendo papeles de niña, y lo era entonces, allá por 1913, pues no contaría diez años de edad. Se inició en el Olimpo, bajo la dirección de Moscowitch.

Extrañará que el negocio del teatro, económicamente, no lo afronten los israelitas. Señal de que "no es negocio", maliciará más de uno. "En cuanto judío que englosine" nos asegura, sentencioso, el joven doctor Cánepa, sucesor del padre en esto. El otro empresario es T...

Pero como manifestación de una colectividad, es una cosa. De esto puede darse idea los criticar que ese teatro y cuyos fallos lo decididamente colectividad si el táculo juzgado categoría artístí estos críticos: chasnky ("Di P... Gláserman y R... ("El Diario Izra Zuker ("Arge Tag") y anónim "Mundo Israelita manario Hebreo".

Económicamente rado, el teatro puede deducirse aquí. En el teatro celsior caben, p... 1.100 personas, y domingos entre 1.000. Se produce nos domingos y fiesta. La entrada caja de cada función de $ 2.500, aproximadamente. La de cada función, término medio de $ 800. Ahora algunos pastores dos: primer actriz, cada de 1 a 2 mil pesos, tores discretos partiquinos, 150.

Advirtamos Excelsior es un término medio tro ídich en Buenos res, entre el Ar... y el Olimpo. L... primeros, como o... vienen funcionando desde el comienzo de la temporada.

En las compa... raelitas se cambian cada tres las primeras figuras, y duran mismo recinto hasta nueve.

El judío, a fuer de curioso, ve cada obra una vez. De ahí el cambio de las figuras principales elenco y, con ellas, el repertorio tes de que Samberg debutará Argentino con "León Trotzky", bía hecho sus cinco meses en el poco con obras como "El avar... Molière y "El mercader de Ve... de Shakespeare.

Todos los conjuntos ídich zan jiras por el interior, por las colonias judías tanto éxito que en las ciudades.

Funcionan en Buenos Aires... dros de pura representación a... Estos, contrariamente a las ra... ñas argentinas, prefieren las res obras de nuestro repertor...

En Buenos Aires, la prosp... de una compañía ídich ha evidenciada en la larga vida mismas y en el éxito crecie... sus presentaciones. Aun en el revistéril, estos conjuntos den... ron que eran capaces de reu... buen número de intérpretes gentes y que el lujo y el buen... no estaban descuidados en re... talles principales. Puede, pues siderarse incorporado con ca... definitivo el teatro judío a la forme vida metropolitana.

Todavía no se aclimató el en el teatro judío, donde se da... zas como "Juana en América" judío en Buenos Aires", que, a... de ser adaptaciones, satirizan... tafamente al israelita mal asi... como al que lo está excesivamente...

Por último, el teatro judío nosotros podría tener su histo... Isaac Nuguer.

ALBERTO J. REBAGLIATTI

Sagarra und anderen Landsleuten von Soler, denn ihre Erinnerungen sind noch ganz frisch. Vielleicht erzählt sie Soler auch von ihren neuen Theaterstücken, den Bühnenbildern und Lichteffekten. Bald wird sie es krachen lassen wie nie zuvor: Zwei *Feuerwerksfarcen* gehen in Druck. Diesmal mit Regieanweisungen und allem, was dazu gehört, damit eine Kompanie sie im Sinn der Autorin inszenieren kann.

*Militärputsch*
Am 6. September kommt es zum ersten Militärputsch in der Geschichte des Landes. Nach dem Sturz des Staatspräsidenten Yrigoyen errichtet General José Félix Uriburu eine Diktatur mit Marionettenregierung. Leopoldo Lugones erhält den Auftrag, die revolutionäre Proklamation zu schreiben. General Agustín Justo, der mit dem Staatspräsidenten die Premiere von *Der Herr der Welt* gesehen hat, findet sie zu faschistisch, nach der Redaktion wird sie aber angenommen. Als mit dem Militärputsch das «infame Jahrzehnt» anbricht, sich das Land verfinstert, stößt der Weckruf der Feministinnen zusehends auf taube Ohren. Ultramoderne Frauen erleiden herbe Rückschläge. Schlagartig beendet das erste faschistische Regime in Lateinamerika den fünfzig Jahre langen Aufbau einer jungen Demokratie mit einer wirtschaftlichen Dynamik, die Millionen ins Land gelockt hat. Auch die Hermanos Storni.

"Un concejal agresivo"
Florencio Parravicini — Paulina Singerman
del Teatro Argentino.

# CHAPLIN
Buenos Aires. Europa. Montevideo. 1931–1935

«Mein Theaterbüchlein ist erschienen. Dem Teufel sei Dank, dass die Kritik sehr großzügig ist», schreibt Alfonsina am 31. Dezember 1931 ihrer Freundin Mica, Micaela Feldman, die zu Stornis jüdischem Freundeskreis gehört. Hinter dem unscheinbaren Wort «Theaterbüchlein» verbergen sich zwei Adaptionen von Klassikern, so frech und frei, dass Storni dafür einen eigenen Ausdruck erfindet. *Feuerwerksfarcen* lautet der Titel, im Original: *Dos farsas pirotécnicas.* Wenige Monate später ernennt es eine fünfköpfige Jury zum Buch des Monats. Die beiden Stücke: *Cymbeline kurz nach 1900* in sechs kurzen Akten mit Prolog und Epilog, nach *Cymbeline* von Shakespeare – und der Einakter *Polyxena und die kleine Köchin,* nach der Tragödie *Hekabe* des Euripides, der im Epilog höchstpersönlich auftritt. Beide sind gespickt mit szenischen Ideen, auch zu Bühnenbau, Lichttechnik und Kostümen. Hier gibt sich eine atemberaubend neue Alfonsina Storni zu erkennen: Eine kühne Weltenschöpferin, die Landschaften, Szenerien und Stimmungen erschafft und mit Lebewesen aller Art bevölkert, sogar mit Stars aus der zeitgenössischen Unterhaltungsindustrie. Vorhang auf für eine Welt flirrender Dynamik, für die prallvolle Schatzkiste einer gewieften Theaterfrau und ihr avantgardistisches Spiel im Spiel.

*Ich habe drei Stücke fertig*
Am 31. August 1931 erscheint in der Tageszeitung La Razón ein langes Interview unter dem Titel *Die Intellektuellen und das Theater*. Es ist einer der seltenen Pressebeiträge exklusiv über Alfonsina Stornis Theaterschaffen. Wie schafft es eine Frau, dass ihre Stücke auf hiesigen Bühnen uraufgeführt werden? Dem Journalisten geht es weder um die (damals irrelevante) Frage nach dem Genderverhältnis im Theaterbetrieb noch um die (damals relevante) Frage, ob die Theater auch Gegenwartsautorinnen berücksichtigen statt der Klassiker, für die sie keine Autorenrechte bezahlen müssen. Die Premiere von 1927 sei «sehr gut» aufgenommen worden, meint der Journalist, doch Schönreden hilft hier nicht. Das Theater um *Der Herr der Welt* sei «kinoreif» gewesen, sagt Storni, sogar die Theatersessel hätten es sich gemerkt: «Wenn Sie ganz nah rangehen und einem Ihr Ohr leihen, werden Sie es erfahren. Noch immer summen im Holz ein paar Worte der Komödie, die so viel Pech hatte.» Doch auch Selbstkritik ist eine ihrer Stärken: «Ich war damals völlig naiv und bin es auch heute noch. Ich hatte keine Ahnung, was sich hinter und zwischen Theatervorhängen abspielen mag, und bin furcht-

bar wütend geworden, weil die Kritik so respektlos über mein Stück hergefallen ist. Ich glaube immer noch, dass es ungerecht war, aber ich hätte mich nicht so empören sollen. In meiner Komödie konnte man eine Satire auf das männliche Geschlecht sehen, umgekehrt aber hatte man mich oft genug bezichtigt, ich würde die Männer über den grünen Klee loben. Egal, was man tut, man kann es nie allen recht machen und bekommt so oder so Prügel. Davon habe ich einiges abbekommen. Trotzdem sage ich es nochmals: Nie hätte ich mich so ärgern dürfen, dass sie meinen ersten Theaterknochen zernagt haben. Ich hätte besser diese Feuertaufe über mich ergehen lassen sollen. Ich muss wirklich sagen, statt so wütend zu werden, hätte ich mir starke Flossen wachsen lassen sollen, damit ich in diesem Meer besser schwimmen kann. Es ist nämlich gespickt mit Trümmern und Schrott.» – Alfonsina Storni will nun aber lieber über ihre aktuelle Arbeit reden. Sie hat Klassiker für ein modernes Publikum umgeschrieben: «Ich habe drei Stücke fertig», sagt sie, alle drei für Erwachsene, und für das Kindertheater sei ebenfalls ein Text in Arbeit. Zwei der fertigen Theatertexte lässt sie gemeinsam drucken: mit ausführlichen Regieanweisungen zu Bühnenbau, Beleuchtung, Kostümen und Bewegungsabläufen. Diesmal sind ihre Inszenierungsideen schriftlich festgehalten. Sie ist wachsam geworden.

*Das lebendige Buch*
*The Tragedie of Cymbeline* von William Shakespeare spielt im Römischen Reich. Die Königstochter Imogen hat heimlich geheiratet, ihr Ehemann muss ins Exil, wo er sich in eine manipulative Wette über die Untreue seiner Frau einlässt (Anleihen aus Boccaccios *Decamerone* sind unübersehbar). Er lässt sich täuschen, obwohl sie, treu wie Penelope, auf seine Rückkehr wartet. Am Ende fliegt alles auf, und das Paar ist wieder vereint. – Diese Figuren verlassen nun das Buch, in dem ihr Schicksal festgeschrieben ist, und finden eine neue Bühne in einer neuen Zeit: *Cymbeline kurz nach 1900* von Alfonsina Storni. Die sechs kurzen Akte spielen im modernen Argentinien (und in Uruguay als Ort des Exils). Die Königstochter Imogen heißt nun María Elena, ihr Vater ist Minister. Gegen dessen Willen heiratet sie Héctor, der von der Rettung der Welt träumt und viel Sport treibt. Zuerst wird er vom Kabinett des Ministers gefördert, doch nach seiner Heirat wird er gekündigt und als politischer Gegner ins Exil geschickt. María Elena wartet treu, doch Héctors Freund José will die Wette mit dem Ehemann gewonnen haben und behauptet, er habe mit María Elena geschlafen. Er zeigt diesem als ‹Beweis› ihren Büstenhalter, die beiden Männer duellieren sich mit Boxhandschuhen, einer siegt, für den anderen muss die Ambulanz gerufen werden.

Entscheidend sind Prolog und Epilog. Sie machen *Cymbeline kurz nach 1900* zum Spiel im Spiel. Tänzerisch verlassen die Shakespeare-Figuren ihre papierene Welt und schlüpfen in ihre zweite, aktuelle Rolle, eben «kurz nach 1900». Bemerkenswert ist die Bühne, die Alfonsina Storni für das Vor- und Nachspiel entwickelt hat, damit dieser Übergang sichtbar wird (hier die leicht gekürzte Regieanweisung dazu): «Die Bühne ist zweigeteilt, in eine linke und eine rechte Seite, die durch einen kleinen Korridor getrennt sind. Er dient als Umkleidekabine und sieht wie eine schmale Schachtel aus. Er ist so hoch wie der Bühnenraum selbst, etwa 80 Zentimeter breit und zwei bis drei Meter tief. In den Seitenwänden sind kleine Öffnungen angebracht, Verbindungstürchen zwischen dem, was sich auf den beiden Bühnenhälften abspielt. Im Korridor hängen Kleiderbügel mit Gewändern und Requisiten. Über die ganze Bühnenbreite spannt sich rückseitig ein schwarzer Samtvorhang. – Auf der linken Seite vom Zuschauer aus betrachtet hängt ein Vorhang herunter, in etwa eineinhalb Meter Distanz zur Rampe; er lässt etwa drei Meter Bühnenhöhe frei. Auf dem Vorhang steht in großen Buchstaben: ‹Um 1500›. Auf der rechten Seite hängt ein Vorhang mit der Aufschrift: ‹Um 1900›. Auf der linken Bühnenhälfte steht ein überdimensionales Buch mit Ledereinband, gut zwei Meter hoch, drei Meter breit, mit dem Buchrücken zum Publikum. Auf dem Deckel steht in einer Art Renaissance-Handschrift: ‹Shakespeare. Cymbeline›, in leuchtenden Buchstaben. Eine kleine Türe in der unteren Hälfte des Buchdeckels ermöglicht den Schauspielern, aus dem Buch auf die Bühne zu steigen. – Auf der rechten Bühnenhälfte steht eine kleine Bühne wie für Kaspertheater. Der Vorhang ist geschlossen. Zwischen den beiden Bühnenhälften hängt über dem schmalen Korridor, in gleicher Höhe wie die mit den Zeitangaben, ein Vorhang, auf dem ein Greis mit Sanduhr abgebildet ist. Er stellt die Zeit dar. Durch den Buchdeckel tritt Imogen. Wie eine Prinzessin ihrer Zeit gekleidet geht sie auf das Publikum zu.» Imogen stellt sich dem Publikum vor: «Hier bin ich, Imogen, Prinzessin und Tochter von König Cymbeline, der Hauptfigur eines Shakespeare-Dramas. Mein Leib ist eine Skulptur, meine Seele eine Fackel, mein Herz eine Wolke. Noch nie gab es eine treuere Frau. Ich bin nur deshalb nicht perfekter aus den Händen des großen Shakespeare gekommen, weil ein Klümpchen Tinte seine Feder verklebt hatte. Aber das kann jedem Genie in einem Augenblick der Unachtsamkeit passieren.» Dann stellt sie sich an die Rampe und erstarrt in Prinzessinnen-Pose. Alle Figuren erzählen kurz von ihrem Los, manche kommentieren ihren unnatürlichen Tod und zeigen ihren Hass, wie etwa Imogen gegenüber der Stiefmutter: «Und du bist an Zorn krepiert, Giftschlange! Das Reich, das du dir unter den Nagel reißen wolltest, gehörte mir!» Doch die Königin bleibt ihr nichts schuldig: «Wenn das Gift, das ich dir gab, nur das gewünschte Resultat gebracht hätte!» Wieder Imogen: «Zu spät. Nicht mal den kleinen Finger kannst du noch rühren, alles stocksteif, für immer. Shakespeare ist tot.» Wie beim Epischen Theater stehen sie an der Rampe, als Tableau vivant aus der Renaissance, bis Imogen losgeht und sich im Korridor zwischen den Zeiten vor aller Augen umzieht. Auch dies ist genau beschrieben: «Sie ist Linkshänderin, nimmt sich die Perücke ab, die Haare darunter liegen eng am Kopf an. Im Nu knöpft sie ihr langes Kleid auf, zieht es aus und steht in der Sportbekleidung da, die sie darunter trägt, einfach, elegant und in Weiß. In beiden Rollen trägt sie weiße Schuhe. Hastig hängt sie Perücke und Prinzessinnenrobe auf den Bügel und nimmt einen Tennisschläger. Geht durch das Verbindungstürchen zur Bühnenhälfte ‹Um 1900›.» Nach dem Kleider- und Rollenwechsel wendet sie sich wieder ans Publikum: «Jetzt lebe ich um 1900 herum und heiße María Elena Gutiérrez Castro. Mein Lieblingssport ist Tennis. Ich bin die Tochter eines Ministers.» Der erste Akt im modernen Argentinien kann beginnen.

María Elena, Héctor und José (um die wichtigsten herauszugreifen) passen ins 20. Jahrhundert.

Alle drei treiben Sport. Für Héctor und José ist Bodybuilding der Weg zum Erfolg bei den Frauen, besonders bei José, dem Arzt und notorischen Verführer: «Ich habe alle bekommen, die ich wollte. Jede hat nachgegeben.» Héctor steht José diesbezüglich in nichts nach, doch verfolgt er auch eine politische Mission; er hat linke Ideale und will die Welt retten, malträtiert immer mal wieder einen Globus, der schon arg zerbeult ist. Dieses absurde Spiel mit der Weltkugel weist voraus auf *The Great Dictator,* in dem Chaplin 1940 erstmals (und gleich zwei!) Sprechrollen übernehmen wird. Der selbstherrliche Héctor kann eigentlich nur boxen, doch seine Frau vergöttert ihn als «Revolutionär» und lässt sich von ihm zu ‹linken› Ideen inspirieren. Im dritten Akt, als Héctor ins Exil muss, schwören sie einander ewige Treue; das moderne Liebespfand ist ein Gillette-Rasierer, in der Werbung nur für Männer angepriesen; hier gehört er María Elena: «Er soll unseren Schwur besiegeln. Und wenn du dich morgens rasierst, denk an mich, nur das Allerbeste.» Sie will nun auch arbeiten gehen und (mit Papas Geld) ein Modegeschäft eröffnen. Wie eine moderne Penelope wartet sie auf ihren Mann: «Bühnenbild wie im zweiten Akt, außer dass alle Dekors aus Wolle gestrickt sind. Das Kanapee ist mit einer Strickdecke und gestrickten Kissen bedeckt, viele Körbe mit Wollknäueln in allen Farben stehen herum. Überall hängen und liegen Strickwaren, an den Wänden Gemälde mit Penelope am Webstuhl.» Da schon alles überquillt, ribbelt María Elena das Gestrickte wieder auf, um es erneut zu verarbeiten. María Elena, das ist die Frau im frühen 20. Jahrhundert: Warten wie Penelope, sinnloses Tun wie Sisyphus. Allerdings ist nicht sie dem Verführer ausgeliefert, sondern ihr Mann. Als José genüsslich Muttermale und andere intime Merkmale von María Elena schildert, schenkt ihm Héctor Glauben und zahlt ihm den ‹Ehebruch› mit Boxhandschuhen heim. Nach dem Kampf hinter dem Vorhang tritt Héctor vor das Publikum: «Man kann ihn nun mit dem Löffel zusammenkratzen.» So hyperrealistisch geht es weiter, mit der Ambulanz, die dem Lustspiel *Mann ist Mann* von Brecht entsprungen sein könnte: «Héctor kommt mit Krankenpflegern, schrecklich anzusehen in ihren übergroßen weißen Schürzen, mit einer Bahre und riesengroßen Zangen.» Héctor befiehlt ihnen, was sie zu tun haben: «Achtung, Achtung, Männer, man muss ihn sorgfältig anpacken, der ist nämlich Arzt und versteht was vom menschlichen Körper. Also schön der Reihe nach, zuerst den Kopf, ja, genau so, gut.» Am Ende wird auch noch das letzte fehlende Stück wieder an seinen Ort gesetzt: ein Zahn. – Während des Wartens auf die Ambulanz steigt ein ‹Zuschauer› auf die leere Bühne und appelliert an die Fantasie des Publikums: Wie kann diese Pause überbrückt werden? Er nennt Einfälle, die die Autorin schon verworfen hat, und meint, sie selbst würde hier «eine Weltkugel von innen erleuchten» lassen, eine Kugel mit Lachen im Gesicht, einem Lied auf den Lippen und zwei Füßen zum Tanzen: «Aber das sind ambitiöse Wünsche einer Autorin, denen die Theatertechnik noch nicht gewachsen ist.» Der ‹Zuschauer› kehrt an seinen Platz zurück, Vorhang auf für den Epilog, in dem die Shakespeare-Figuren wieder in ihr Buch zurückkehren sollten. Kaum haben die Darsteller den Bühnenteil «Um 1900» verlassen, tauschen sie sich lebhaft über ihr Spiel aus und bewegen sich in Richtung des riesigen Buches. Sie haben getan, wovon die kleine Köchin in der zweiten Feuerwerksfarce träumt: «Hast du dir eigentlich schon mal vorgestellt, wie es wäre, wenn sich die Figuren in den Büchern regen, aus ihren Seiten herauskommen und sich in dein Leben einmischen würden?» Zuerst versucht María Elena, ins Buch zu gelangen: «He, was ist denn da los? Die Türe war doch vorher viel größer, Mensch, da komm ich ja gar nicht mehr durch!» Sie alle müssen feststellen, dass sie «gewachsen» sind. Eine von Héctors letzten Aussagen: «Adelante! Vorwärts ins Leben!» Es gibt kein Zurück mehr. – Das Metatheater der Alfonsina Storni ist einzigartig in Lateinamerika um 1930. Die avantgardistische Bühne lässt an das Piscator-Kollektiv in Berlin denken, die Figuren, die sich selbst und ihre Autorin kommentieren, an Luigi Pirandello, Miguel de Unamuno und andere, die mit künstlerischen Mitteln über Wirklichkeit und Fiktion nachdenken. Dieses Talent zur spielerischen Reflexion zeichnet auch Alfonsina Stornis Feuerwerksfarcen aus. Sie fordert ihre Figuren auf der Bühne zum Wachsen heraus. Nichts ist statisch. Alles kann ins Leben zurückkehren. *Cymbeline kurz nach 1900* ist ein paradoxes Stück über die (Un-)Endlichkeit.

*Akademie und Jurorin*
Die Argentinische Akademie der Literatur wird ins Leben gerufen. Mitglieder aus der Literatur sollen sich der Sprachpflege widmen, «zur Stärkung der geistigen Physiognomie des Landes». Die Institution ist assoziiertes Mitglied der altehrwürdigen Real Academia Española, der 1713 gegründeten Königlichen Akademie Spaniens, die für Wörterbücher, Grammatiken und Regelwerke zur Rechtschreibung zuständig ist. Im August 1931 werden sechzehn Akademiemitglieder ernannt, nicht aber Alfonsina Storni, die einzige Frau auf der Kandidatenliste. Ein Affront auch in den Augen vieler der gewählten Kollegen. Natürlich ist Stornis kritische Haltung gegenüber dem Militärputsch und der Diktatur bekannt, aber eine Schriftstellerin von ihrem Rang und von internationalem Ruf zu

übergehen? Sie selbst kommentiert die Sache in einem Interview beiläufig, wenn auch mit Biss: «Sie haben mich noch nicht in die Akademie geholt, weil wir Frauen für diese Art von Aufgabe nicht taugen. Ein Akademiemitglied muss ganz exakt den Punkt auf das i setzen können. Eine Frau mag ein bisschen Talent haben, doch nie wird es ihr gelingen, einen Punkt genau dorthin zu setzen, wo er hingehört.» – Gut zwei Monate später, am 31. Oktober 1931, erzählt Alfonsina erneut von dieser neuen Akademie, diesmal in einem Brief an Mica. «Man hat auch eine Akademie der Literatur geschaffen ... oh, diese Akademie! Ich habe ein ziemlich saftiges Sonett über sie gemacht, das ich Dir in einem anderen Brief schicken werde.» Im Gedicht macht sie sich lustig über die Sittenwächter, die über die Sprache wachen, als wäre sie eine Frau; die Herren Sprachpuristen würden nun das Argentinische, bekanntlich reich an Slang von der Straße, der auch ins Volkstheater und in den Tango einfließt, zur kastilischen Edelpuppe aufmotzen. Nach der empörenden Nichtwahl wird die Stadtregierung aktiv. Am 11. September 1931 steht im Amtsblatt von Buenos Aires, Alfonsina Storni sei zur Jurorin für den Literaturwettbewerb des Jahres 1931 ernannt worden. Erstmals nimmt eine Frau Einsitz im Gremium, das Auszeichnungen und Stipendien vergibt, für Alfonsina Storni ein politisches Zeichen: «Die Lebensumstände verwischen die Geschlechtsunterschiede immer stärker und erlauben, dass Männer und Frauen gleichermaßen zu denkenden Wesen werden. In jedem von uns sind männliche und weibliche Eigenschaften – letztere galten sehr lange Zeit als geistig unzulänglich. Nun aber anerkennt die Regierung von Buenos Aires den aktuellen gesellschaftlichen Wandel und bestätigt, dass in ihrer Stadt das Weibliche dem Männlichen ebenbürtig ist.» Knapp zwei Monate später teilt Alfonsina Mica mit, sie sei nun Teil dieser Jury: «Sie hatten derart die Nase voll von all den Analphabeten, dass sie es nun schätzen, dass ich wenigstens lesen kann, auch wenn ich eine Frau bin.» Wieder zwei Monate später hat sie in diesem Gremium schon erste Erfahrungen gesammelt und lässt Mica hinter die Kulissen blicken: «Auch die städtische Literaturkommission, zu der ich gehöre, hat ihr Urteil gefällt. Die fünf Machos hielten zusammen und stellten sich gegen mich und gegen den Vertreter des Autorenverbands. Sie ließen mich keinen einzigen Kandidaten zerpflücken und haben mich vor Wut zum Platzen gebracht. Es kam zum Skandal. Die Presse, die ernsthafte wie auch die weniger ernsthafte, protestierte, aber sie haben uns trotzdem eins aufs Dach gegeben. Immerhin, Mica, wir zwei verteidigten die gute Sache gegen die anderen fünf Juroren.»

*Europa mit Alejandro*

Mica erfährt auch als Erste, dass Alfonsina nach Paris kommen will: «Juhee, dorthin fahr ich, über die Wellen, übers Meer!» Diesmal träumt Alfonsina Storni von einer Europareise mit Alejandro. Er ist fast zwanzig und absolviert das Lehrerseminar; die Mutter, bei der er wohnt, hält ihm den Rücken frei: «Das verleiht ihm diese Aura eines kleinen Königs, die wir nur allzu gut kennen (Alejandro schaut mir gerade über die Schulter, liest mit und sagt: Stark, Alte!).» Bis zum Jahresende konkretisieren sich ihre Reisepläne: Alfonsina bezieht einen Vorschuss von drei Monatslöhnen und kauft Tickets zum Schnäppchenpreis (Dritte Klasse mit kostenlosem Upgrade in die Zweite), am 7. Januar 1932 geht es los: Der italienische Transatlantikliner Conte Verde macht die üblichen Zwischenstationen. Als er frühmorgens in Rio de Janeiro anlegt, wo Berta Singerman auf ihrer Tournee gerade Station macht, telefoniert Alfonsina ins Hotel Palace. Ob sie schnell hochkommen dürfe? Berta schreibt in ihrem Memoir, Alfonsina sei mit einem jungen Mann vor der Tür gestanden: «Wetten wir, dass ihr nicht wisst, wen ich mitbringe? Meinen Sohn.» Verblüffung. Berta wird behaupten, auch Alfonsinas Freunde hätten nichts von einem unehelichen Sohn gewusst. – In Barcelona trifft Alfonsina einen befreundeten Journalisten, den sie von der ersten Europareise her kennt. Bei der Abfahrt nach Genua verspätet sich Alejandro, das Schiff hat bereits abgelegt, er muss mit einem Motorboot hingebracht werden: «Ich habe meine Mutter nie so wütend gesehen wie an jenem Tag.» – Nach der Landung in Genua besichtigen sie Florenz, Siena, Pistoia, Rom, Neapel. Von Nizza aus teilt Alfonsina ihre Ankunft an der Gare de Lyon mit und bittet Mica, «eine Pension zu finden, in der Alejandro und ich nicht mehr als 80 Francs pro Tag bezahlen, alles inbegriffen. So viel bezahlen wir hier in Nizza und sind sehr gut untergebracht, direkt am Meer, gutes Essen und mit Heizung.» Sieben Tage werden sie in Paris bleiben, am liebsten wären sie «nah beim Louvre oder in einem Quartier an der Hauptlinie der Metro». – Eine offene Frage ist, ob Mutter und Sohn in die Schweiz gereist sind, wie es noch eine Woche vor der Abreise geplant war. Michele Storni in Tesserete weiß nur von dem Blitzbesuch 1930, doch Alejandro Storni wird später bestätigen, dass sie nach Lugano und Sala gereist seien. Sind sie also im Tessin gewesen, ohne ihre Verwandten zu besuchen? Nicht den Finanzminister in Lugano – Angiolo Martignoni hätte in Breeches und schwarzen Stiefeln vor ihnen gestanden (sein erstes Geheimtreffen mit Mussolini fand zwei Monate nach Alfonsina Stornis Besuch 1930 statt). Und auch nicht die Stornis in Tesserete, obwohl Sala nur einen Katzensprung entfernt ist. Michele

wird erst nach Alfonsinas Tod erfahren, dass es Alejandro gibt, und befremdet auf ihr Schweigen reagieren. – In Paris gehen sie ins Theater, auch mit Mica und Hipólito. Storni will sehen, wie man dort mit der Theaterkrise umgeht und ob die beschlossenen Unterstützungsmaßnahmen greifen. Alfonsina schenkt Mica die druckfrischen *Feuerwerksfarcen,* diese fragt auch nach Berta Singerman, der eines der Stücke auf den Leib geschrieben ist, aber es gibt auch andere Themen, zum Beispiel die Genossen in der Zweiten Spanischen Republik. – Alfonsina Storni und ihr Sohn landen am 24. März 1932 wieder in Buenos Aires.

*Medium*
Gemeinsam ist man stärker. Im April 1932 konstituiert sich der Verband der Frauen aus Literatur und Kunst, in dessen Vorstand unter anderen Salvadora Medina Onrubia und Alfonsina Storni sitzen. Solidarität mit Gleichgesinnten führt am 30. September 1932 auch zur Gründung der journalistischen Agentur «Presseleute»; Alfonsina Storni zählt zu den Mitgliedern. Ein und derselbe Artikel soll nun in einem nationalen Pressenetzwerk, das die wichtigsten Städte Argentiniens abdeckt, veröffentlicht werden können. – Storni ist in der Öffentlichkeit als Literatin und Publizistin bekannt. Zu ihren Fähigkeiten äußert sich der Chirosoph und Astrologe Eugenio

Soriani in einer Familienzeitschrift. Storni habe eine «doppelte intellektuelle Persönlichkeit», nämlich «die spontane künstlerische Kreativität (Mond-Venus)», zudem sei sie analytisch begabt und damit prädestiniert für Literaturkritik und -vermittlung: «Die Hände von Alfonsina Storni enthüllen große Geisteskraft und Vitalität, die sie befähigt haben, Erfahrungen wie ein Medium in poetische Gesänge zu übersetzen. Denn jeder Künstler ist am Ende ein Medium, also ein Wesen, das mit den höchsten geistigen Sphären kommuniziert. Sie wird mindestens siebzig Jahre alt werden.» Sollte Soriani den neuen Einakter *Polyxena und die kleine Köchin* von Alfonsina Storni lesen, würde er mehr über das Leben als «Medium» erfahren: Die Titelheldin arbeitet in einem gutbürgerlichen Haushalt, wo sie zusammen mit einer wie sie selbst aus wohlsituierter Familie stammenden Bekannten eine Art Sozialexperiment durchführt: Die eine spielt die Köchin, die andere das Dienstmädchen. Letztere hat bald genug davon und will nachhause: «Komm schon, der Plan war blöd, schlagen wir's uns aus dem Kopf, lass uns nach Hause gehen. Mein Vater hat sich übrigens gerade einen Packard gekauft. Ach, die schönen, weichen Kissen daheim.» Die kleine Köchin will noch zehn Tage bleiben und das Letzte aus der Situation herausholen, erst dann wird sie ‹gehen›, wie sie doppeldeutig meint. Sie liest viel, zwischen Pfannen stehen Bücher von Einstein und Euripides, und lässt sich von der Lektüre wie eine Schauspielerin mitreißen: «Wer sagt denn, dass meine wahre Berufung nicht darin liegt, ein Medium des Lebens, der Leidenschaften und des Denkens zu sein?» *Polyxena und die kleine Köchin* ist ein Spiel im Spiel auf Leben und Tod.

*Euripides in der Küche*
Das Stück beruht auf der Tragödie *Hekuba* von Euripides. Nach der Zerstörung von Troja wird Hekubas Tochter Polyxena auf Achilles' Grab getötet. Die Jungfrau, die mit Würde in den Opfertod geht, gilt als eine der für Euripides typischen starken Frauenfiguren. Auch seine Nebenfiguren wertet er oft auf, zum Beispiel legt er Bediensteten Weisheiten in den Mund. Alfonsina Stornis Titelheldin ist Frau und Bedienstete zugleich: Die namenlose Köchin wird allmählich zur Griechin Polyxena, die sich am Ende selbst opfert. Zuvor wird sie aber noch zu einer Philosophin des Alltags. Sie rüstet Gemüse, putzt Pfannen und denkt über das Leben nach: «Zum Tode verurteilt? Das sind wir doch alle, mit dem kleinen Unterschied, dass die einen ein paar Jahre mehr als die anderen haben. Das Einzige, was ich die Menschen lehren würde, ist sterben können. Wer zu sterben versteht, gehört zu den Größten. Wenn das Leben für dich unertragbar geworden ist, mach Schluss damit. Ein großes Herz liebt das Le-

ben, kann aber auch ebenso gut den Tod annehmen. Ein früher Tod, ein unerwarteter oder ungelegener Tod, das sind nun mal die Unannehmlichkeiten dieses Spiels namens Leben.» Die Köchin denkt auch sozialkritisch: «Ich hörte Geschichten von denen, die das Sagen und das Glück auf ihrer Seite haben, und von anderen, die untendurch müssen. Ich gehörte zu ersteren, aber ich wollte auch die anderen kennenlernen. Das Leben von der Küche aus zu betrachten oder von außerhalb von ihr, das sind zwei ganz verschiedene Paar Schuhe. Alles ist anders, vom Wert des Geldes über den deiner Arbeit bis zu dem deiner Zeit.» Sie rührt an dunkle Seiten, auch an die sexuelle Gewalt, der sie im Haushalt ausgesetzt ist. Zu ihrem Leben gehört auch Literatur, denn Geschichten sind ihr Spielfeld, auch hier überraschen ihre Überlegungen: «Hast du dir eigentlich schon mal vorgestellt, wie es wäre, wenn sich die Figuren in den Büchern regen, aus ihren Seiten herauskommen und sich in dein Leben einmischen würden? Ach, was haben die in ihren Büchern nicht alles erlitten! Einige verhungerten, andere lagen wie verfaulte Früchte in Gefängnissen, wieder andere starben am Galgen, aus Liebe zur Menschheit. Und wenn uns diese erfundenen Geschichten alle nur hinters Licht führen wollen? Gibt es denn eine größere Versuchung im Leben als zu erfahren, als zu sehen, hören und erkennen?» – Die Küche ist das

# "Y esta es MI COCINA!"

Con que orgullo se puede mostrar una cocina asi! Porque no sólo es atractiva e interesante, sino también tiene todas las instalaciones y accesorios necesarios para trabajar con comodidad. Y una cocina asi no se tiene por casualidad. Es obra de un cuidadoso y bien estudiado plan. Al construir o modernizar su casita, haga de la cocina un lugar agradable para estar y cómodo para trabajar, ya que en ella ha de pasar muchas horas del día.

## COMPAÑIA ARGENTINA DE ELECTRICIDAD S. A.

AV. PTE. ROQUE SAENZ PEÑA 812      U. T. 35, LIBERTAD 3001

Reich der Frau. In den Dreißigerjahren wird es sogar vorzeigbar: «Und das ist meine Küche», sagt die Frau im Inserat der Argentinischen Elektrizitätsgesellschaft. Unter der US-amerikanischen Grafik steht: «Wenn Sie Ihr Haus modernisieren, sollten Sie Ihre Küche in einen angenehmen Ort verwandeln, in dem Sie sich wohlfühlen und gerne arbeiten, denn Sie verbringen dort viele Stunden am Tag.» So modern und clean ist der Ort nicht, an dem die kleine Köchin zu Polyxena wird. Ein Spülbecken, eine Leiter, überall türmen sich Töpfe, Schüsseln, Körbe mit Gurken, Karotten und Kohlköpfen. Die Szenerie, heißt es in den Regieanweisungen, solle die Zuschauer «einstimmen in eine farbige, surreale Wirklichkeit». Das Surreale kommt besonders zum Tragen, als die Köchin beginnt, in ihrer Küche die Bühne für die Opferung der Polyxena herzurichten. Aus Töpfen und anderen Küchenutensilien baut sie Achills Grab, auf dem sie sterben wird, manchmal mit metatheatralen Hinweisen: «Elektriker, hier bitte rotes Licht!» Sie kündigt dem Heer der Achäer ihre Opferung an und richtet sich an den Weißkohl in der Ecke: «He da, ihr Kohlköpfe, hoch mit den Häuptern, gleich beginnt das köstliche Spektakel, macht nur die Mäuler auf, gleich regnet's Blut.» Sie ergreift einen der Kohlköpfe und spricht zu diesem ‹Soldaten›: «Schau mich an. Ich lebe, habe eine Zunge im Mund, in den zwei Höhlen hier sind Augen, schau nur, wie sie blitzen. Frei bewegen kann ich mich und denken, zünde Gedanken an und brenne in meiner Seele, lieben und herrschen konnte ich, nun aber willst du meinen Tod. Dein und deiner Männer Wunsch ist, dass die Sense meine Zunge mäht, als wär's Futter für die Tiere. Stumm und taub und reglos werde ich sein, für immer, aber ich klage nicht, siehst du? Ich zittere nicht. Ich setze Fuß vor Fuß. Und bin schön.» Sie lässt den Kohlkopf zu Boden fallen, geht zur Leiter, steigt die Sprossen hoch, nimmt das Küchenmesser, das sie ganz zuoberst hingelegt hat, und ersticht sich.

Das ultramoderne Stück ist mutig, aber für Alfonsina Storni führen nur neue Zugänge aus der allgemeinen Theaterkrise: «Wenn das Publikum davonläuft, sollte man ihm frisches Gemüse servieren, stattdessen aber erhitzen sie erneut das bereits Aufgewärmte.» Gleich auf der Titelseite der *Feuerwerksfarcen* steht: «Dieses Stück wurde für Berta Singerman geschrieben. Dies erklärt seinen Stil. Die Verse wirken wie ausgefranst und entsprechen eher dem überdrehten Geschehen als üblichen Versmaßen.» Tatsächlich sucht Berta Singerman klassische Stoffe für ihr Kammertheater, wie sie in ihrem Memoir bestätigt, sie erwähnt das Stück aber nicht. Auch Storni äußert sich nicht dazu, ob Singerman ihr Stück gespielt hat, bestätigt in einem Interview aber, dass diese es in Auftrag gegeben habe; es passe

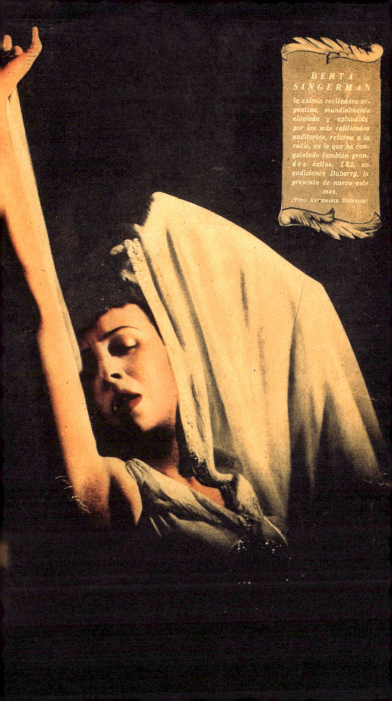

### BERTA SINGERMAN

la eximia recitadora argentina, mundialmente elogiada y aplaudida por los más calificados auditorios, retorna a la radio, en la que ha conquistado también grandes éxitos. LR3, en audiciones Dubarry, la presenta de nuevo este mes.

(Foto Annemarie Heinrich)

172 «eigentlich nur auf eine Studiobühne». Das Stück von der kleinen Köchin ist eine Hommage an die Frau, die das Wort, diese ‹männliche Gabe›, schöpferisch in die Welt bringt: eine Hommage an die Schauspielerin und Rezitatorin ebenso wie an die Autorin. Im Epilog reflektiert Alfonsina Storni sich selbst als schreibende Frau in Argentinien. Er ist ein surrealistisches Spiel im Spiel vom Feinsten: Euripides befindet sich seit 23 Jahrhunderten «in 137 einer großen Totenpension». Er denkt an Aischylos und dient seiner schlafenden Frau als Stütze (das ist wörtlich zu verstehen: Sie schnarcht mit den Füßen auf seinen Schultern). Die einzige Abwechslung bringt ein Fisch, der aus der Welt der Lebenden be139 richtet wie ein «Journalist der Steinzeit», auf der Bühne in Gestalt eines riesigen Mauls mit farbigen Scheinwerfer-Augen. Wie jeder gute Journalist ködert der Fisch Euripides mit einem heißen Thema: Frauen, besonders die schreibenden Frauen, seien die «siebte Plage» Argentiniens. Auf dieses Stich141 wort hat Euripides offenbar nur gewartet: «Zeus weiß, dass wir Sappho in Athen ziemlich grob behandelt haben, mit göttlicher Erlaubnis, denn sie hat nicht auf uns gehört!» Ausgerechnet eine Frau hat den Männern geholfen, Sappho gebührend zu verleumden: «Pallas Athene war ja, wie du weißt, eine sogenannte Maskulinistin. Schließlich war sie mutterlos aus dem väterlichen Kopf entsprungen. Sie

stand Sappho feindlich gegenüber.» Dann bringt der Fisch die Breaking News des Tages: Eine Frau habe in Buenos Aires eine Farce aufgeführt, deren Opfer Euripides sei, denn sie habe seine meisterhafte Szene umgeschrieben und in einer Küche inszeniert, Polyxena als moderne Sklavin, und das Publikum sitze in Knoblauch- und Kohldünsten. Euripides ist so erschüttert, dass er sterben will, nun endgültig. Er springt kurzerhand ins große Maul auf der Bühne und verschwindet. – Nimmt Alfonsina Storni im Epilog allfällige Kritik am ‹Missbrauch› des Klassikers vorweg? Sie treibt es bunt, mit klugen Insiderscherzen, hier einer für Zeitungsleser: Zu Beginn des Epilogs wird Euripides von Pferdebremsen geplagt: «Weg, na los, weg mit euch, ihr berühmten Bremsen, lasst ab von Euripides – hört auf, mich zu stechen. Ich bin es doch, Euripides aus Salamis, der groß war in großer Zeit.» Diese Insekten, im Original «los tábanos», sind in der Antike ebenso berühmt wie im Buenos Aires der Dreißigerjahre. Zeitungsleser kennen das Wort von der Titelseite der Crítica, unter deren Namenszug steht: «Gott hat mich in deine Stadt gesetzt wie eine Bremse auf ein edles Pferd, damit sie es sticht und wachhält.» Dieser Satz von Sokrates ist der Wahlspruch einer Zeitung, die ihre Leserschaft zum Denken anregen will, aber auch eines der lukrativsten Medienunternehmen in Buenos Aires ist. Euripides, ein Freund von Sokrates, ist ein moderner Kopf, denn er kann selbst im Jenseits nicht ohne News leben: «Was für eine Langeweile. Weder ein Krieg noch ein Opferritual noch eine Krankheit noch ein Brand noch eine saftige Verleumdung noch sonst irgendein Verbrechen, in dem ich meine Feder nassmachen könnte!» Mit diesem Euripides und seiner Frau setzt Alfonsina Storni ein verspieltes, kleines Denkmal für den Zeitungsverleger Natalio Botana und seine Frau Salvadora Medina Onrubia.

137

*Tangokönigin und First Lady*
Während des Karnevals 1933 schickt die Familienzeitschrift El Hogar eine Journalistin zu vier prominenten Argentinierinnen mit der Frage: «Was würden Sie tun, wenn Sie ein Mann wären?» Die jüngste von ihnen ist Sofía Bozán. Wenn sie Tango singt, geizt sie nicht mit nackter Haut, tritt als Vaudeville-Sängerin in Männerkleidung auf, mit Peitsche und kess angewinkeltem Bein. Ihre erste Filmrolle wird sie 1936 erhalten, anstelle des Tango-Stars Carlos Gardel, der 1935 bei einem Flugzeugabsturz ums Leben gekommen ist. Bozán antwortet: «Ich will überhaupt kein Mann sein. Das käme mir nie in den Sinn – warum auch? Ich fühle mich so gut als Frau.» Sie sei so attraktiv, dass die Männer ihr zu Füßen lägen und Bozán sie sogar bemitleide. Was täte sie, wenn sie rein hypothetisch

# ¿Si Vd. quisiera casarse con un político, ¿con cuál lo haría? ¿Por qué?

### De CONCEPCIÓN RIOS

### De NEDDA FRANCY

### De NELLY QUEL

### De ALFONSINA STORNI

Los políticos, que tienen en sus manos, en cierto modo el destino de los pueblos, suelen tener en el sexo femenino sus más fervientes admiradoras. En una situación privilegiada, ya que su actuación les difunde hacia todas las latitudes, no faltará quien tenga, sin saberlo, una enamorada en secreto.

El gesto de Mussolini, los bigotes de Palacios, la verba de Hitler y la donosura del "príncipe seductor" de nuestra cámara joven, son condiciones y cualidades capaces de trastornar cualquier imaginación femenina.

Por eso, para auscultar ese sentimiento, a una de nuestras audaces cronistas se le ha ocurrido formular la arriesgada pregunta a cuatro de nuestras figuras femeninas del momento, capaces de responder con toda valentía.

Alfonsina Storni, Concepción Ríos, Nedda Francy y Nelly Quel contestan en este número en forma original.

—¿Con qué político hubiera querido casarme? ¿Por qué?

Tomaré las palabras "casarse" y "político" en la verdadera acepción "psicológica" que les doy a los vocablos.

Me hubiera casado con cualquiera. Los "Políticos", así con mayúscula, me tienen muy sin cuidado. No son mi debilidad.

Esta contestación puede tomarse como una evasiva. Es que entiendo que no se me ha preguntado de cuál "hombre" hubiera querido estar o estoy "enamorada". Entiendo, también, que en mi léxico espiritual, "enamorarse" es casi lo contrario de "casarse".

Vivo tan ajena a las cosas de la política, que puedo asegurar, bajo juramento, que no tengo la menor idea de cómo son nuestros políticos. Sigo, hasta donde me es posible, algunas figuras de la política mundial, y tal vez podría decir alguna palabra sobre Hitler, Mussolini o Roosevelt. A mis compatriotas los ignoro, fuera de los que están a la vista en todo momento, como pueden ser el presidente, sus ministros y algún ex presidente.

No me casaría con ningún diputado ni senador argentino. Y en cuanto al presidente, llegado el caso de que cosa tan absurda pudiera suceder, ante tan magníficos partidos, creo que no me podría resistir...

—¡Yo!... Pues, con Mussolini.
—¿Por qué?
—Para ejercer sobre él una influencia bienhechora.
—¿...?

nun doch ein Mann wäre? «Ich? Natürlich die Frauen bewundern!» – Ehrfürchtig nähert sich die Journalistin Teodelina Lezica Alvear de Uriburu, der First Lady. Die Gattin des Generals, der nach dem Putsch das Land regiert, ist auch Präsidentin der konservativen Wohltätigkeitsgesellschaft; diese wurde, inspiriert vom Pariser Salon von Madame de Staël, 1832 zum Zweck der Mädchen- und Frauenbildung begründet, doch die karitative Zielsetzung verschwand mit dem Erstarken des Staates, ebenso wie der ursprünglich liberale Geist. Die Präsidentin träumt nie vom Mannsein, erinnert sich aber gern an ruhmreiche Vorfahren: «Wenn mir in diesem Moment vergönnt wäre, in die Hosen zu steigen, so würde ich in den Kampf ziehen, an die Front, um auf diese Weise meine Vorfahren zu ehren.» In wenigen Jahren sicherte sich die Aristokratie, zu der ihre Familie gehört, die Herrschaft bis hinunter nach Patagonien, indem sie die indigene Bevölkerung tötete. – Dazwischen sind die Fotomedaillons mit Alfonsina Storni und Herminia Brumana. Nein, sie habe die Männer nie beneidet, sagt Brumana, einmal abgesehen von der kindlichen Lust, sich wie ein Junge zu kleiden. Natürlich sage auch sie hie und da: «Oh, wenn ich ein Mann wäre, würde ich da und da hinfahren», aber am liebsten wäre sie «ein großer Revolutionär, ein Helfer der Armen». Sie würde keinen Stein auf dem andern lassen: «Und

bei der sozialen Revolution würde ich mitmachen, bis man mich erschießen würde.» Ihr Mann, Juan Antonio Solari, ist Chefredakteur der Zeitung La Vanguardia und sozialistischer Parlamentarier. Die knappste Antwort gibt Alfonsina Storni, die Journalistin muss den Platz mit eigenen Sätzen füllen: «Ich bekomme ihre feine, von Mal zu Mal noch jünger wirkende Silhouette zu Gesicht. Ohne Strümpfe, in luftigem Kleid und mit Hütchen, unter dem die silbrigen Locken das Weite suchen (eine Ironie angesichts ihres frischen Teints), winkt Alfonsina freundlich und kommt an unseren Tisch, mit der grazilen, für sie typischen Einfachheit. Während sie sich setzt und die Handschuhe abstreift, denke ich still für mich, was für eine Persönlichkeit doch in diesem Mädchenkörper beschlossen ist. Ich fühle mich geehrt und frage nach den ersten Worten beiläufig: ‹Was würden Sie tun, Alfonsina, wenn Sie ein Mann wären?› Die Antwort kommt postwendend: ‹Mich so benehmen wie die beste Frau.›»
1933 kommt Alfonsina Storni bei der Presse nicht aus dem Karnevalsmodus heraus. Die Familienzeitschrift Mundo Argentino verwendet sogar dasselbe Foto, als sie wiederum vier Frauen fragt: «Welchen Politiker würden Sie heiraten?» Drei von ihnen wählen nationale Politiker, obwohl in den Medien nun die internationalen Neuen präsent sind, in Berlin Reichskanzler Adolf Hitler, im Weißen Haus

Franklin D. Roosevelt. Alfonsina Storni muss nicht lange überlegen: «Ich? Dann also Mussolini.» Die Journalistin ist verblüfft. Und warum? «Damit ich einen guten Einfluss auf ihn ausübe.» Der Duce hat 1931 Hermann Göring offiziell empfangen und bekommt am 30. Januar 1933 ein freundschaftliches Telegramm des neuen Reichskanzlers. Gegen solche Bande ist guter Einfluss wohl teuer.

*Welt der sieben Brunnen*
Der spanische Dramatiker und Dichter Federico García Lorca kommt Anfang Oktober 1933 nach Buenos Aires und bleibt bis April 1934, viel länger als geplant. Er hält Vorträge und wohnt der Premiere seines Stücks *Bluthochzeit* bei. Die Aufführung durch die prominente Truppe der Spanierin Lola Membrives ist überaus erfolgreich; man feiert Lorca wie einen Star. Im Januar 1934 veranstaltet das PEN-Zentrum ein Bankett für Lorca und weitere Ehrengäste. Auf dem Foto sitzt in der Mitte der ersten Reihe der Theaterkritiker Juan Pablo Echagüe, links von ihm Pablo Neruda, Konsul auf der chilenischen Botschaft in Buenos Aires, zu seiner Rechten Federico García Lorca. Alfonsina Storni steht zwischen Neruda und Echagüe. Natürlich feiert man, und man kann sich auch gut vorstellen, wie Lorca und Storni sich austauschen, über Gedichte und, fast naheliegender, über praktische Theater-

arbeit: sein Studententheater «La Barraca», mit dem er Klassiker in Provinzstädte bringt, und ihr Kindertheater, vielleicht auch ihre Klassiker-Adaptionen? Wer für die Bühne schreibt, lernt viel durch die Arbeit mit Darstellenden. Und was bedeuten die neuen politischen Verhältnisse in Spanien für die Theaterarbeit? Im April 1934 wird Lorca nach Spanien zurückkehren und erleben müssen, wie die Rechte gegen seine Theatergruppe vorgeht. – Von Alfonsina Storni ist nur ein Gedicht zu Lorca erhalten: *Porträt von García Lorca.* Sie nimmt es in den Gedichtband *Welt der sieben Brunnen* auf, der im November 1934 erscheint. Was für Brunnen (oder auch Quellen) die «siete pozos» sind, erklärt das gleichnamige Titelgedicht: Zwei Augen, zwei Ohren, zwei Nasenlöcher, ein Mund – sieben «Türen» zur Außen- und Innenwelt. Storni beschreibt den menschlichen Kopf als Mikrokosmos. Bilder aus der Natur und von Himmelskörpern erinnern daran, dass es nicht nur um die Wahrnehmung der Außenwelt geht, sondern auch darum, dass der Mensch ein Teil der großen Welt, des Makrokosmos ist. Formal beschreitet Storni neue Wege: freie lyrische Formen statt Sonette. Und thematisch? Neu stellt sie Dinge ins Zentrum ihrer Gedichte und wird drei Jahre später zu Manuel Ugarte sagen: «Weißt du, ich habe kein Herz mehr. Die Themen von früher berühren mich nicht mehr. Umgekehrt bewegt mich

heute, was ein Ohr, eine Orange oder irgendein Ding in sich birgt. Denkanstöße, eine Symbolik, die sich nach und nach offenbart.» Sie löst ein, was sie früher gesagt hat: «Ich bin weder eine Erotomanin noch ein leichtes Mädchen, auch nicht eine Art von Schwamm, der das Leben in sich aufsaugt. Leidenschaftlich, ja, aber warum auch nicht? Leidenschaft kann hell, durchsichtig, spirituell und arglos sein. Ich bin eine Seele, die in einem Körper wohnt und dort den Ton angibt – und nicht ein Körper, der die Seele an den Ohren hinter sich nachzieht.» *Welt der sieben Brunnen* ist Alejandro gewidmet.

*Am Strand*
Im Januar 1935 fährt Alfonsina Storni ans Meer. Diesmal will sie sich eine längere Pause gönnen. In Montevideo, wo die Wellen zahm sind, lebe sie wie ein Tierchen am Strand, «keine Literatur, nichts. Nur Sonne, Luft, Ruhe». Man schätzt sie in Uruguay: «Alfonsina ist dieselbe unruhige Figur geblieben, die wir in der Jugend kennengelernt hatten. Ihr Blick ist noch immer scharf und eindringlich, nichts Inneres scheint ihm verborgen zu bleiben. Dasselbe herzliche Lachen von früher, wie ein Spaßvogel, es macht sie menschlich und lässt sie wie eine kecke Schülerin aussehen.» Storni spricht von Überarbeitung, von einer Schaffenspause und einem völlig neuen Leben: «Jetzt gerade laufen Verhandlungen, ob ich

ein Konsulat in Europa bekomme. Ich glaube, ich könnte dort wirklich nützlich sein und mein Land in vielerlei Hinsicht vertreten. Überhaupt sind Schriftsteller ganz ausgezeichnete Kulturbotschafter, denn sie können die soziale Wirklichkeit des Landes, das sie vertreten, in Vorträgen und Zeitungsartikeln reflektieren und bekannt machen.» Denkt sie an Pablo Neruda? Oder an Gabriela Mistral und Horacio Quiroga? Vermutlich denkt sie an alle, denen ihr Amt Zeit zum Schreiben lässt. Storni wird nie Konsulin werden, und eigentlich träumt sie von etwas Größerem: «Hier fühle ich mich wieder jung und voller Lust auf einen Neuanfang. Ich würde mir wünschen, das Schreiben zehn Jahre lang auf Eis zu legen, damit ich allen literarischen Ballast abwerfen und ganz neu in Erscheinung treten könnte. Eine Wiedergeburt, wie man bei der mystischen Initiation sagt.» – Schwimmen kann Alfonsina nicht, aber sie liegt gern im Wasser und lässt sich von den anrollenden Wellen bewegen. Eine davon schlägt an ihre Brust. Ein stechender Schmerz rechts. Die Finger ertasten einen Knoten, der sie in Aufruhr versetzt, aber auch ratlos macht. Was tun? Nur zögernd sucht sie Hilfe. In Buenos Aires begibt sie sich zum Arzt; er untersucht den Tumor und diagnostiziert Krebs. Die Onkologie steckt noch in den Kinderschuhen, verordnet radikale Brustamputation (seit 1882, man hält Krebs noch für ein lokal eingegrenztes Gesche-

hen) und Strahlentherapie (seit 1897 mit Röntgen-, später auch mit Radiumstrahlen). Alfonsina Storni vertraut sich dem Fachmann an. José Arce, Professor für Chirurgie und Leiter des Instituts für Thoraxchirurgie, operiert sie am 20. März 1935. Die Devise lautet: Je mehr Gewebe man entfernt, desto besser sind die Heilungschancen. Die ganze Brust, die Brustmuskeln sowie die Lymphknoten im Achselbereich werden amputiert (bis Anfang der Zwanzigerjahre oft auch die Eierstöcke). Wie schambehaft sind eine Brustkrebsdiagnose und ihre Folgen damals für Frauen, selbst für eine Freidenkerin wie Storni? Sie schweigt und spricht von den altbekannten «Nervenproblemen». Schweigen auferlegt sich auch Alejandro Storni; er wird in der Öffentlichkeit nie ein Wort über den Krebs verlieren. Nur ganz wenige Menschen sind eingeweiht, Freundin Salvadora und Felisa Ramos, eine von Alfonsinas Schülerinnen, vielleicht haben sie sie gepflegt, vielleicht hat Salvadora die Patientin nach ihrer Entlassung aus dem Krankenhaus bis zur Genesung bei sich aufgenommen. Nach der Operation sagt Alfonsina nur, dass sie sich nie mehr unter das Messer des Chirurgen legen wird. Auch die Bestrahlung bricht sie wieder ab. Ihre rechte Achselhöhle, damit auch die Bewegungsfreiheit des Arms mit ihrer Schreibhand, wird beeinträchtigt bleiben. Manche in Alfonsinas Umfeld glauben eine Wesensveränderung wahrzu-

nehmen. Man sehe sie seltener in der Öffentlichkeit. Eines der fröhlichsten Fotos von Alfonsina entsteht jedoch im Mai 1935. Die Operation liegt hinter ihr, sie lacht wieder.

*Pantomime mit Carlitos*
Gab es 1921 erst sieben Kinos im Stadtzentrum von Buenos Aires, so sind es 1931 schon hundertzwanzig. Stummfilme aus den USA beherrschen noch immer den Markt, während die argentinischen Kinos mit «exzellenten Orchestern» auftrumpfen. Es gibt Programme für Kinder, die nach der Vorstellung Ballone und Spielzeug erhalten. Eine Ikone dieser Zeit ist der Tramp von Charlie Chaplin, der zu einer der berühmtesten Kunstfiguren des 20. Jahrhunderts wird. Am Anfang dieser Karriere steht auch Alfonsina Stornis Beschäftigung mit Carlitos Chaplin, wie er in Argentinien genannt wird. Er erscheint in zwei von Stornis Stücken. Im einen darf sich ein Junge eine Belohnung aussuchen: «Soll ich deinem Papa sagen, dass er dich zu Charlie Chaplin mitnehmen soll?» In der kurzen Pantomime *Ein Traum am Wegrand* tröstet er ein Kind, zusammen mit anderen Kunstfiguren aus der zeitgenössischen Populärkultur: «Ein ärmlich gekleideter Junge schläft mitten auf einem Weg. Charlie Chaplin kommt herein, tritt zu ihm und kitzelt ihn mit seinem Stöckchen. Das Kind lächelt. Charlie macht seine Pirouetten,

schließlich setzt er dem Jungen seinen Hut auf und hockt sich auf einen Stein am Wegrand.» Hinzu treten Figuren aus Märchen (Rotkäppchen, Aschenputtel und Pinocchio) und populäre Comicfiguren aus La Nación wie das streitsüchtige Ehepaar Sisebuta und Trifon. Sie alle singen leise: «Der Mond ist aufgegangen. Du sollst nicht allein sein. Der Wolf geht um. Wir gehen jetzt. Komm mit, du armes Kind. Adios!» Wie im Märchen ergeht es auch auf der Bühne Kindern, die von den Menschen alleingelassen werden. Sie blicken aber nicht in den Himmel wie das kleine Mädchen mit den Schwefelhölzern bei Hans Christian Andersen, stattdessen werden sie in den Arm genommen: «Carlitos steigt von der Leinwand herunter, fasst mich bei der Hand, bringt mich wie einen Brummkreisel zum Drehen und streichelt mir die Wange.» *Ein Traum am Wegrand* fällt mitten in den filmgeschichtlichen Umbruch, der für den Tramp das Ende sein wird: Der Stummfilm wird abgelöst vom Tonfilm. Stornis Stück wird am 21. November 1935 in der ersten Gemeindebibliothek von Buenos Aires (Biblioteca Miguel Cané) uraufgeführt. Die Darstellenden, sieben Mädchen und zwei Jungen, besuchen die städtische Kindertheaterschule Labardén. Für Alfonsina ist die Arbeit mit diesen Kindern wichtig: «Sie sind die einzigen, die an mich als Theaterautorin glauben. Ja, das kann ich nicht genug betonen.»

# ZUGFENSTER
Buenos Aires. Bariloche. Santiago de Chile. 1936–1938

Die Sommerferien sind wichtiger denn je. Die Erholung lässt auf sich warten, Alfonsina Storni spürt es: Die Krankheit ist in ihr, selbst wenn die Brust amputiert ist. Am Strand von Mar del Plata, auf der Rambla, in den Tanzcafés registriert und skizziert sie Szenen, als drehe sie einen Film, dessen Kamera sie selbst ist: «Das Objektiv meiner Wahrnehmung öffnet und schließt sich und erfasst eine Farbe, eine Geste, eine Linie.» Wie früher als Flaneurin in der Calle Florida und U-Bahn-Passagierin sucht sie im Januar 1936, das schöne Flirren zwischen Wirklichkeit und Fantasie ins Wort zu bringen. Das möchte sie auch mit einem anderen Stoff tun, der Geschichte von Buenos Aires. Auf Einladung des Bürgermeisters soll sie eine Festrede halten. Die Ideen dazu sind sortiert und auch schon in eine Ordnung gebracht, nun geht es ans Schreiben. Es bleibt nicht viel Zeit. Bald wird sie mitten in ihrer Stadt zu den Menschen sprechen: unter freiem Himmel.

*Vierhundert Jahre*
Buenos Aires feiert im großen Stil Geburtstag. Eine deutsche Baufirma errichtet gerade das künftige Wahrzeichen der Stadt: Der siebzig Meter hohe Obelisk ist Anfang 1936 noch im Rohbau. Er steht

mitten im Zentrum, auf der Plaza de la República, wo sich die Calle Corrientes und die Avenida 9 de Julio kreuzen – an der Stelle, wo die Nationalflagge einst wohl zum ersten Mal gehisst worden ist. Mitten auf dieser Großbaustelle lassen die Stadtbehörden eine Tribüne bauen. Der Bürgermeister hat eine Reihe von Prominenten eingeladen, gemeinsam soll am 2. Februar die erste Gründung durch Pedro de Mendoza 1534 gefeiert werden (unter Juan de Garay kam es 1580 zur zweiten Besiedlung, nachdem Einheimische die erste niedergebrannt hatten). Zum vierhundertsten Geburtstag sollen die Redner «historisch-literarische Themen» präsentieren. Ein jeder macht es anders: Jorge Luis Borges spricht vor allem darüber, dass Geschichte nicht sein Thema sei; Manuel Ugarte erinnert an seine Vision vom lateinamerikanischen Staatenbund nach dem Modell der USA, und Alfonsina Storni – eine von zwei Rednerinnen – präsentiert argentinische Themen in buntem Stilmix und mit dezenter Kritik: «Hier spricht eine, die Buenos Aires glühend liebt. Ihre Liebe ist aber ein klein wenig angesäuert durch die kritischen Fragen. Aber müssen wir denn unser Buenos Aires, um es wirklich zu lieben, wie ein Wunderkind immerzu mit Küssen überhäufen? Dürfen wir ihm nicht auch mal die Ohren langziehen? Die strafende Hand empfindet den Schmerz mehr als ein so stürmisches

Gegenüber.» Alfonsina Storni spricht über die Mentalität der Porteños, das Verhältnis der Hauptstädter zu ihren Flüssen Riachuelo und Río de la Plata, den Feminismus (hier nimmt sie die ganze Ostküste des amerikanischen Doppelkontinents in den Blick), aber auch über Nationalmythen (Pampa, Gauchos und Tango). Storni will unterhalten. Leichtfüßig fädelt sie ein Gespräch mit den grauen Eminenzen der Stadtgeschichte ein, den historischen Gründern Pedro de Mendoza und Juan de Garay: «Es war nicht schwer, mit ihnen in Kontakt zu treten.» Zuerst meldet sich Juan de Garay zu Wort, bald stößt Pedro de Mendoza dazu, denn das Thema – Städtebau – lockt auch ihn: Wie plant man eine Stadt? Passt der Raumbegriff, den die Spanier mitbrachten, zur Weite Südamerikas? Kann man die Dynamik einer Siedlung vorhersehen, künftige Lebensweisen, Wohnformen und ihren Einfluss auf die Mentalität der Menschen? Die kritische Frage nach der Enge der Straßen macht die beiden Spanier verlegen. Ja, genau, ihr Denken sei durch die Gassen in der Heimat geprägt gewesen. Zu seiner Rechtfertigung sagt Pedro de Mendoza, er habe den wichtigsten «Entwicklungskeim» nach Argentinien gebracht, das Pferd. Allmählich merkt er, dass sich das Gespräch den dunkeln Seiten der Geschichte nähert: Bildern, die sich die Nachgeborenen von ihm gemacht haben, Bilder, mit denen er

sich nicht identifizieren kann. Dieser Konfrontation geht er lieber aus dem Weg: «Ich gehöre nicht mehr mir selbst: Jede Fantasie kann mich neu erschaffen.» Ebenso leicht wie es begonnen hat, löst sich das nächtliche Treffen auf, die Geisterstunde ist um: «Aber dann schlug es zwölf und die Schatten verwandelten sich in Luft.»

Zum vierhundertsten Geburtstag schreibt Buenos Aires Radiogeschichte. Die Openair-Veranstaltung vom 2. Februar 1936 wird von LS1 Radio Municipal direkt übertragen. Auch die Tontechnik ist auf dem neuesten Stand. Die Redner stehen vor dem Kondensatormikrofon Neumann CMV3, das in Deutschland serienmäßig hergestellt wird. Es hat zwei Spitznamen, seiner Form wegen heißt es «Neumann-Flasche», «Hitler bottle» wegen seines Einsatzes bei nationalsozialistischen Großanlässen. Mit diesem Mikrofontyp wird der Reichskanzler am 1. August 1936 die Olympischen Spiele in Berlin eröffnen. Das Radioprogramm ist nicht immer so aufregend wie die spiritistische Sitzung, die Alfonsina Storni gewandt aus dem Hut zaubert. Aber neu ist es allemal. Fast wie am Telefon kann man direkt zu Menschen in ihren vier Wänden, in der guten Stube vor ihren Radioempfängern sprechen. Der kleine Unterschied ist nur: Wer spricht, weiß nicht, wer zuhört.

*Medienpartnerschaft*
Anfang 1936 gibt es eine ganze Reihe von Radiosendern, die sogenannte Broadcastings anbieten: Livesendungen mit Vorträgen, Gesprächen und Konzerten von Klassik bis Jazz. Bei Radio Belgrano, einem der vielen hauptstädtischen Sender, denkt man strategisch und geht eine Medienpartnerschaft mit der Wochenzeitschrift Caras y Caretas ein. So erhalten die Leser einen Überblick über das kommende Radioprogramm, Hörerzuschriften werden im Heft abgedruckt, erste interaktive Formate entstehen, die Infografik mit dem wöchentlichen Rating der Sender durch die Hörer dient der Leserbindung. Kein Wunder, dass Radio Belgrano Ende März zu den am besten bewerteten Sendestationen gehört. Jeden Montag um 13.30 Uhr setzen sich Persönlichkeiten des öffentlichen Lebens vor das Mikrofon, eine Moderatorin sorgt für ein munteres Gespräch, Livemusik lockert die Sendereihe auf. Als Gastgeberin wirkt die dreißigjährige Journalistin Elvira Palacios. Die Fotos in der Zeitschrift zeigen eine modebewusste Frau mit keckem Hütchen. Nach der Ausstrahlung gibt es eine Fotoreportage mit Werbung für die nächsten Folgen, und in der Woche darauf erscheint im Heft ein vertiefendes Interview mit dem Radiogast, der dann aus seinem Leben erzählt. Palacios schreibt für Caras y Caretas auch die Porträts der Gäste. «Nachhaltig» wird man

das später nennen. – Am 28. März 1936 ist Alfonsina Storni auf Sendung. Eine Woche später erscheint ihr Porträt, diesmal dreht sich das Gespräch um das Thema Geld. Das interessiert alle. «Wie haben Sie ihren ersten Peso verdient?» Alfonsina Storni ist bekanntlich eine der wenigen wirtschaftlich eigenständigen Frauen, die in der Öffentlichkeit stehen. Das Geld könnte also ein guter Aufhänger sein für die Schriftstellerin, die zumindest teilweise vom Schreiben lebt, doch Palacios' Text beginnt so: «Alfonsina Storni, was für eine Kühnheit! Als Lehrerin aus der Provinz mit zwanzig einen Gedichtband aufs hauptstädtische Parkett zu werfen – die Direktorin hat dich bestimmt ermahnt, den Arithmetik-Unterricht ernster zu nehmen als die Ausflüge ins Reich der Verse.» Fast noch mehr als das Du irritiert der Fehler: Bei ihrem Debüt 1916 unterrichtet Storni nicht, sie ist Büroangestellte in einem Männerberuf. Die Journalistin erwähnt weder Stornis Kolumnen noch ihre Theaterstücke, auch nicht, dass sie seit vielen Jahren freie Mitarbeiterin von Caras y Caretas ist. Storni soll eine Anekdote aus San Juan erzählt haben: «Meinen ersten Peso habe ich nicht verdient, sondern vorsätzlich und böswillig gestohlen – also nicht den Geldschein, wie er damals in San Juan zirkulierte, habe ich geklaut, sondern das Lesebuch für die Schule. Es kostete einen Peso.» Der Diebstahl füllt den ganzen verfügbaren Platz. Er wurde bereits 1926 in Caras y Caretas geschildert. Warum nur lenkt die Interviewerin Alfonsina auf die bekannte Story statt auf die ersten Pesos, mit denen sie zum Unterhalt der Familie beigetragen hat? 1931 hat sie sich in einer Reportage von Pedro Alcázar Civit selbstbewusst, ja stolz als ehemalige Kinderarbeiterin geoutet. Die Lektüre von Palacios' Porträt mit der merkwürdigen Karikatur von Storni als Erstklässlerin hinterlässt so gesehen einen schalen Geschmack. Auf der Doppelseite wird eine zweite Person porträtiert: Ricardo Rojas, ehemaliger Rektor der Universität von Buenos Aires und Publizist. Er wird völlig anders eingeführt: «Das Werk von Ricardo Rojas wird die Jahrhunderte überdauern, kommende Generationen erhellen, ihnen das Schönste unserer Literaturgeschichte wie auf dem goldenen Tablett servieren.» Rojas nimmt sich erwartungsgemäß viel Raum für seine Karriere. Seinen ersten Peso habe er als studentischer Gerichtsreporter verdient, das Schreiben entdeckt und ein Netzwerk aufgebaut. Rojas nutzt den Moment auch, um seine erste Arbeitgeberin zu loben: «Caras y Caretas war die erste Zeitschrift, die einen Tarif für einheimische Autoren festsetzte, zwischen fünfundzwanzig und fünfzig Pesos.» Das sei weit mehr als nur eine symbolische Geste gewesen, denn «es erhob das Schreiben zu einem Beruf, machte den Ausdruck ‹literarisch› zu etwas Lohnenswertem mit Würde und das Schreiben selbst zu einer sozialen Funktion.» Ihre Vorgänger, sagt Rojas, hätten nur zum Zeitvertreib geschrieben, neben ihren Aufgaben in Politik und Anwaltskanzlei. Nach Rubén Darío habe damals das Umdenken begonnen, Schriftsteller wie Leopoldo Lugones hätten auf ihr geistiges Eigentum gepocht, so habe man sich aus gewerkschaftlichen Überlegungen zusammengeschlossen. Caras y Caretas stehe also am Anfang dieser Erfolgsgeschichte. Dafür dankt Rojas seinem Freund, dem Chefredakteur. – Die Rollenerwartung an Mann und Frau entspricht voll und ganz dem Zeitgeist, nicht nur in diesen Porträts. Unverkennbar auch in den Berichten über die Kinoproduktion in Argentinien und Hollywood, die heute wie bezahlter Content wirken (und es wohl auch waren): Filmstars, die bald in den Kinos von Buenos Aires zu sehen sind – ganzseitig Marlene Dietrich, die noch immer bei Paramount Pictures unter Vertrag ist. Ebenfalls 1936 bietet ihr Goebbels zweihunderttausend Reichsmark für einen in Deutschland gedrehten Film, doch sie lehnt ab und arbeitet bereits mit Ernst Lubitsch an *Angel*. Eine andere Doppelseite mit «Staatsmännern Europas» spiegelt die Kriegsgefahr: auf der linken Seite die Gesichter von Hitler, Mussolini, von Außenminister Anthony Eden und Pierre-Étienne Flandin, rechts diejenigen von Kriegsblinden aus dem Ersten

Weltkrieg: «Die Blinden hören Truppen marschieren, ihre Augen füllen sich mit Angst. In Europa gibt es große Staatsmänner, aber zurzeit sind es die Kriegsblinden, die den Durchblick haben.»

*Vida de Hoy*
Manuel Ugarte weiß, dass man in Buenos Aires nicht auf einen wartet, der sechzehn Jahre lang weg war: 1919 hat er Argentinien den Rücken gekehrt, zuerst in Madrid gelebt, wo er die Französin Teresa Desmard kennengelernt und geheiratet hat. In Paris, wo sie eine Zeitlang leben, gibt Ugarte mit Maxim Gorki, Miguel de Unamuno und Albert Einstein das Magazin Monde heraus und schreibt als politischer Publizist über Lateinamerika, gegen Faschismus und für den Kommunismus. Mit Geldern aus dem mütterlichen Erbe kauft sich Ugarte 1926 ein Haus in Nizza. 1929 vertritt er die Lateinamerikanische Union in Deutschland, wo er schon 1907 als Vertreter der sozialistischen Partei Argentiniens Rosa Luxemburg und Lenin kennengelernt hat. Die Weltwirtschaftskrise schmälert seine Einkünfte empfindlich; seine Zeitungsbeiträge werden eingestellt. Um ihm materiell beizustehen, nominieren ihn Alfonsina Storni, Gabriela Mistral und andere Kollegen 1929 für den argentinischen Nationalpreis für Literatur. Die Ablehnung wird damit begründet, alle Werke von Ugarte seien «au-

LOS ojos de los estadistas europeos no tienen descanso. Giran rápid mente dentro de las órbitas, tratando de abarcar todos los aspectos este dramático instante. Hitler mira hacia Londres y luego vuelve l ojos a la situación interna de Alemania. Mussolini tiene la mirada puesta Abisinia, pero da vuelta la cabeza a cada momento para ver lo que pasa sus espaldas. Flandin escruta los rostros de Hitler y de Eden. Y el capit Eden, por su parte, observa la cara de todo el mundo cada vez que propo un nuevo plan conciliador... ¶ Los estadistas de Europa se observan, rededor de las mesas de las conferencias internacionales, tratando de des brirse las intenciones. Revisan los tratados, miran los mapas, observan fronteras, contemplan los desfiles... Luego levantan los ojos y tratan desentrañar el porvenir. Pero hasta los gobernantes de mayor visión recor

JUNTO a ellos, los ojos vacíos de los soldados que quedaron ciegos en la guerra, los espantosos ojos vacíos de los ex combatientes que todavía viven, que aun recorren a tientas las ciudades de Europa mientras los estados mayores preparan nuevos planes de ataque y los laboratorios siguen produciendo gases que queman los tejidos. ¶ En estos días, los ojos vacíos de los ciegos se han poblado de recuerdos. La muerte de los camaradas. El tronar de los obuses. El resplandor de las explosiones. Y, cada mañana, los restos sanguinolentos de tantas vidas tronchadas y los escombros humeantes de tanta riqueza destruída. ¶ Veinte años han pasado desde entonces, nada más que veinte años, y ya se vuelven a escuchar las mismas palabras de incomprensión y a percibir el mismo estrépito de armamentos. ¿Para qué? Los ciegos oyen el paso de las tropas y sus ojos se llenan de angustia. ¶ En Europa hay grandes estadistas, pero quizá sean los ciegos de la guerra

ßerhalb von Argentinien» erschienen. 1932 müssen die Ugartes den Schmuck der Frau und das Haus in Nizza verkaufen, um die Schulden tilgen zu können. In der Not lässt er sich von Manuel Gálvez zur Rückkehr nach Buenos Aires überreden. Dort landen die Ugartes im Mai 1935, mitten in dem «infamen Jahrzehnt». Die Sozialistische Partei fordert ihn zum Wiedereintritt auf, hofft aber vergeblich auf seine Altersmilde. Es vergeht kein Jahr, bis man Ugarte erneut ausschließt, nachdem er die Partei nach ihrer Wahlschlappe von 1936 einer scharfen «Selbstkritik» unterzogen hat. Ohne Schreib- oder Lehraufträge, ohne staatliche Sinekure lebt er mit Teresa Desmard karg, aber unverdrossen engagiert: Ugarte beobachtet die politische Entwicklung in Europa und gründet die Zeitschrift Vida de Hoy. In Spanien ist ein Bürgerkrieg ausgebrochen; da sich der Militäraufstand unter General Francisco Franco im Juli 1936 nicht in ganz Spanien durchgesetzt hat, zerfällt das Land in einander feindlich gesinnte Regionen. Franco ernennt sich zum «Generalísimo» und «Caudillo» (Führer). Im Oktober 1936 erscheint die erste Ausgabe von Vida de Hoy: Alfonsina Storni wird zu den aktuellen Geschehnissen in Spanien befragt. Sie bekundet Verständnis für all jene, die nun zu den Waffen greifen und gegen die Putschisten kämpfen. Offensichtlich tut sich aber auch Storni schwer mit der unüberschau-

baren Lage im Bürgerkrieg. Sie weiß nicht, dass sich auch Freunde von ihr den Brigaden angeschlossen haben und an die Front gezogen sind, um die Republik zu verteidigen. Mica Feldman de Etchebéhère und ihr Mann Hipólito beispielsweise gehören der Kampftruppe des POUM, der marxistischen Arbeiterpartei, an; Hipólito hat in ihr das Kommando übernommen. Als er am 16. August 1936 fällt, wählen die Genossen Mica zur Kommandantin. Vom Briefwechsel zwischen Mica und Alfonsina sind nur Dokumente bis 1932 erhalten. Eine bis an die Zähne bewaffnete Kommandantin hat keine Zeit für Briefe. Mica wird später nach Frankreich fliehen. Sie hat Alfonsina nicht mehr gesehen. – Drei Tage nach Hipólitos Tod wurde Federico García Lorca von Franquisten erschossen, auch das weiß niemand. Er wird Jahrzehnte als verschollen gelten. Gegen den homosexuellen Dichter und Theatermann, den Sozialisten und Freimaurer, lag nichts vor als das Gerücht, er spioniere für die Russen. – Manuel Ugarte fühlt sich in seinem eigenen Land einsamer denn je und zählt auf Alfonsina Stornis Mitarbeit an seiner Zeitschrift, die allerdings nach wenigen Ausgaben eingestellt werden muss. Solidarität schweißt die beiden Freunde zusammen, und ein jeder sucht sich auf seine Weise aus der beengenden Lage zu befreien. Für Alfonsina Storni ist das Kindertheater ein Schlüssel zum Glück.

*Quicklebendiger Holzsoldat*

Für eine Autorin, deren Theater für Erwachsene fast gänzlich unbeachtet geblieben ist, muss es eine Wohltat sein, die eigene Freude am entstehenden Stück teilen zu können. Das hat Storni nach eigener Aussage nur mit Kindern erlebt. Diese können es kaum erwarten, bis ein Stück fertig ist und die Proben beginnen. Sie bestürmen die Autorin, einen Akt vorzulesen, selbst wenn er noch nicht fertig ist. Sofort beginnt er in den Kindern fortzuleben: «In der Pause rennen sie dann nach draußen und sagen einander Worte und Strophen vor, die ihnen noch im Ohr herumtanzen.» Mit den Kindern aus der städtischen Theaterschule kann Alfonsina Storni auch die Freiheit feiern. Von 1922 bis 1938 hat sie für das Teatro Infantil Labardén Texte für die Bühne verfasst, oft auch die Musik dazu gestaltet, und sie mit ihren Schülerinnen und Schülern inszeniert. Die erhaltenen Stücke werden erst 1950 gedruckt, die genaue Anzahl kennt niemand. Stornis Theaterarbeit, besonders die mit Kindern, blieb für die Zeitgenossen und die Nachgeborenen stets nur ein Randphänomen und ist kaum je ernsthaft wahrgenommen worden. – Alfonsinas Heldinnen und Helden für Kinder sind beseelt und beherzt, aber in aller Regel keine Menschen. Fantasie ist für sie die Bereitschaft, die Welt anders zu denken und sie auf der Bühne auszuleben. Wie märchenhaft Rebellion gehen kann, zeigen ausgerechnet die Puppen in *Die Statuen und ihre Henker*. Ein hölzerner Soldat, ein Clown und ein Puppenmädchen beginnen sich dank einer Musikdose zu regen: *Mit den ersten Klängen werden die Puppen lebendig und bewegen sich, als wären sie beseelt.* Sie leiden an ihrer Unfreiheit. «Ein Sklave, immerzu bin ich hier ein Sklave», sagt der Clown, und der Soldat pflichtet ihm bei: «Wenn wir uns doch für ein paar Minuten befreien, nur ein paar Minuten lang tun können, was wir wollen!» Sie leiden daran, dass niemand ihr wahres Wesen erkennt, und rebellieren gegen die beschränkte Sicht auf sie als «Dinge, die dazu verdammt sind, die Möbel in diesem Zimmer zu verzieren.» Zu dritt staksen sie in ihr erstes Abenteuer, angeführt vom Clown: «Wie gern würde ich eine Revolution machen!» Der Soldat reckt begeistert sein Schwert in die Höhe: «Auf in die Freiheit! Befreien wir uns, schlagen wir jemanden tot.» Das Puppenmädchen Lenci ist die Stimme der Menschlichkeit: «Aber nur einen, der kein Blut hat und nicht leidet. Ich will kein Blut sehen.» Man einigt sich darauf, die im Zimmer herumstehenden Statuen zu köpfen. Die scheinbar toten Spielfiguren zeigen, wo das wahre Leben hockt. Die Revolution im Kinderzimmer lässt an Hans Christian Andersens *Der standhafte Zinnsoldat* und E.T.A. Hoffmanns *Nussknacker und Mäusekönig* denken. Beide Erzählungen sind längst auf Spanisch verfügbar.

*Gewissenserforschung*
*Jorge und sein Gewissen* ist eine fast schwankartige Miniatur mit gekonntem Spannungsaufbau. Wie frech sie ist, erkennt man nur im gesellschaftlichen Kontext. Die Handlung: Ein Schuljunge muss sich von seinem eigenen Gewissen prüfen lassen. Das spanische Wort «conciencia» ist grammatikalisch weiblich und wird deshalb im Stück als respektgebietende Dame dargestellt. Reglos sitzt sie in lange, helle Tüllschleier gehüllt auf einer Art Richterstuhl und führt eine Befragung durch. Jorge, wie alle argentinischen Schüler mit weißer Schürze und Mütze, kennt das Ritual, ja, in ganz Argentinien kennt man es in- und auswendig: Die Erforschung des eigenen Gewissens nach guten und bösen Taten ist die klassische Vorbereitung für die katholische Beichte. Die antiklerikale Storni jedoch dreht das Selbstgespräch in eine völlig neue Richtung, in der die kirchliche Autorität dem individuellen Urteil und die Moral dem gesunden Menschenverstand Platz gemacht haben. Die Dame ist keine Hohepriesterin. Sie lasse ihn keinen Moment aus den Augen, sagt sie zu Jorge: «Dafür liebe ich dich zu sehr.» Keck fragt Jorge zurück, ob sie vielleicht ein Auto oder Flugzeug wolle: «Wäre doch bequemer für Sie. Oder einen fliegenden Teppich, um ein Nickerchen zu machen, wenn ich schlafe?» Die Dame aber lässt sich von ihrem Vorhaben nicht ablenken:

«Was hast du denn heute so getan, mein Junge? Lassen wir den Tag Revue passieren, bevor es Zeit ist, ins Bett zu gehen.» Wie zu erwarten war, prahlt der Junge mit guten Taten, unter anderem, dass er die Katze seiner Schwester nicht am Schwanz gezogen habe. Das Gewissen bohrt geduldig nach, bis Jorge eine echte ‹Heldentat› ankündigt. Die Dame sucht sie zu erraten, zählt eins ums andere auf, doch immer liegt sie falsch. Bis Jorge damit herausrückt: «Ich hab einen Knopf angenäht.» Vor Lachen kann sie sich kaum auf dem Sessel halten. Jorge beteuert, das sei eben wirklich nur was für Mädchen: «Sagen Sie es ja niemandem. Alle würden mich auslachen und sagen, ich sei ein Frauenversteher.» Nun gut, die Dame ist klug und bestätigt Jorges Mut, schließlich habe er ein Vorurteil überwunden. Wie er denn nun belohnt werden möchte? Sie macht Vorschläge, um ihm auf die Sprünge zu helfen, sogar einen Kinobesuch regt sie an. Wieder alles falsch! Jorgito wünscht sich nämlich (und das ist die Schlusspointe): «Ich will einfach nur ... nie mehr einen Knopf annähen müssen. Nie mehr im Leben. Es gibt nichts Schlimmeres!» – Das Kindertheater als kleine Emanzipationsschule für den Mann der Zukunft? Feminismus als humorvoll-verdauliche Lektion für die Eltern im Publikum? Jedenfalls kommt das Wesentliche durch die Hintertür – in weiblicher Gestalt. Das Gewissen oder vielmehr das Bewusstsein, die Erkenntnis, wie man den Ausdruck «conciencia» ohne moralischen Beigeschmack übersetzen kann, ist Alfonsina Stornis eigentliche Bühne. Dort spielt sich ab, was zählt. Ein Kind, das unverfälscht bei sich selbst ist, kann spüren, dass es eine Welt jenseits von «Gut» und «Böse» gibt. In ihrem Theateressay von 1927 gibt Storni zu erkennen, wo sie sich selbst mit ihrem Tun ansiedelt: «Ich erkannte, dass es über der vom Menschen geschaffenen Welt, also über dem ‹Gesellschaftsvertrag›, eine natürliche Sphäre gibt, die weit und frei ist. Menschen mit ausgeprägter Individualität geben hier unten Kunde von ihr. Ihre Entdeckungen fließen manchmal sogar in den Gesellschaftsvertrag ein, der seine Klauseln von Zeit zu Zeit öffnet, selbst wenn man ihn nie ganz aufsprengen kann. Und manchmal verdichten sie sich zu einer geistigen Atmosphäre, die die Menschen aufmerken lässt, vor allem, wenn sie in den sozialen Konventionen zu ersticken drohen.»

*Frei wie ein Papagei*
Alfonsina Storni inszeniert ihre Stücke in der Kindertheaterschule selbst. Soweit Alter und Talent der Kinder sowie die theatralen Mittel es erlauben, kann sie ihrer Fantasie freien Lauf lassen. Mit wieviel Lust sie dies tut, zeigt *Pedro und Pedrito*, ein rasantes Stück über den Freiheitsdrang. Es treten auf: ein Zirkusdirektor mit Peitsche und Tochter

# LOS PRISIONEROS DEL ZOO

Este loro es todo un personaje, como verán los lectores al conocer sus habilidades: cuenta hasta veinte, conoce las horas de comer, anuncia las tormentas meteorológicas y las familiares, descubre los ladrones sin necesidad de hábiles interrogatorios y se hace el muerto cuando ve el palo de la escoba...

E l loro es un animalito estrechamente unido a nuestras tradiciones familiares de hace cincuenta años. Antes, por supuesto, de que Buenos Aires se hubiera convertido en la ciudad de los teatros y de la radiotelefonía, no había familia bien que no contara entre sus miembros al loro multicolor, parlero, gracioso y a veces boca sucia. Así, algunos ejemplares llegaron fácilmente a alcanzar una fama bien merecida, por cierto, si estaba en consonancia con su vasto repertorio. E indudablemente, tenía el loro ese, por su ingenio y vivacidad, más derecho a figurar en el árbol genealógico que ciertos diputados que jamás hablaron en el recinto no obstante la voluntad del comité... El loro era utilísimo y permitía a las visitas enterarse de la clase de relaciones que había entre el niño de la casa y la cocinera, por ejemplo. Pero al loro lo mató el progreso, y ahora todo el mundo le mira como fantasma de una época que pasó. Hablando ornitológicamente, diremos que este señor que vuela mal, camina torpemente y habla cuando debe callar, pertenece al orden de las aves prensoras, habita países cálidos, vive en bandadas parlanchinas y se divide en 440 especies. — C.E.M.

*Fotos de Vargas Machuca*

(die Peitsche knallt öfter, als die Tochter spricht, dafür ist Letztere schön wie eine Kunstreiterin), Micky Maus, ein Tiger und die Papageien Pedro und Pedrito. Die Regieanweisungen zeigen, wie der Entwicklungsstand der Kinder berücksichtigt werden kann: «Zwei kleinere Kinder, die Darsteller der Papageien, sollen sich entsprechend ihrer Rolle bewegen und sprechen. Ich empfehle auf den Einsatz von Mimik praktisch zu verzichten. Man kann ihre Arme mit Federn ausstatten, die unbemerkt bleiben, solange die Arme an den Rumpf gepresst sind. Nur wenn sie in Begeisterung ausbrechen, flattern sie mit ihren Flügeln. Es versteht sich, dass man diese Rollen Kindern anvertraut, die sich durch besonderes Talent und einen feinen Sinn für Imitation auszeichnen. Mit einem gerollten Rrrr, das immer wieder zu hören sein sollte, kommentieren sie das Geschehen, je nach Stimmung freudig, kummervoll, spottend und so weiter.» Die Papageien Pedro und Pedrito sind großmäulige Rebellen. Der Zirkusdirektor hat ihnen das Sprechen beigebracht, aber sie wollen nicht länger in seinem Zirkus auftreten. Sie türmen in den Urwald und machen ihrem Ärger Luft, denn sie haben einen bösen Husten: «Verdammte Zirkusleute! Die hätten uns geplagt, bis wir ins Gras gebissen hätten.» «Ausbeuter! Hätten wir nicht unsere Haut gerettet, wäre ich noch tuberkulös geworden.» «Ich auch.» «Schlimm, ein Papagei mit Tuberkulose!» «Genau! Ausgesaugt wie eine Languste!» «Aus die Maus, damit ist nun fertig. Viva la libertad!» Wutentbrannt stellt der Zirkusdirektor gemeinsam mit seiner Tochter eine Falle auf. Prompt tappen die Papageien hinein; sie können der kleinen Leckerei im Käfig nicht widerstehen – nun sind sie gefangen. Triumphierend eilt der Zirkusdirektor herbei, ein Running Gag ist die von alleine knallende Peitsche. Während zuvor die Papageien noch ihr Freiheitslied angestimmt haben, tanzt nun die Tochter zum Takt der väterlichen Peitsche. Freiheitstanz, nennt das der Direktor: «Gefangen seid ihr! Runter von den Bäumen, Schluss mit den frischen Orangen. Ab in den Zirkus, ihr Hunde!» Pedrito kontert: «Selber Hund, du Ausbeuter minderjähriger Vögel.» Sie sind entschlossen. Nie mehr gehen sie in den Zirkus zurück, doch wie sollen sie sich befreien? Haben sie kurz zuvor noch kämpferisch ihre Schnäbel aufgemacht («Ich hacke auf jeden ein, der uns kaufen will. Ich bin frei!» «Du bist ein argentinischer Papagei.» «Jawohl, aus der Calle Corrientes!» «Du wirst nie Sklave sein.» «Nie im Leben.»), macht sie nun die Gefangenschaft kleinlaut und weinerlich. Ein Deus ex machina muss her: Micky Maus, der wie jeder Hollywoodstar sofort erkannt wird. Zu den Papageien sagt er: «Ich bin mit Minnie von der Leinwand heruntergestiegen, gerade eben. Wie langweilig, immer auf dieser weißen Wand, da dachte ich mir, im Urwald ist es doch viel schöner. Wer seid ihr?» Pedro und Pedrito zeigen sich von ihrer besten Seite: «Zwei Papageien, ganz arme Häftlinge, dabei sind wir die allerbravsten Tierchen.» «Tadellose Zeugnisse. Hier unter dem Flügel ist mein Personalausweis. Willst du ihn sehen?» «Ein schrecklicher Dompteur hat uns eingesperrt. Er schlägt uns und will, dass wir die Tuberkulose kriegen. Wärst du so freundlich und öffnest diese Tür hier, damit wir verduften können?» Natürlich will Micky helfen, doch der Käfig hat ein Geheimschloss, das auch der grösste «Superheld» nicht knacken kann. Nun folgt ein Thriller für Kinder – mit einem Tiger, der allen Angst einjagt, auch den Zirkusleuten, Micky aber wie ein Schoßhündchen gehorcht. Die Panik wächst, die Ereignisse überschlagen sich, bis am Ende die Bösen hinter Gittern sitzen und die Guten frei sind. Ein fulminanter Schlusspunkt: Der Tiger steigt aus seinem Fell, die wirkliche Dea ex Machina kommt zum Vorschein: Minnie Maus! Sie sagt zu ihrem Freund Micky: «Siehst du? Ich hab nicht zu viel versprochen. Ich komm dir immer zu Hilfe, wenn's brenzlig ist.» Pedro herrscht ein letztes Mal den Zirkusdirektor an: «Und du, elender Hund von einem Dompteur, du Folterknecht, du Ausbeuter von Minderjährigen, bleibst da drin hocken, für immer und ewig gefangen, und wir hauen jetzt mit Micky ab.» Die Papageien und die Leinwandhelden

tanzen von der Bühne. – Vor einer Argentinierin, einer normalen Frau, bekommt keiner weiche Knie, aber ein kesses Kunstmädchen aus den USA schafft das. Aus der Tigerhaut steigt die «New Woman», ein «Role Model» der Zukunft. Wenn in Argentinien die Zeit noch nicht reif für eine wirkliche emanzipierte Frau ist, dann wenigstens für eine Maus, hat sich Alfonsina Storni gesagt. Minnie ist nicht nur ein süßes Mäuschen mit kurzem Röckchen, sondern ein Flappergirl, 1928 in den Studios von Walt Disney erschaffen. Typisch argentinische Großschnäbel sind hingegen die Papageien aus der Calle Corrientes, dem Hotspot von Kultur und Kunst. Immer wieder nennt Alfonsina Storni diese Straße, so auch in ihrer Festrede: «Doch wenn Buenos Aires die Calle Corrientes besingt, so meint sie damit den Kosmopolitismus.» Über ihre Generation schreibt sie: «Sie glaubt an Gott und die Calle Corrientes, aber auch die Pampa ist ihr wichtig.» Auch der Verkehrsunfall, dem Cuca zum Opfer fällt, geschieht auf der Calle Corrientes. Stehen die Papageien für den männlichen Kulturbetrieb? Gehen sie Zirkusdirektoren auf den Leim und lassen sich das Sprechen beibringen? Plappern alles nur nach, diese eingebildeten, verführbaren Schreihälse? Brauchen sie Hilfe aus den USA – von einer ‹Frau›, die sich erst verkleiden muss, damit sie wirken kann? Oder packe ich vielleicht zu viel in ein Kindertheater hinein?

*Ein professioneller Trinker*
Laufend erweitert Alfonsina Storni ihren Horizont als Regisseurin, ihre Fingerfertigkeit als Dramaturgin. Bestimmt ist ihre Praxis an der Theaterschule für Kinder hilfreich, aber die wirklich aufregenden technischen Möglichkeiten bietet nur eine professionelle Bühne. In den Feuerwerksfarcen für Erwachsene hat sie schon vieles ausprobiert – von den ausgeklügelten Bühnen in *Cymbeline kurz nach 1900* bis zur surrealen Jenseitsszene mit Euripides in *Polyxena und die kleine Köchin*. Doch die Experimentierlust ist ihr noch nicht vergangen. Ganz im Gegenteil: Sie schöpft noch einmal aus dem Vollen mit einer Komödie, die heute den Titel *Die Technik des Mister Dougall* trägt. Der Aufbau sorgt für Tempo, im ersten Akt werden die zwei Hauptfiguren Carmen und Mister Dougall eingeführt, am Ende des Akts macht er ihr einen Heiratsantrag und bestellt telefonisch die Aussteuer. Dies alles nachts um elf, damit Carmen weiß, welch wichtiger Herr sie da gerade zu seiner Frau macht. Der zweite Akt enthüllt die schwierigen Verhältnisse in Carmens Herkunftsfamilie, Konflikte zwischen den Geschwistern, für die sie die Retterin sein soll: Bruder Miguel trinkt, hängt nur herum und sucht Carmen zu bestehlen; Schwester Rosa hat bei einem Verkehrsunfall ein Bein verloren, Dougall kauft ihr eine Prothese (die Schwestern reden despektierlich von

«Gummibein») und gibt ihr einen schlecht bezahlten Job; direkt oder indirekt hängen also alle von Carmens Mann ab. Andererseits stellt sich heraus, dass Dougall nicht der professionelle Whiskyprüfer ist, für den er sich ausgibt, sondern ein schwerer Alkoholiker. Carmen vertuscht dies gegenüber ihren Geschwistern, doch ihren Mann stellt sie vor ein Ultimatum: Entweder ergreife er einen anderen Beruf oder sie werde ihn verlassen. Der dritte Akt bringt die Lösung. Im Nu findet Dougall Ersatz für Carmen: Seine Sekretärin, eine hellhäutige Argentinierin mit norwegischen Wurzeln, hat von ihrem Vater das Talent des Whiskyprüfens und den Alkoholismus geerbt. Sie leert die Gläser mit Dougalls gepanschtem Whisky und ist empfänglich für seine Annäherungsversuche. Carmen platzt mitten in die Verführungsszene und verlässt ihren Mann. Sie hat das letzte Wort.

Carmen ist die schlagfertigste von Alfonsina Stornis Theaterfiguren. Sie entwaffnet das Gegenüber durch ihre Aufrichtigkeit und das Benennen klarer Fakten. Die Redeuelle mit Dougall und mit ihrem (vermutlich) Verflossenen Gutiérrez sind nicht nur unterhaltsam, sie legen auch das Gender- und Rassedenken der beiden Männer offen. Gutiérrez: «Wenn ich heirate und bei einer festgenagelt bin, muss sie steinreich sein. Mindestens. Es gibt Frauen für alles.» Carmen, die – ein aufschlussreiches Detail – wie Gabriela Mistral mit Nachnamen Godoy heißt, wurde weder verführt noch für dumm verkauft. Sie heiratete aus freier Entscheidung und vielleicht sogar aus Liebe, keinesfalls aber mit Kalkül. Zunächst ist sie die erfolgreiche Ausreißerin, von der die ganze Familie abhängt, doch als die Ehe mit dem reichen Alkoholiker aus dem Ruder läuft, kommt es zum grotesken Wettstreit, wer der bessere Alkoholiker sei, Bruder Miguel oder Ehemann Dougall. – In der Schlussszene befreit sich Carmen aus dem goldenen Käfig. In einer fulminanten Rede an den sturzbetrunkenen Dougall, der in den Armen seiner Sekretärin liegt, verzichtet sie auf alles, was ihr nach der Scheidung zustehen würde: «Gut, die Sache ist klar, ich komme nicht mehr und lass dir alles. Kein Taschentuch, keine Nähnadel, nicht mal ein Hemd nehm ich mit. Mit schönen Worten hast du mich eingeseift, aber meine Würde hab ich mir nie nehmen lassen. *Schickt sich zu gehen an, dreht sich wieder um.* Übrigens tue ich dir nicht den Gefallen, zu verkommen. Ich werde arbeiten. Diese Carmen bringt irgendein dahergelaufener Engländer nicht auf die schiefe Bahn. *Will gehen, dreht sich aber noch einmal um.* Und schreib dir hinter die Ohren: Ich hab dich nicht geheiratet, um komfortabel zu leben, sondern weil du mir gefallen hast. So aber kannst du mir gestohlen bleiben, du Witzfigur. Ich gehe. Splitternackt.» Stornis Theaterfigur erscheint wie eine gereifte, überlegene Version eines ihrer frühesten lyrischen Ichs, die Rebellin in der Herde: «Ich konnte nicht wie andere Frauen sein, Ochsen mit dem Hals im Joch, meinen Kopf hebe ich frei!»

*Whisky*

Man hat die Figurenkonstellation dieses Stücks mit *Der Herr der Welt* verglichen, doch das wird weder der Themenvielfalt noch den bestechenden Dialogen gerecht. Alfonsina Storni legt große Kunstfertigkeit an den Tag. Die zwei Hauptfiguren sind komplex gebaut, auch weil Storni erstmals soziale Kategorien in Theaterhandlung und Figurensprache übersetzt. Mister Dougall ist schwerreich und behauptet, von Beruf Whiskyprüfer zu sein. Er verfügt über Haus, Auto, Chauffeur, Haus- und Büroangestellte. Er ist ein Chauvinist, Rassist und Sexist, wie er im Buch steht. Dougall legt Wert darauf, dass er kein «Säufer» wie Miguel, sondern ein professioneller (und stabiler) Trinker ist: «Haben Sie denn eine Ahnung, in welchem Jahrhundert wir leben? Im Jahrhundert des Wettbewerbs! Und was regiert die Welt? Die Technik. The modern technique! Wer heute die Nase vorn haben will, muss besser sein, viel besser als die anderen im Beruf, überall in der Wirtschaft.» Sein Arbeitsethos ist modern; er rackert sich nicht wie Handwerker für «zehn lausige Pesos am Tag» ab, sondern hat eben eine «Technik»: «Ich aber verdiene viel mehr und brauche nur dieses kleine Gerät. *Zeigt auf Zunge und Gaumen.* Kennen Sie den Wert davon? Zweitausend Pesos pro Monat! Womit sollte ich denn das Auto vor der Haustür und unsere Heizung bezahlen, wenn ich nicht den besten Gaumen der Welt hätte? Ich bitte also um mehr Wertschätzung für meine heroische Leistung! Ich teste die Whiskysorten der Welt, entdecke Fälschungen und biete meiner Frau ein schönes Zuhause mit allem Komfort.» Beiläufig erfährt man, dass Dougall in Wirklichkeit ein Whiskypanscher und durch Betrug reich geworden ist. Whisky ist also der Treibstoff des Stücks. Mit dem Kampf gegen Alkoholismus, wie ihn die Temperenzbewegung am Río de la Plata seit langem führt, ist Alfonsina Storni vertraut. Sie hat im Haushalt einer der bekannten Alkoholgegnerinnen in Argentinien gelebt, Josefina Durbec de Routin: Schon 1910 hat sie Vorträge gegen Alkoholismus gehalten. Der Alkohol ist hier aber auch ein künstlerisches Mittel. Er macht Stornis Komödie zu einem Volksstück, das man in dieser Hinsicht mit *Herr Puntila und sein Knecht Matti* vergleichen kann. Bertolt Brecht setzt Trunkenheit auf der Bühne ein, um Menschlichkeit (und deren Perversion) zu zeigen. Alfonsina Storni nutzt Trunkenheit auch, um ein überaus populäres Lied einzubauen. Das ist ein Insiderscherz für das argentinische Publikum,

Desde el palco oficial el Presidente de la República observa el desarrollo de la carrera, cuya realización dio motivo a una brillante reunión social.

# EL GRAN PREMIO NACIONA
# EL MATCH RIVER PLATE-RACIN

Una emocionante jugada frente al arco de River Plate, que, por tercera vez, venció a Racing en la actual temporada, y en esta oportunidad merced a la decisión de Ferreyra, que conquistó el triunfo para su equipo a los quince minutos del segundo tiempo.

genauso wie die Insekten, die im *Polyxena*-Epilog Euripides plagen. Hier nun ist es das Marschlied *It's a long way to Tipperary* aus Großbritannien. Das Lied wurde durch die britischen Soldaten im Ersten Weltkrieg bekannt. Storni verwendet es in ihrer Komödie als musikalischen Gradmesser für Dougalls Alkoholpegel. Kommt er nämlich singend heim, ist Carmen sofort im Bild: «Je mehr er getrunken hat, desto mehr Rechenaufgaben löst er. *Tipperary* singen und rechnen, bis zum Gehtnichtmehr.» Das Lied ist ein komödiantischer Running Gag – und mehr. Es hat einen direkten Bezug zum argentinischen Fußball, damals wie heute ein nationales Ereignis. Die Fußballmannschaft River Plate aus Buenos Aires gewinnt im Dezember 1932 den Wettkampfpokal der Argentinischen Fußballliga. Nur Tage später veröffentlicht der Club seine erste offizielle Hymne: eine Adaption von *It's a Long Way to Tipperary.* Die ursprünglichen Autoren werden nicht mehr genannt, dafür Arturo Antelo, der das Lied für Tango-Orchester mit Sänger adaptiert hat. Die eingängige Hymne soll bereits lange vor ihrer offiziellen Einführung von britischen River-Fans in Buenos Aires lautstark mitgesungen worden sein.

*Die singende Blume*
*Die Technik des Mister Dougall* beginnt mit dem berückenden Bild einer menschlichen Blume.

Alfonsina hat ihre eigene Existenz einmal so beschrieben: «Bis zum heutigen Tag habe ich stets wie eine Distel im Wind gelebt, ohne Schutz. Das ist ungünstig in einem Ambiente, das vom Schein lebt.» Eine solche Blume ist auch Carmen als surrealistische Theaterfigur. Sie arbeitet zu Beginn des Stücks in einer Jahrmarktbude, um sich selbst und ihre Familie über Wasser zu halten. Abend für Abend wird sie mit Hilfe von Bühnentechnik zur singenden Blume. Die Regieanweisungen für den ersten Akt sehen einen doppelten Boden vor; die Bühne ist dunkel bis auf einen Lichtkegel, in dem Carmen auf einer kleinen Plattform mit Hebevorrichtung steht; sie ist gekleidet wie ein Porzellanpüppchen: *«Die Plattform, auf der sie steht, fährt langsam in die Höhe, dabei macht ihr Rock die Bewegung mit und faltet sich aus.»* Die Darstellerin wächst wie eine Blume aus dem Bühnenboden empor. Während ihrer Fahrt auf der Plattform singt sie ein trauriges Lied, in dem sie ihr Herz zum Verkauf anbietet. Oben angekommen singt sie die Strophe: «Wild und immer wilder das Herz. Wer will's? Wer will mein Herz? Ich geb's für sieben Sterne, dazu den Schweif eines Kometen und eine halbe Konstellation.» Dann sinkt die Blume zurück unter den Boden, ihr Stiel sackt in sich zusammen und sie singt: «Weil's niemand kaufen will, sink ich tief und immer tiefer. Ach, was wein' ich mir die Augen aus. Nun ist auch dieses Lied ganz aus.» – Das Jahrmarktpublikum wird nur akustisch vergegenwärtigt, so auch der Ausrufer, der mit einem Megafon die nächste Attraktion ankündigt und die Zuschauer zur Bude nebenan treibt. Dort gibt es eine Tanzshow, die bewusst auf den zeitgenössischen Rassismus anspielt: «Und jeeeetzt, meine Damen und Herren, geht's weiter mit dem Charleston-Wettbewerb im Negerpavillon. Charleston-Wettbewerb, meine Herrschaften, gleich geht's weiter!» Auch Carmen ist dunkelhäutig. Der Budenzauber mit Rassenschau ist nur angetippt und doch deutlich genug, um die Gesellschaft zu zeigen, aus der Carmen mit Dougalls Heiratsantrag herausgeholt werden soll: «So eine dunkle Schmusekatze wie Sie habe ich noch nie gesehen, noch gar nie! Vor zwanzig Tagen hörte ich Sie zum ersten Mal singen, seit zehn Nächten schlafe ich nur noch vier Stunden, seit dreien nur noch ein Stündchen, seit vorgestern tue ich gar kein Auge mehr zu. Ich brauche ein Schlafmittel. Wollen Sie mich heiraten?» Für Carmen sind Rassenfragen so unnötig wie Hundezucht: «Wollen Sie denn einen Mischling mit einem Windhund vom Züchter vergleichen? Aber ich bitte Sie! Der Reinrassige mag gut aussehen, ist aber so was von langweilig.» Im Lauf des Stücks erweist sich nur Dougalls Verhältnis zum Trinken als stabil. Im ersten Akt verschlingt er die dunkelhäutige Carmen mit den Augen, während er zu sich selbst sagt: «Die niederen Rassen sind einfach köstlich, wirklich lecker.» Doch im dritten Akt sitzt er im Büro, neben ihm seine hellhäutige Sekretärin, während er sich eine Flasche greift, sagt er: «Die höheren Rassen sind köstlich, sehr köstlich.» Dougalls Flirts mit berufstätigen Frauen, eine von ihnen seine Angestellte, sind meisterhaft gebaute Ecksteine dieser Komödie.

*Geld*
Das Stück dreht sich auch um Materialismus. Die einen besitzen Geld, ob zu Recht oder Unrecht, den anderen fehlt es, ob aus eigenem Verschulden oder eben nicht. Im August 1931 fragt ein Journalist: «Sie glauben also, dass Ihre Stücke erfolgreich gewesen wären und Geld eingespielt hätten?» Alfonsina Storni maßt sich keine Prognose an: «Eine Aufführung ist für die Zuschauer immer eine Überraschung. Zig Faktoren bestimmen darüber, ob ein Stück ankommt oder nicht und ob es dann, wenn es dem Publikum gefällt, auch noch Geld einbringt.» Zum Zeitpunkt dieses Interviews ist die Komödie über den Trinker und seine Frau bereits von mehreren Regisseuren abgelehnt worden. «Nasenstüber» sagt Alfonsina Storni dazu. Ein Regisseur wollte das Stück nicht lesen, weil es von ihr stamme und daher bestimmt zu intellektuell sei, dem anderen

war es zu «filigran», er müsse Geld verdienen und brauche «entweder ein politisches Stück oder ein richtiges Spektakel.» Wenn auf der Bühne einer den anderen fertig macht, füllt das offenbar die Säle: Es sei eine Form, über andere zu lästern, sagt Storni. Wenn es gut gemacht sei, könne es sehr witzig sein und ziehe bei den Zuschauern auch deshalb, weil «die boshaften Worte aus fremdem Mund kommen.» Tatsächlich bietet *Die Technik des Mister Dougall* beides, schlagfertige Figuren, funkelnde Dialoge, Situationskomik zum einen und Polittheater in modernem Sinn zum andern. All diese theatralen Fantasien von Alfonsina Storni gelangen nie auf die Bühne. Weil schon die beiden gedruckten Feuerwerksfarcen darauf warten, inszeniert zu werden, gibt sie das Stück nicht einmal in Druck. Es bleibt als Manuskript in einer Schublade liegen und wird erst im Jahr 2000 erscheinen, 2021 erstmals auf Deutsch. – Wie sie sich denn erkläre, dass ihre Stücke nicht aufgeführt würden? Alfonsina Storni nimmt die Frage des Journalisten nicht persönlich; auch Salvadora Medina Onrubias Stücke wurden nicht richtig gut aufgenommen, dabei wusste jedermann, welch einflussreicher Ehemann hinter ihr steht. Storni antwortet nur: «Ich glaube, dass es ein grundlegendes Misstrauen gegenüber einer Frau gibt, die Theater macht. Es gibt kein Vorbild dafür, man ist nicht daran gewöhnt. Theaterstücke wurden immer von Männern verfasst und man traut den Stücken einer Frau nicht zu, dass sie Geld einbringen. Ja, man zweifelt am ökonomischen Erfolg eines Theaters aus Frauenhand. Zudem misstraut man allem Neuen. Und da wir gerade ein ziemlich schlechtes Jahr haben, in dem die meisten Intendanten Geld verlieren, will man auf Nummer sicher gehen und setzt auf etwas, das schon einmal die Kassen gefüllt hat. Deshalb sind die Spielpläne mit Wiederaufnahmen und Reprisen gespickt.» In ihrem Theateressay von 1927 verrät Storni, dass sie sich an jener natürlichen Sphäre orientiere, die weit und frei sei. Dies macht ihre Lebensbetrachtung und ihre Texte «emotionslos», wie sie sagt. Was sie davon für die Bühne zumindest auf Papier bringt, und wie dynamisch und theatralisch klug sie das tut, macht schmerzlich deutlich, welch einzigartige Chance hier ungenutzt geblieben ist. Sie weiß es selbst: «Mir ist allerdings bewusst, dass Emotionen der dominierende Faktor unserer Gesellschaft sind. Sie entscheiden über die Umsetzung von Gesetzen, sie beherrschen das politische und institutionelle Leben und trüben, zumindest ein wenig, den Blick für die Phänomene des Geistes.»

*Die ganze Welt zu Gast*
Es gibt in Argentinien nicht oft Gelegenheit, Literaten aus der ganzen Welt zu treffen, aber beim

vierzehnten Kongress des PEN-Zentrums in Buenos Aires ist es so weit. Zur festlichen Eröffnung am 5. Oktober 1936 reisen neunzig Delegierte aus neununddreißig Ländern an. Alfonsina Storni, früher PEN-Vorstandsmitglied und aktuell im Leitungsausschuss des Argentinischen Schriftstellerverbandes SADE, sitzt im prachtvollen Saal des Parlamentspalastes, hört die Grußworte des Staatspräsidenten Agustín Pedro Justo und die Eröffnungsrede von Jules Romains: «Schneidet mit dem Mund, zermahlt einen mit den Augen», notiert Alfonsina Storni in ihr Notizheft. Während des Kongresses wird sie die anwesenden Schriftsteller porträtieren, Ein- oder Zweizeiler zwischen Haiku und Rätsel. Die New York Times schreibt zur Eröffnung, seit 1933 sei die Frage vordringlich, wie sich die PEN-Zentren «in der aktuell in Aufruhr geratenen Welt, insbesondere zu Schriftstellern in Diktaturen» verhalten sollten. Aus New York reist der Flüchtling und Ehrengast Stefan Zweig an, der diese Reise in seiner *Schachnovelle* aufgreift: «Auf dem großen Passagierdampfer, der um Mitternacht von New York nach Buenos Aires abgehen sollte, herrschte die übliche Geschäftigkeit und Bewegung der letzten Stunde. Gäste vom Land drängten durcheinander, um ihren Freunden das Geleit zu geben, Telegraphenboys mit schiefen Mützen schossen Namen ausrufend durch die

Gesellschaftsräume, Koffer und Blumen wurden geschleppt, Kinder liefen neugierig treppauf und treppab, während das Orchester unerschütterlich zur Deckshow spielte.» In der Novelle ist auch der amtierende Schachweltmeister an Bord, der auf hoher See gegen den von der Gestapo-Haft gezeichneten Dr. B. spielen wird. – Zweig wird bei seiner Ankunft in Buenos Aires stürmisch empfangen. Die Presse erwartet vom Flüchtling eine dezidierte Stellungnahme gegen Nazi-Deutschland, doch der Pazifist hält sich bedeckt; ängstlich und vorsichtig zeigt ihn der Spielfilm *Vor der Morgenröte* (2016). Zweig, gespielt von Josef Hader, weicht einschlägigen Fragen aus. Und so porträtiert ihn Alfonsina Storni: «*Stefan Zweig, österreichischer Delegierter. Gebt ihm einen Schatten von der Größe eines Blatts und er wird den ganzen Wald sehen.*» Den Kollegen Emil Ludwig, offiziell der «Vertreter der exilierten deutschen Autoren», sieht Storni als «Schwergewicht im Boxkampf gegen die Geschichte.» Der konvertierte Jude ist in komfortabler Lage. Er reist aus Ascona an, wo er sich nach Aufenthalten auf dem Monte Verità 1922 eine stattliche Villa gebaut hat; mittlerweile ist er dort Ehrenbürger und im argentinischen Zeitschriftenmarkt als freier Autor etabliert. Alfonsina Storni ehrt auch die Namenlosen, unter dem Titel *Der unbekannte Delegierte:* «Er schaut, hört zu, regt sich auf, klatscht. Aber die

Demokratie bietet ihm ihr schönes Bett nicht an.» – Die Presse nutzt den Anlass für die Promotion der Stadt. Caras y Caretas befragt die anwesenden PEN-Delegierten: «Ist Buenos Aires traurig? Sind wir Argentinier traurig?» Die Antworten erhalten viel Raum, denn sie sind schmeichelhaft und relativieren das verstörende Bild von der «Urtraurigkeit in Südamerika», das Hermann Keyserling nach seinem Aufenthalt in Buenos Aires geprägt hat. Der Präsident des Schweizer PEN-Zentrums, Emanuel Stickelberger: «Nein, Buenos Aires ist keineswegs traurig. Ich habe nur Heiterkeit und Gastfreundschaft erlebt.» Für ihn ist klar: «Wo Glaube und Arbeit ist, gibt es keine Traurigkeit.» Auch Stefan Zweig sieht das so: «Traurigkeit in Buenos Aires? Ich habe nichts dergleichen bemerkt an diesen strahlenden Tagen, ganz im Gegenteil, bin ich nur freimütigen, offenen Herzen begegnet. Wie sollte ich da Melancholie oder Trauer beobachten?» Der Vertreter Ungarns weist die Frage nach dem traurigen Buenos Aires als Klischee ab, ein Nationalcharakter lasse sich so pauschal nicht beurteilen. Der estnische Vertreter empfindet nur die Folklore als etwas melancholisch, er vergleicht sie mit russischen Volksliedern und Tänzen. Uruguays PEN-Mitglied erklärt sich die Schwere, die er an Jugendlichen bemerkt, mit ihrer Empfindsamkeit: «Die Tragödie in Europa hallt in allen Seelen nach.» Eine Autorin aus

England fragt sich, warum man in Argentinien fast nur Schwarz trage, die Briten würden Farbe in den Alltag bringen, um dem grauen Himmel etwas entgegenzusetzen. Die Straßen von Buenos Aires fand sie trauriger als in London: «Hier fehlt es an Ruhe und Entspannung nach der Arbeit. Abends, wenn wir essen gehen, kleiden wir uns fröhlich, ohne Hüte, nach neunzehn Uhr gibt sich London ausgelassen und vergnügt, was in Buenos Aires gar nicht der Fall ist.» Die Britin vermisst auch die Natur: «Das Einzige, was ich in Buenos Aires als traurig empfinde, ist seine schiere Größe und die Abwesenheit von Natur. Wir Engländer dagegen haben die große Weite von Parks, in denen wir uns wie auf dem Land fühlen; wir kommen auch leicht und schnell zu diesem Vergnügen. Jedoch habe ich nicht beobachtet, dass sich die Menschen hier deprimieren lassen durch das, was wir als trostlos empfinden.»

*Als Touristin unterwegs*
Zu Beginn des 20. Jahrhunderts beginnt die touristische Erschließung Patagoniens. Zuvor haben sich die Neuansiedler in der entscheidenden «Wüstenkampagne» von 1879 bis 1883 das riesige, von indigenen Stämmen bewohnte Gebiet angeeignet. Auf diese blutige Geschichte spielt Alfonsina Storni an, wenn sie dem Fisch im *Polyxena*-Epi-

log in den Mund legt, er sei gerade «am Land der Ona-Indianer vorbeigeschwommen» (ein Stamm in Feuerland) und habe sich informiert über den «Indiojäger», der statt Lamas lieber Ureinwohner jage, «ohne dass ihn jemand hinter Gitter bringt». Der Fisch spielt auf Julio Popper an, der für den Genozid an den Selk'nam verantwortlich gemacht worden ist. Zynisch meint er: «Es scheint, dass das Menschenleben dort sehr wenig wert ist. Nichts wirklich Neues.» Im Januar 1937 reist Alfonsina Storni erstmals nach Patagonien, an die pittoresken Anden-Seen, wo die touristische Vermarktung mit Blick auf die deutschen Immigranten als Kundschaft ansetzt. Zeitschriften bewerben die «argentinische» bzw. «chilenische Schweiz». Am 30. Januar 1937 bucht Alfonsina Storni beim Reiseunternehmen Exprinter eine siebzehntägige Reise und kauft sie vermutlich wieder mit einem Lohnvorbezug. Jedenfalls schreibt sie in ihr *Zugfensterheft*: «‹Lernen Sie Ihr Land kennen!› Nicht ohne einen Kredit in Höhe von drei Monatslöhnen.» – Die Route führt durch den Süden von Argentinien und Chile, im Zug von Buenos Aires nach Bariloche, dann entlang der Anden-Seen durch den Nationalpark Nahuel Huapi mit dem gleichnamigen fjordartigen See und über die Kordilleren nach Santiago de Chile. Dort gibt die Redaktion der Tageszeitung El Mercurio einen Empfang für sie. Weiter geht es nach Viña del Mar am Südpazifik und mit der Transanden-Bahn via Mendoza zurück nach Buenos Aires. Während der Reise macht sich Alfonsina Storni Notizen. Diesmal schreibt sie über die Mitreisenden nur am Rand. Ihre Aufmerksamkeit liegt ganz auf dem, was das Zugfenster von der Landschaft preisgibt. Die Beobachterin wirkt gelassen, ihre Gefühle spielen keine Rolle mehr, das schreibende Ich ist durchlässig für Größeres: Alfonsina Storni kennt die Gedichte, die Antonio Machado, inspiriert von einer Zugreise durch Kastilien, 1912 geschrieben hat. Ihre *Zugfensterhefte* erscheinen in der Zeitung La Nación, der erste Teil im Februar 1937, im Mai dann der zweite. Monate später gibt Alfonsina Storni nochmals eine Reihe von Prosaminiaturen über Patagonien heraus. *Kodak aus der Pampa* handelt von einer Landschaft mit schlechtem Ruf: «Aus dem Mund von Ausländern hört man oft, die Landschaft der Pampa sei ohne jeden Reiz.» Zu ihnen gehört Alfonsinas Freundin Concha Méndez: «Als ich die Pampa zum ersten Mal selbst erblickte, sah ich, dass sie nichts war. Sie war nichts als eine flache Wüste, die sich in der Ferne verlor, wenn man sie mit dem Zug durchquerte.» Doch Storni hat gerade für das Undefinierbare Sinn: «Und die Farbe? Natürlich hat die Pampa Farbe: eine Farbe.» Einmal spricht sie von der «Selbstlosigkeit der Pampa», von Windstößen, die «durch den ganzen Kontinent wehen». So habe Leopoldo Lugones seine besten Texte geschrieben, «wenn seine Vorstellungskraft tief Atem holte, sei es für die Anden, die Pampa oder den Urwald im Norden.» Fremde, raue, unwirtliche Landstriche, die sich dem Menschen entgegenstellen, sind große Stoffe. Die Pampa entlockt Alfonsina Storni auch ein Augenzwinkern gegenüber sich selbst: «Ist denn jede Blume mit ihrer Umgebung zufrieden?»

*Die Quirogas*
1926 verlassen Horacio Quiroga, Tochter Eglé und Sohn Darío den Urwald in Misiones und ziehen in einen Vorort von Buenos Aires. In dem Miethaus mit Garten kann der Vater seiner Passion nachgehen: Wildtiere aufziehen und zähmen. Schon bald verliebt sich Horacio in eine von Eglés Mitschülerinnen. María Elena Bravo gibt seinem Werben nach und heiratet ihn gegen den Widerstand ihrer Eltern. 1928 kommt Tochter Pitoca zur Welt. Quiroga arbeitet noch im Konsulat von Uruguay, schreibt aber kaum mehr und denkt 1930 ans Aufgeben. In der Ehe beginnt es zu kriseln, die Auseinandersetzungen mit seiner Frau nehmen zu, bis Quiroga 1932 mit Frau und Pitoca zurück nach Misiones zieht. Doch für die beiden ist der Urwald eine fremde Welt: María Elena und Pitoca kehren nach vier Jahren in die Großstadt zurück.

Los protagonistas de "El Desierto", diez años después.

# OMO VIVEN Y TRABAJAN NUESTROS ESCRITORES:
# HORACIO QUIROGA

*Con abundancia de fotografías, que contribuyen a dar una idea completa y exacta de la nota, presentamos a nuestro colaborador Horacio Quiroga en su residencia campestre de Misiones. Conociendo aquel ambiente maravilloso y la sensibilidad exquisita del escritor, se comprende el encanto que fluye de sus relatos vigorosos.*

QUIEN no conoce personalmente al autor de "El Desierto" se lo imagina alto y robusto, machete en mano, como un pionneer, allá en las selvas misioneras. Y si alguien — yo por ejemplo — señalara a Horacio Quiroga en el paciente ciudadano que escucha, en silencio, una romántica sonata wagneriana, no dejaría, a buen seguro, de provocar

¿Cómo — nda tal vez inda admirada del maestro — ese hombre de mediana ura y ojos es el visio creador el salvaje", peón", "Los " y demás rias de la

tificado oro si la encantadora chica olvida que Horacio Quiroga es asimismo autor de "Miss Dorothy Philips, mi esposa", "La meningitis y su sombra", "El Solitario" y otros cuentos de amor, de locura y de muerte...

Con todo, esa imagen gigantesca que sugiere el escritor a través de su obra es exacta. Como que viene a ser su verdadera personalidad. Porque Quiroga, como el salvaje libre de Rousseau, que en alguna parte recuerda Reinach, no es un verdadero salvaje, sino un filósofo que se ha desnudado. Es decir, un hombre que harto de prejuicios alternó un día su vida burguesa de ciudad con la vida heroica de la selva. Y antes de maravillarnos con la revelación fue el

Der alleingelassene Quiroga beklagt sich in einem Brief an einen Freund, alle, die ihn verließen, würden ein Stück von ihm selbst herausreißen. Geraume Zeit schon ignoriert er auch die Beschwerden im Unterleib; eines Tages kann er kaum mehr auf das geliebte Motorrad steigen, das noch durch eines der letzten Gedichte von Alfonsina Storni knattert. – Die Schmerzen treiben Quiroga nach Buenos Aires zurück. Dort vertraut er sich demselben Chirurgen an, der Alfonsina im Jahr zuvor operiert hat. Bei der chirurgischen Untersuchung diagnostiziert Doktor José Arce fortgeschrittenen Prostatakrebs. Vom weiteren Verlauf bis zum 19. Februar 1937 gibt es verschiedene Versionen. Sicher ist, dass Quiroga in seinem Spitalbett Zyankali getrunken hat und nach wenigen Minuten tot war. Unklar ist, ob Quiroga sich das Gift selbst beschaffte oder ob ihm ein Mitpatient dabei geholfen hat. Alfonsina Storni schreibt das Gedicht *Für Horacio*. Respektvoll und freundschaftlich spricht sie ihn an, bekundet nicht nur Verständnis für seine Tat, sondern bewundert auch seinen Mut. Damit nimmt sie eine äußerst ungewöhnliche, ja anstößige Haltung ein, bekräftigt unbeirrt das Recht des Menschen auf Freitod – selbst wenn ganz Argentinien über die sogenannte Sünde tuschelt. «Lass sie doch reden», heißt es am Ende der ersten vier Strophen des Gedichts.

*Der letzte Sommer*
Das uruguayische Ufer des Río de la Plata ist beliebt bei argentinischen Urlaubern. Das Haus ihrer Freundin in Colonia hat sich schon mit Besuch gefüllt, also nimmt sich Alfonsina ein Hotelzimmer in Real de San Carlos. Schon frühmorgens läuft sie am Strand entlang. Während die anderen Hotelgäste auf den Zug mit dem zahmen Pferdchen warten, der sie vom Hotel in Real de San Carlos an den Río de la Plata hinunterbringt, ist sie zu Fuß hinuntergegangen. Am Strand sitzt man unter den aufgespannten Sonnenzelten, schaut den Kindern zu, die Sandburgen bauen, spielt Fußball oder geht baden. Alfonsina setzt sich in den Sand und hält die Beine ins warme Wasser. Die Wellen sind so sanft wie damals, als ihr die eine, unvergessliche Welle schmerzhaft verraten hat, wie es um ihre Brust steht. «Das Meer ist verräterisch», hat sie neulich zur jungen Touristin gesagt, die mit ihrer Mutter in demselben Hotel wohnt, doch die hat sie nur verwundert angeschaut. Elsa Tabernig ist Übersetzerin und Literaturdozentin an der Universität Tucumán. In ihren Erinnerungen an jenen Sommerurlaub schreibt sie: «Am ersten Tag sahen wir eine zierliche Person am Ufer, mit khakifarbenem Hütchen, lachsfarbener Bluse und blauen Shorts. Sie ging, lief, rannte, blieb stehen, setzte sich hin, stand wieder auf und zog so ihre anmutigen Schnörkel in die Horizont-

linie. Beim Mittagessen im Hotel merkten wir auf, als wir am Nachbartisch eine Frau mit weißer Mähne sitzen sahen. Sie glich Alfonsina Storni, also der Alfonsina, die wir aus Fotos in Zeitungen und Zeitschriften kannten. Wir brauchten nicht lange, um sicher zu sein, dass es sich wirklich um Alfonsina Storni handelte, die Dichterin, die ich schon als Jugendliche bewundert hatte.» Bald kommen die Frauen miteinander ins Gespräch. Es folgen gemeinsame Nachmittage am Strand, man lernt sich kennen und tauscht sich auch über Literatur aus. Jahre später wird Elsa ihre Erinnerungen an den letzten Sommer der Alfonsina Storni aufschreiben und einzigartige Einblicke in Alfonsinas Ferienalltag bieten. Es scheint fast, als wäre Storni immerzu in Bewegung. Ihr intensives Verhältnis zur Natur, zur Landschaft fallen Elsa auf: «Wenn wir runterkamen, war sie schon durch das Pinienwäldchen beim Hotel gelaufen, hatte die steilen Abhänge erkundet, war wie ein junges Mädchen aus dem Bett gesprungen und barfuß zum Fluss hinuntergegangen, hatte Pflanzen geküsst und den feuchten Atem der Erde eingeatmet, sich auf dem Rasen ausgestreckt und die Hände mit Jasminblüten parfümiert.» Alfonsina Storni gibt sich den Eindrücken der Landschaft und deren Stimmungen ganz hin. Dort empfängt sie die Inspirationen für Gedichte, die sie im Hotel schreibt und Elsa und ihrer Mutter vorliest – Verse zu Wolkenformationen über dem Río de la Plata, dem Quaken von Fröschen, einem Nebelstreif am Nachthimmel. Alfonsina umarmt Bäume, die Wange an der Rinde, bis sie sich in ihre Haut einprägt. Elsa nennt es das «rituelle Gespräch mit der Natur». Es hebt Alfonsina Storni aus den anderen Urlaubern heraus und prägt sie in Elsa Tabernigs Gedächtnis ein – vielleicht wie Ingeborg Bachmann in dasjenige der Polinnen und Polen, die sie während ihrer Polenreise im Mai 1973 begleitet haben und mit ihr über Land gefahren sind. Auch sie notierten ihre Erinnerungen. Einmal verspätete sich das Auto, der Fahrer erklärte den Grund: «Auf der Reise von Warszawa nach Toruń war I. Bachmann von der Landschaft entzückt. Sie berauschte sich mit frischem Grün der Wiesen, mit kleinen Flüsschen, mit Weiden.» Bachmann bat den Fahrer anzuhalten, stieg aus und «stürzte sich in die reichen, wild auf der Straßenwiese wachsenden Margeriten. Sie umarmte und liebkoste sie, sie lief immer weiter, als ob sie alle Blumen anfassen und küssen möchte. Sie benahm sich wie ein kleines, sorgenfreies Mädchen. Sie saß unter den Blumen und lachte.» Am Abend gestand sie, was für «unvergessliche Momente in ihrem Leben» das gewesen seien, sie habe sich «so glücklich» gefühlt, «nur ein kleiner integraler Teil der Natur» zu sein. Die Polenreise fand nur wenige Monate vor Ingeborg Bachmanns Tod statt.

*Rilke*

Elsas und Alfonsinas Gespräche am Strand sind lebhaft. Sie haben dieselben Lieblingsdichter: Baudelaire, die Gräfin von Noailles, Rainer Maria Rilke. Dichter und ihr Schicksal, das sei Stornis Lieblingsthema. Plötzlich macht Alfonsina einen kühnen Vorschlag, ein gemeinsames Übersetzungsprojekt: «An einem grauen Morgen kam unser Gespräch wieder auf Rainer Maria Rilke. Wir sprachen von seinen Werken. Erinnerten uns an die *Briefe an einen jungen Dichter*. Wie großartig schrieb Rilke über den Tod! Alfonsina wünschte sich so sehr, seine Gedichte, die sie nur in französischer Übersetzung gelesen hatte, besser kennenzulernen. Sie fühlte sich ihm verwandt. Nach langem Schweigen schlug sie plötzlich vor, wir könnten gemeinsam ein paar seiner Gedichte ins Spanische übersetzen. Sie nannte das *Buch von der Armut und vom Tode*. Ich sollte mein Deutsch einbringen, und sie würde die Nachdichtung übernehmen.» Daraus wird dann nichts; später erklärt sich Elsa Stornis Idee mit ihrer Todessehnsucht: «Rilke hatte im *Buch der Bilder* geschrieben, dass sich der ‹Mensch mit seinem Tod einverstanden erklären muss, in geduldiger Zusammenarbeit muss er sterben lernen, als wäre es eine Kunst›. Und er zeigt auch, wie dies geschehen kann: In der Stille höre man seine Stimme, die von innen komme, nur so gelange der Mensch zum ‹eigenen

Tod›. Er ist ein Zeichen der Reife für Rilke. Dem gegenüber steht der ‹kleine Tod›, der von draußen kommt, ein Fremder, der den Menschen vor seiner Zeit fällt, wie eine unreife Frucht. Ohne Zweifel hat Alfonsina ihren eigenen Tod heranreifen lassen. Sie wollte sich nicht dem ‹kleinen› hingeben, der einen in Spitälern, in Städten holt, wo man ‹den Tod tötet›, wie Rilke sagte. Alfonsina wählte den ‹großen› Tod.» – Elsa möchte in Uruguay nicht nur Urlaub machen, sondern sich fortbilden. An der Universität Montevideo bietet das Bildungsministerium unter Eduardo Víctor Haedo Sommerkurse an. Prominente Gäste stehen auf dem Programm: Gabriela Mistral und Juana de Ibarbourou. Elsa reist ab und wird in Montevideo zur Brückenbauerin. Nach einem Vortrag von Mistral kämpft sie sich durch die Menge und kann Alfonsinas Grüße überbringen. Mistral steigt schon ins Auto, doch sie fragt nach Alfonsinas Adresse und Elsa nennt das Hotel. So geschieht das kleine Wunder: Mitten in Alfonsinas Ferien platzt die Einladung nach Montevideo, sozusagen in letzter Minute. Storni hat genau vierundzwanzig Stunden Zeit bis zum Auftritt. Es ist einer ihrer wichtigsten.

*Gottes Vorstadtfilialen*
An der Universität Montevideo kommen die drei bekanntesten Schriftstellerinnen ihrer Länder am

sogenannten Cono Sur zusammen: aus Uruguay Juana de Ibarbourou, aus Chile Gabriela Mistral und Alfonsina Storni aus Argentinien. Jede hält eine Rede, sie sind bis heute als Tondokument und gedruckt erhalten. Die drei Lyrikerinnen sollen sich mit der Frage auseinandersetzen: «Wie schreiben Sie Ihre Gedichte?» Gabriela Mistral tut sich nicht leicht mit dem Auftrag, antwortet gewunden und mit Gleichnissen aus der Natur, um zu sagen, dass vor dem eigentlichen Schreiben etwas anderes komme, ein geheimnisvoller Vorgang, der den Keim zu einem Gedicht erst heranreifen lasse. Während Mistral und Ibarbourou sich auf ihre Reden sorgfältig vorbereiten konnten, ist Storni in letzter Minute eingeladen worden. Ein Tag reicht nicht für einen solchen Auftrag, so sagt sie zu Beginn, ihre Ideen seien weder geordnet noch so inspiriert, wie sie es sich wünschen würde: «Den Zaubergeist der Inspiration konnte ich nicht herbeirufen, denn er ist wie das Personal in gewissen Hotels: Je ungeduldiger man ruft, desto weniger eilt es herbei.» Storni wärmt das Publikum mit einigen biografischen Anekdoten aus dem grünen San Juan auf und erntet Gelächter für die bekannte Geschichte vom gestohlenen Lesebuch, dabei erzählt sie sie ungeschönter denn je: «Meine Mutter liegt krank im Bett, mein Vater im Alkoholrausch, ich bitte um einen Peso. Niemand beachtet mich, die Lehrerin tadelt mich, meine Mitschülerinnen galoppieren mir im Lernen davon. Da fasse ich den Entschluss.» Für Alfonsina Storni ist Kunst ein spirituelles Phänomen, wie sie schon öfters, aber meist nur kurz erwähnt hat – so in einem frühen Aphorismus zur Ekstase des Künstlers. Wer schreibe, wird sie später im Jahr sagen, müsse nicht nur Talent und etwas zu sagen haben, er brauche «auch eine mystische Offenheit, die seine Sichtweise auf die Welt – auf welche Art auch immer – aus den Angeln heben» könne. Ein Mensch im Hier und Jetzt erkennt «den Moment, in dem sich ein Gedicht wie eine flüchtige Wolke auf seine Hand zubewegt». Auf dem Podium in Montevideo fasst Alfonsina Storni diese kosmische Mittlerposition in die fantastische Formel, in den Künstlern richte sich Gott «Vorstadtfilialen» ein.

### *«Alfonsina, du meine siamesische Schwester»*

Die Rede vom 27. Januar 1938 am Instituto Vázquez Acevedo in Montevideo ist einzigartig. Wir verdanken ihr die Aufzeichnung, die es von Alfonsina Stornis Stimme gibt – tontechnisch dürftig, doch als Zeugin für Stornis kraftvolle Präsenz, ihren Sprechduktus und ihre Rezitation der eigenen Gedichte umso wertvoller. Sie führt anhand von Gedichten aus, wie sie entstanden sind und was es bedeutet, mit der «Antenne auf Empfang» zu schreiben. Man hat sie noch nie danach gefragt. Alejandro ist unter

den Zuschauern und Hörern, verbringt einige Ferienwochen mit ihr und reist am 21. Februar 1938 mit dem Dampfschiff nach Buenos Aires zurück. Alfonsina Storni steht erst am 1. März 1938 auf der Passagierliste für den Flussverkehr. Elsa erfährt später von ihrer erfolgreichen Mission: «Als ich aus der Zeitung in Buenos Aires erfuhr, dass der Sommerkurs in einem großen Poesiefest mit Gabriela Mistral, Juana de Ibarbourou und Alfonsina Storni gegipfelt hatte, fühlte ich mich glücklich.» – Mistral schlägt in ihrer Rede zärtliche Töne an, um ihrer Verbundenheit mit Alfonsina Storni Ausdruck zu verleihen. Sie nennt sie ihre «siamesische Schwester». Umgekehrt bekräftigt Storni am Schluss ihrer Rede die Verbundenheit aller Menschen. Im Rückblick berührt diese Geste noch mehr – heute, wo wir wissen, wie es damals um die Welt und um Alfonsina Stornis Aussicht, dieses Jahr zu überleben, bestellt war: «Dir, Gabriela, und Dir, Juana, möchte ich danken, dass Ihr auf der Welt seid und an meiner Seite atmet. Unsere sechs Hände bilden einen Kreis. Könnte ich ihn so weit dehnen, dass er sich vom Atlantik aus über die Kordilleren spannen und auch die Pampa umfassen würde, so täte ich es. Weit ist die Welt, und in ihr haben alle Platz. Wer die höchste Botschaft überbringt, sei es ein Volk oder ein Einzelner, dem möge das Höchste helfen, sie unter die Menschen zu tragen.»

# ICH GEH SCHLAFEN
Buenos Aires. Mar del Plata. 1938–1939

Alfonsina Storni erwacht schweißgebadet. Draußen ist es noch dunkel, doch ans Einschlafen ist nicht mehr zu denken. Hätten die Sommerferien nur nicht geendet. Bald muss sie wieder vor der Klasse stehen, ein neues Schuljahr, wie soll das nur gehen? An die Tafel schreiben, wenn sich der Arm kaum noch heben lässt? Bei aller Tapferkeit, dieser Körper macht es nicht mehr lange. Seit Horacio Quirogas Tod ist noch nicht wieder Ruhe eingekehrt, als am 18. Februar 1938 die Nachricht vom nächsten Suizid die Runde durch ganz Argentinien macht. Leopoldo Lugones hat sich mit einem Gemisch aus Whisky und Arsen in der Herberge El Tropezón del Tigre vergiftet. Dabei soll er vor einem Jahr noch gesagt haben, «wie ein Dienstmädchen» habe sich Quiroga umgebracht. Der Selbstmord des vierundsechzigjährigen Lugones erschüttert die Öffentlichkeit, sein Motiv ist unklar.

*Keine Luft mehr*
An den Trauerfeierlichkeiten ergreift Alfonsina Storni das Wort und fordert Respekt: «Ein Mensch, der sich das Leben nimmt, auferlegt uns eine besondere Ernsthaftigkeit. Ein Windstoß, über den wir nichts wissen, hat ihn umgeworfen. Es ist, als ob

235

eine Inschrift auf seinem Grabstein stände: ‹Es wird darum gebeten, an diesem Grab auf Pathos zu verzichten.›» Storni drückt in einfachen Worten ihren Schmerz aus. Sich am Grab des berühmten Lugones wichtig zu machen, liegt ihr fern. Sie hält es mit Voltaire: «Wenn die Eitelkeit die Kleinen dazu drängt, immer von sich selbst zu sprechen, so zeigt sich der Stolz der Großen darin, dass sie nie von sich selbst sprechen.» In Alfonsina Stornis Rede geht es weniger um das tragische Schicksal eines Einzelnen als um Schriftsteller in finsterer Zeit. Die Netze, in denen sich Lugones verstrickt habe, schnürten allen argentinischen Schriftstellern die Luft ab: «Vielleicht ersticken wir bald in ihnen.» Gleichgültigkeit lähme die schöpferisch Tätigen: «Wir alle sind gefangen, ohne Ventil zum Druckablassen. Niemand hört zu und schenkt dem Gegenüber Aufmerksamkeit. Niemand durchschaut, was das heißen soll, eine gerechte Gesellschaft für alle und jedem das Plätzchen, das ihm zusteht.» In so düsterer Gegenwart müsse sich der künstlerische Mensch selbst aufrichten, sagt sie. Wer ein Schicksal furchtlos zu verstehen suche, entwickle einen Tiefenblick auch für sich selbst: «So können wir Schriftsteller das Bewusstsein für das Außergewöhnliche unseres Wesens und die Reichweite von Ideen vertiefen, in uns wie auch in unserer Umgebung.» Alfonsina Storni könnte mehr als alle anderen, die um das Grab stehen, vom Kräfteverschleiß durch den Kampf um Sichtbarkeit erzählen, in einer Gesellschaft, «wo man nicht von der Feder leben kann und deshalb anderen Formen der Existenzsicherung unterworfen bleibt.»

Der Tod wird, was Alfonsina Stornis Körper anbelangt, das Sagen haben, aber noch kann sie schreiben. In ihren letzten Monaten bringt sie zwei Bücher heraus. Ende Juni 1938 ihren achten Gedichtband *Maske und Kleeblatt,* gemäß Impressum geht das Buch am 29. Mai 1938 in Druck. Das ist Alfonsina Stornis sechsundvierzigster Geburtstag, es wird ihr letzter sein. Auf dem Umschlag eine Kritzelei wie in dem spiritistischen Experiment von 1924. Geheimnisvoll wirkt auch der Untertitel *Magnetische Kreise,* der in späteren Auflagen fehlen wird. Der Band enthält die großen Naturgedichte, deren Entstehung sie in Montevideo geschildert hat. Im Vorwort verrät sie: «In den letzten Jahren hat eine tiefgreifende Verwandlung in mir stattgefunden, nicht äußere Tendenzen, die mich sozusagen mit sich fortgeschleift hätten. Sie ist der Schlüssel für die neue Richtung meines Dichtens. Gedichte wie *Eine Träne, Ein Ohr, Ein Zahn,* die sich je einem Ding widmen, als wäre es ein unabhängiges Wesen mit eigener Persönlichkeit, gehen vor wie Romane, die nichts anderes als ein paar Stunden im Bewusstsein der Hauptfigur schildern.

Aber so eine Erhöhung jener Kleinstwelt habe ich nicht bewusst angestrebt.» Wie in Trance dichtet sie nun, in sich selbst hineinhorchend. Natürlich müsse das Publikum fantasievoll mitarbeiten, ja mitschöpfen: «Aber ist das denn nicht, was das kultivierte, empfindsame Publikum möchte – mit dem Schriftsteller, dem Bildhauer, dem Musiker und so weiter zusammenarbeiten? Avantgardistische Bewegungen in Kunst und Politik bauen auf diese immer lauter eingeforderte soziale Komponente.» Storni nennt keine Namen, nicht einmal Nietzsche: «Mitschaffende sucht Zarathustra, Miterntende und Mitfeiernde sucht Zarathustra: was hat er mit Heerden und Hirten und Leichnamen zu schaffen!» Alfonsina Storni hat recht, sie ist nicht allein mit ihrem Anspruch. Die russische Lyrikerin Marina Zwetajewa fordert das mitschaffende Rätseln und Deuten explizit vom Kritiker: «Lesen ist vor allem Mitschaffen. Wenn der Leser keine Phantasie hat, wird kein Buch bestehen. Phantasie und guten Willen für die Sache.» Die Zeit (sagt Storni) bzw. die Zukunft (Zwetajewa) werde ihr einziger Richter sein. Sollte ein sinnvolles Leben unmöglich werden, sind beide kompromisslos. Am 31. August 1941 wird sich Zwetajewa erhängen und ihr siebzehnjähriger Sohn Georgji Tagebuch schreiben, bis er zwei Jahre später im Krieg umkommt.

*Göttin und Gott*
Zwei Gedichte haben einen besonderen Platz in *Maske und Kleeblatt*. Am Schluss steht die zauberhafte Anrufung der Göttin, der das Ich ein Leben lang gedient hat, *An die Göttin Poesie*. Am Anfang steht *Für Eros:* Nun geht es dem mythischen Gott der Liebe, Sohn der Aphrodite und des Kriegsgottes, an den Kragen; er ist am Strand und will seinen Pfeil abschießen, da wird er gepackt und wie eine Puppe zerlegt: Räder im Bauch, ein goldenes Getriebe, schön versteckt eine Falle namens Sex. Der ausgeweidete Balg kommt an die Sonne, Meerjungfrauen schauen perplex zu. Später, als der Mond aufgeht und die Klippen romantisch anleuchtet, wird der Lump ins Meer geworfen. Aus die Maus. Alfonsina Storni kommentiert in diesem Gedicht auch ihr Lebenswerk. Am Anfang der «romantische Honig» zu Liebe, Ehe, Sex, dann vielstimmiger, so in der Kolumne *Die Liebe und die Frau,* wo Zyniker, Philosophen, Skeptiker, Spiritualisten und Lyriker die Liebe definieren wollen: «Der Zyniker ist ja im Grunde ein verzweifelter Romantiker, eine Art Minnesänger, der seine Strophen für die Geliebte singt, im milden Mondenschein, bevor die Hunde hinter ihm herrennen. Dieser durchgeknallte Romantiker würde zu euch sagen: ‹Die Liebe ist die Falle, die das Universum den Lebewesen stellt, um sie mit der Illusion der Ewigkeit

zu täuschen.›» In diese «große Pfanne von Liebesdefinitionen» schüttet jeder einen Löffel voll von dem, was er für richtig hält: «Am Ende würde die Suppe nach irgendwas schmecken, nur nicht nach der Liebe, wie ein jeder sie selbst erfährt.» Großes Denken hilft nicht weiter, helfen können höchstens die Frauen mit ihrem Drang ins gelebte Leben: «Sie gebrauchen nicht Wörter, um zu sagen, was Sache ist, sondern schreiten zur Tat. Sie sind die wirklichen Philosophen, denn die höchste Spielart der Philosophie besteht darin, das Denken durch das Leben selbst zu überwinden.» Hier schwingt sich Alfonsina Storni zur Meisterin des Spotts auf: Die Frau sei eben beides, «der Ballast der Menschheit» und «der sentimentale Urbrunnen, in den der Mann hineinfallen und sich wieder erneuern kann, nachdem er sich auf dem Flug durch die höheren Gefilde des Denkens vom Leben entfremdet hat.» Wie ein nasses Küken kehre er dann in die vielgelobte Nestwärme der Frau zurück. Auch in *Der Herr der Welt* geht es um Spielarten des Lebens und Liebens, doch diese Modernität ist eine Zumutung für die Zeitgenossen. Das Stück wird entstellt. Alfonsina wendet sich den Kindern und der Natur zu.

*Ultratelefon*
Alfonsina Storni sieht mit den körperlichen Kräften ihre Lebenszeit schwinden. Sie denkt an Verstorbe-

ne: ihren Vater, seit dreißig Jahren tot, Horacio Quiroga, tot seit einem Jahr. Alfonsina Storni spricht zu ihnen durch das *Ultratelefon:* «Ich werde bald zu euch kommen.» Mit Horacio scherzt sie über das Motorradfahren im Himmel, mit ihrem Vater über den Alkohol, der ihn früher so jähzornig werden ließ. Nun sitzt er vor einer Weinflasche, so groß wie einer der höchsten Gipfel der Anden, gemeinsam trinken Vater und Tochter einen Schluck. Beiläufig erfährt man davon, wie Alfonsina in San Juan einen Frosch tötete, und wie das dichtende Kind mit seinen Versen dem betrunkenen Vater entfloh. Im Plauderton nähert sich Alfonsina Storni der Grenze zwischen Leben und Tod und denen, die sie schon überschritten haben. Dieses Gedicht ist ihre erste persönliche Sterbevorbereitung «Ich lebe, habe gelebt und werde immer leben», hat sie 1919 geschrieben. Dichter leben weiter durch ihr Wort. Das letzte Buch von Alfonsina Storni wird am 9. August 1938 ausgeliefert. Es ist die Anthologie, um die sie ein spanischer Verlag gebeten hat. Klipp und klar sagt sie im Vorwort, dass *Ocker* und alles, was danach kam, ihr Bestes ist; die populären ersten vier Bücher lehnt sie ab, anerkennt aber die kritische Position einer Frau des 20. Jahrhunderts, die im Frühwerk zum Ausdruck gekommen ist: «In dieser Form konnte die Kritik an den immer noch süßen, aber schon erkalteten Zangen des Patriarchats weltweite

Verbreitung erlangen. Ist ein Schreibstil aber an sein Ende gekommen, kann man nicht dorthin zurückkehren, bloß weil der kritische Tonfall von einst so viele Menschen begeistert hat. Sonst macht man sich zum Plagiat seiner selbst.» Dieses letzte Buch ist zwei Freundinnen gewidmet: «Für Salvadora Medina Onrubia und Felisa Ramos Mozzi, die in bittern Stunden an meinem Bett standen.» Felisa, eine ehemalige Schülerin, Salvadora, die anarchistische Mitstreiterin aus jungen Jahren, die feministische Theatermacherin, die Schicksalsgefährtin als uneheliche Mutter von Carlos, dessen Selbstmord zum Kauf des Familienmausoleums auf dem Friedhof La Recoleta geführt hat. Diskret klingt in dieser Widmung eine schwere Erkrankung an, nur wenige wissen, dass Alfonsina Storni an fortgeschrittenem Krebs leidet.

Große Feste gibt es für Alfonsina Storni nicht mehr, ihr Leben geht mehr und mehr nach innen. Sie bittet die Familie in Rosario, von Telefonaten abzusehen, einzig ihr jüngerer Bruder Hildo lässt sich nicht abschrecken und besucht sie noch einmal. Und einige wenige Freundinnen und Freunde sind auch noch da. Im September reist sie zu María Sofía Kusrow nach Uruguay. Auf dem Anwesen steht ein Ombubaum, unter den sich Storni gern setzt. Dort, vor Ort, werde sie ihre letzte Reise antreten, wenn der Krebs zurückkomme. Doch der Krebs ist im-

mer da gewesen, seine Folgen sind fatal: noch mehr Schmerzen, in absehbarer Zeit auch Arbeitsunfähigkeit und Lohnausfall, denn es gibt noch keine Versicherungen. Für Alfonsina Storni ist undenkbar, dass sie ihrem Sohn auf der Tasche liegt. Ihr Wille, unter diesen Umständen weiterzuleben, schwindet. Während sie Bilanz zieht, kommt noch ein Schlag: Horacios sechsundzwanzigjährige Tochter Eglé hat sich umgebracht, vielleicht wegen einer Krebsdiagnose. Der Schmerz, den Alfonsina mit Salvadora und ihrem Sohn erlebt hat, bricht wieder auf, denn Eglé ist nur ein Jahr älter als Carlos und Alejandro und zumindest eine Zeitlang mit Letzterem aufgewachsen. Dieser Selbstmord dringt kaum an die Öffentlichkeit, er trifft Alfonsina Storni wie ihren Sohn tief. Jahrzehnte später sagt Alejandro Storni: «Als Eglé sich tötete, setzte mir das sehr zu. Sie hatte mich angerufen, weil sie mich sehen wollte, und sagte, es sei sehr wichtig, aber als ich dort ankam, war sie seit fünf Minuten tot. Sie hatte Zyankali genommen.» In einer Bar an der Calle Florida trifft Alfonsina Storni auf Manuel Ugarte. Er sitzt mit einem Kollegen dort und ruft sie zu sich. Tulio Cestero, ein ebenso weltmännischer wie aristokratischer Dichter und Diplomat aus der Dominikanischen Republik, versieht einen Ministerposten in Buenos Aires. Ohne sonstige Amtspflichten als die der Repräsentation leben und nur noch schreiben, wie schön wäre das! Zu einer solchen Sinekure gelangen nur Männer (und Gabriela Mistral). Irgendwie regt dieser Cestero sie auf: «Warum laden Sie mich nicht in Ihr Land ein», fragt sie ihn fordernd, «zu Lesungen und Vorträgen? Tun Sie etwas – irgendwas – holen Sie mich raus hier.» Nach diesem Zwischenfall sagt sie zu Ugarte: «Wenn mir eines Tages die Lust zu leben vergeht, hänge ich mir eine leere Konservenbüchse dorthin, wo ich früher eine Brust hatte, und ziele gut, wenn ich mir eine Kugel in den Kopf jage.» Sie gibt ihm ihre letzten Bücher mit handschriftlicher Widmung, in *Maske und Kleeblatt:* «Dem großen Manuel Ugarte, seine Freundin für immer», in der Anthologie: «Für Papito Manuel, dem ich unendlich viele Jungfrauen wünsche».

Alfonsina Storni sitzt vor einem Stapel Bücher; sie schreibt Widmungen wie die an ihre Mutter in Bustinza: «Para mamá, recuerdo cariñoso de Alfonsina», einige bringt Alejandro auf die Post, andere übergibt sie persönlich. Im Lenguas Vivas schenkt sie eines der Direktorin: «Para mi noble directora Nélida Mañé Sanders. Alfonsina Storni 1938». Auch Juan Julián Lastra, der 1916 *Die Unruhe des Rosenstocks* auf den Weg gebracht hat, erhält ein gewidmetes Exemplar, obwohl Storni kein einziges Gedicht aus diesem Erstling in die Anthologie aufgenommen hat. Anfang Oktober nimmt sie an der Hochzeit eines Cousins teil. Niemand bemerkt, dass sie schwer krank ist, sie sagt nichts. Am 15. Oktober reicht Alfonsina Storni *Maske und Kleeblatt* für den Poesiepreis ein. Sie gibt das Buch im Büro des Kommissionspräsidenten Urquiza persönlich ab. Er bemerkt ihre Hast: «Ich werde sie immer vor meinem Schreibtisch in der Nationalen Kulturkommission sehen, wie sie an jenem hellen Oktobermorgen 1938 dastand und lächelnd fragte: ‹Und wenn man stirbt, wem zahlen Sie dann das Preisgeld aus?›» Das Geld könnte ihrem Sohn helfen und sie selbst würde den Neid der anderen nicht mehr spüren. Urquiza legt ihren Gedichtband auf den schon recht hohen Stapel von Bewerbungen. Nur zehn Tage später geht er hinter ihrem Sarg durch die Straßen von Buenos Aires. Die Kommission wird erst am 30. Juli 1941 entscheiden und den Preis drei Männern zusprechen. Er sei ein Anreiz für zukünftige Arbeit, doch Alfonsina Storni habe «leider ihre Arbeit beendet». Am 15. Oktober 1938 wird ihr Einakter *Pedro und Pedrito* aufgeführt. Nur sie selbst weiß, dass es ihre letzte Theateraufführung mit Kindern ist. Noch einmal hört sie den Papagei aus Kindermund das Liedchen von der Freiheit singen. Noch einmal eilen die Helden aus Hollywood zu Hilfe. Noch einmal befreit Minnie die Maulhelden. Alfonsina verabschiedet sich von einigen Menschen, macht letzte Besorgungen und schließlich ist auch das Schwierigste vollbracht, Alejandro ist eingeweiht: «Ich wusste, dass sie ihr Leben beenden wollte, aber irgendwie bat sie mich um Erlaubnis und sagte mir, ich solle sie in ihren Entscheidungen frei lassen.» Er hat von ihr eine finanzielle Vollmacht bekommen. Gemeinsam gehen Mutter und Sohn am 18. Oktober 1938 zum Bahnhof, wo sie zu Alejandro sagt, er solle sie auf keinen Fall besuchen. In ihrer Handtasche ist das Testament, das seit zehn Jahren notariell beglaubigt ist. Dann steigt sie allein in den Nachtzug nach Mar del Plata. Es zieht sie raus aus den Schluchten der Großstadt, weg vom Mündungsdelta des Río de la Plata, an dem sie ihr Leben verbracht hat, an den offenen Atlantik. Bald sei es so weit, hat sie am Ultratelefon gesagt.

Sie mag die Pension in Mar del Plata, kennt ihre Wirtin und das Personal von früher, hört im Bett den Atlantik rollen und atmet Frühlingswärme. Gleich nach der Ankunft schreibt sie an Alejandro: «Mein kleiner Traum, mein Herz, Glück meiner Seele, ich habe meinen Schlaf wiedergefunden, und das ist doch schon etwas.» So oft sie kann, geht sie am Meer entlang. Ein Arzt gibt ihr starke Schmerzmedikamente. Sie lenkt das Gespräch auf eine Überdosierung, doch als er ihre Suizidabsicht spürt, wehrt er ab und droht, man würde ihr den Magen auspumpen. Wie man dem Leben ein Ende setzt, ist kein Thema in Argentinien, schon gar nicht für einen Arzt. Es gibt nicht einmal das Wort «Sterbehilfe». Alfonsina Storni versucht einen Revolver zu kaufen, aber ohne Waffenschein ist das unmöglich. Solange sie noch selbst schreiben kann, bittet sie Manuel Gálvez, er möge das Unterrichtspensum ihres Sohnes aufstocken und ihm ihres übertragen. Dann schreibt sie ihr letztes Gedicht *Ich geh schlafen*, steckt es kommentarlos in einen Umschlag und bringt ihn auf die Post. Später muss sie eine Angestellte der Pension bitten, die Worte für Alejandro niederzuschreiben: «Ich schreibe Dir nur, um zu sagen, dass ich Dich liebe ohne Ende und jeden Moment an Dich denke, nur so viel für heute, um mich nicht zu sehr anzustrengen, aber lass mich noch einmal wiederholen, wie sehr ich Dich liebe. Träume von mir, ich brauch's. Innige Küsse, Alfonsina.» Am Abend nimmt sie Medikamente und schläft auch wirklich ein, doch nach ein paar Stunden wecken die Schmerzen sie wieder. Es ist noch dunkel an diesem 25. Oktober 1938. Es ist Zeit.

*Ich geh schlafen*
Auf der anderen Seite der Welt sitzen die Menschen beim Frühstück. Seit dem 1. Oktober 1938, so lesen sie in der Morgenausgabe der Neuen Zürcher Zeitung, habe die argentinische Regierung die Immigration «nahezu völlig zum Stillstand gebracht», höchstens «landwirtschaftliche Siedler» könnten

noch einreisen. Ein sachverständiger Ingenieur aus Holland prüfe zurzeit, ob auch Privatunternehmen Land an Siedlungslustige abgeben dürften, gegen Ratenzahlung. Für die Holländer mit ihrer Deichbau-Erfahrung sei der malariafreie Tigre ideal, die Nähe zu Buenos Aires bedeute für die Gartenbauprodukte einen gewaltigen Frachtvorsprung. Auswanderungswillige Schweizer sollten finanzielle Starthilfen vom Staat bekommen. – Berichte von Kriegs- und Vorkriegshandlungen: Die Japaner bombardieren chinesische Flüchtlingsschiffe und Bahnhöfe. Achttausend Menschen ertrinken im Jangtse, Tausende sterben in bombardierten Zügen. Im Spanischen Bürgerkrieg tauscht man Gefangene aus: Pressevertreter der spanischen Nationalisten gegen baskische Journalisten. Großbritannien müsse aufrüsten, fordert Lord Halifax, und auch die Westmächte rüsten auf, zum Missfallen der italienischen Presse. – Im Inlandteil wirbt man für Schweizer Produkte und einheimische Qualitätsware bei Jelmoli. Die Stadt Zürich meldet ungebrochenes Bevölkerungswachstum, die Zunahme der Scheidungen und den sozialen Wandel: «Bemerkenswert ist, dass heute 86,7 Prozent aller Kinder in Kliniken zur Welt kommen und nahezu 50 Prozent aller Sterbenden ihr Leben in einem Spital beschließen.»

Alfonsina Storni kleidet sich an und kritzelt auf einen Zettel: «Ich stürze mich ins Meer.» Dann zieht sie die Tür hinter sich zu und geht die Straße hinunter. Am Strand ist eine Mole, sie geht bis zu ihrem Ende. Dort streift sie einen Schuh ab. Man soll sie nicht noch suchen müssen. In der Frühe sehen Arbeiter zweihundert Meter vom Ufer etwas im Wasser treiben. Um acht Uhr wird eine Tote geborgen und in der Leichenschauhalle des Spitals von Mar del Plata identifiziert. Alejandro Storni vernimmt die Nachricht vom Tod seiner Mutter am Radio: «Am Morgen stellte das Hausmädchen das Radio an, zu laut, wie mir schien, so dass ich sie bat, es leiser zu stellen, worauf sie antwortete: ‹Aber man hört doch fast nichts!› In diesem Moment meldete der Sprecher, dass in Mar del Plata im Morgengrauen die Leiche meiner Mutter gefunden worden war.» In ihrer Todesnacht habe er kaum einschlafen können; der Mond störte ihn so sehr, dass er das Fenster schließen musste. Im Pensionszimmer findet man Stornis Handtasche mit dem Testament, auf dem Umschlag die Adresse von Julia Huergo de Muzio. Am Nachmittag wird der Leichnam freigegeben und im Colegio Nacional aufgebahrt. Behörden, Journalisten, Lehrer- und Schülerschaft paradieren vorbei, viele mit Blumen. Die Abendausgaben der Zeitungen berichten ausführlich. Ein Künstler mit medialen Fähigkeiten will eine Frauenstimme gehört haben: «Ich rolle durch den Weltraum.» Der Sarg wird zum Nordbahnhof überführt und mit dem Nachtzug nach Buenos Aires gefahren. Um halb acht Uhr morgens stehen Kinder aus Stornis Klassen Spalier, fünf Männer schultern den Sarg, unter ihnen Alejandro Storni und Manuel Ugarte. Alfonsina wird nun im argentinischen Frauenclub, einer der ersten feministischen Vereinigungen, mit weißen Rosen in den Händen aufgebahrt. Freunde, Kollegen, Schüler, Leserinnen und Leser erweisen ihr die letzte Ehre. Um halb fünf Uhr bewegt sich der Trauerzug mit dem Sarg durch die Straßen von Buenos Aires. Auf dem Weg sei die Prozession immer länger geworden, berichtet die Zeitung Crítica, auf Balkonen, an Fenstern und Türen seien bewegte Leser erschienen. Nach einer Stunde endet die Prozession beim Friedhof La Recoleta. Dort stehen nur wenige Bäume, doch sie blühen, als man den Sarg mit Alfonsina Storni durch die Alleen mit Familiengräbern trägt. Es ist Frühling. Der Zug macht Halt vor dem Mausoleum der Familie Botana. Bis jetzt hat Carlos' Leichnam allein dort drin gelegen, nun erhalten Stornis sterbliche Überreste Gastrecht. Am Grab erweist ihr auch Antonio Sagarna, noch immer Richter am Obersten Gerichtshof und viele Jahre lang Stornis Vorgesetzter und Förderer, die letzte Ehre. Unter den Trauernden sind Vertreter städtischer Behörden, Schriftsteller und Künstler. Für sie alle ist Alfonsina Storni keine Unbekannte. «Noch nie hat man einem Dichter, der gerade eben

# Inhumáronse los Restos de la Gran Poetisa A. Storni

**ALUMNAS DEL LICEO DE LA PLATA HICIERON GUARDIA** de honor en torno al ataúd de nuestra gran poetisa Alfonsina Storni, ante cuyos restos expresaron los representantes más destacados de nuestras artes y círculos culturales, la congoja que su pérdida produce en el país. Alfonsina Storni no sólo fué admirada: ganóse el amor y la amistad de lo mejor del pueblo argentino

EL Dr. ministro de la Corte amistad de la ilustre su última morada. dos ad

## Conmovido Homenaje a la Poetisa Muerta

Esta mañana, a las 7.30, llegaron a la estación Constitución los restos de la gran poetisa Alfonsina Storni, cuya muerte ocurrió ayer en Mar del Plata.

Con visible emoción fueron recibidos por numerosas personas vinculadas a nuestros círculos intelectuales, dando lugar a escenas demostrativas de la enorme estima que gozaba en ellos. Entre las mismas, se hallaban gran número de miembros de la Sociedad Argentina de Escritores, del Conservatorio Nacional de Música y Declamación, del Instituto de Lenguas Vivas, del Teatro Infantil Labardén, del Club Argentino de Mujeres, familiares, amigos, ex alumnos y admiradores de la extinta.

### VELATORIO

Poco después, una numerosa comitiva fúnebre, acompañó el féretro de nuestra más grande poetisa, hasta el local del Club Argentino de Mujeres, Maipú 924, donde fueron velados los restos hasta las 16.30, hora en que par

### Recuerda a Alfonsina Storni el ex Director de "Caras y Caretas"

LA trágica desaparición de Alfonsina Storni, uno de los espíritus más altos de las letras nacionales, y la más inspirada voz de la lírica femenina de esta parte de América, ha producido una honda impresión dolorosa en nuestros círculos literarios y artísticos. Los que la trataron y conocieron en vida, sobre todo los que siguieron sus primeros pasos batalladores, recuerdan hoy con emoción la figura ilustre de la poetisa.

Entre ellos, el prestigioso periodista y ex-director de "Caras y Caretas", don Juan C. Alonso, quien, recordando la iniciación, en breves líneas dirigidas a la dirección de PREGON, dice:

"Como ex-director de "Caras y Caretas", cúpome la suerte en el periodismo de haber sido el primero en publicar los poemas de Alfonsina Storni, y alentar su continuada colaboración, hasta dar a luz su primer

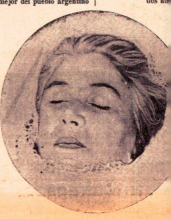

**SERENIDAD TRADUCE LA EXPRESIÓ**N del rostro de Alfonsina Storni. La tragedia no es para nada aquí. La cabeza yacente de la poetisa de nuestra literatura sólo dice de calma y supremas

noch da war, eine solche Anteilnahme zuteilwerden lassen wie nach Alfonsinas Tod. Die Menschen standen aufrichtig erschüttert beisammen. Nur selten hat man die Bahre eines toten Schriftstellers von so vielen Trauernden umringt gesehen.» Manuel Ugarte ist der erste Redner am Grab, er, dem sie vor fünfundzwanzig Jahren geschrieben hat: «Meine Seele hat kein Geschlecht.» Er spricht im Namen seiner Organisation: «Alfonsina Storni gehörte dem Leitungsausschuss des Argentinischen Schriftstellerverbands an. Ich überbringe diese Worte der Trauer, Wertschätzung und Zuneigung als Vertreter ihrer Kommissionskollegen und aller Mitglieder. Konsterniert haben wir eine der originellsten, beliebtesten und ruhmreichsten Persönlichkeiten unserer Geisteswelt verschwinden sehen.» Ugarte will an dieser Beerdigung nicht ins Plaudern kommen, doch Jahre später schreibt er ein wunderbares Porträt: «Wie alte Elefanten, die sich allmählich zum Sterben zurückziehen, verschließen sich gewisse Geister in sich selbst, ohne zu erkennen zu geben, wie verloren sie sind. Das ist eine jahrtausendealte Reaktion des geschwächten Tiers, das sich in einer heiklen Lage befindet und zu verhindern sucht, dass sein Verenden zu einem Schauspiel für die andern gerät.» Ugarte empfindet so tief wie nur wenige unter den Nachrufschreibern. Roberto Giusti, der Chefredakteur von Nosotros, spricht von einer

218 Ausnahmeerscheinung: «Sie war die erste Schriftstellerin, die man in Buenos Aires an einem Festbankett sitzen sah, in wirklicher Kameraderie, auf Augenhöhe mit Kollegen.»

Am nächsten Tag lässt La Nación eine Freundin zu Wort kommen. Alfonsina Storni habe keinen Hehl aus ihren Absichten gemacht, bezeugt Margarita Abella Caprile. Genau mittig auf der Zeitungsseite ein Kästchen mit einem Gedicht und der redaktionellen Notiz: «Am Sonntagabend erreichte dieses Gedicht La Nación, abgegeben auf dem Postamt in Mar del Plata. Der Umschlag enthielt nur das Original des Gedichts, das die Autorin – gemäß einer nun klaren Absicht, als ihren postumen Beitrag verstanden haben will.» *Voy a dormir* ist Alfonsina Stornis Abschiedsgedicht, in dem ihr Leben wie ein langer Tag zu Ende geht. Sie ruft Mutter Natur, die sie zu Bett bringen möge, eine Sternenkonstellation als Nachttischlampe hinstellen und sie allein lassen solle. Dann kommt ein Fuß vom Himmel herunter und schaukelt sie sacht, ein Vogel singt, Knospen brechen auf, es ist Frühling. Die wiedererwachte Natur begleitet Alfonsina Storni. Sie verabschiedet sich öffentlich von der Welt. Am selben Tag noch lesen die Argentinier die erste Pressereaktion aus Europa. Die spanische Tageszeitung La Prensa berichtet von Hitlers Besuch in Wien, Roosevelts Rückkehr aus England, den Präsidentschaftswahlen in Chile, vom Leichenfund und der Aufbahrung von Alfonsina Storni, einer «Dichterin von Weltruf». – In Argentinien könnten die Nachrufe auf die drei Selbstmörder unterschiedlicher nicht sein. Während bei Horacio Quiroga und Alfonsina Storni soziale Isolation, Armut und Krankheit betont werden, spricht man bei Leopoldo Lugones kaum über den Selbstmord: Im Nachruf von Jorge Luis Borges in Sur, der von Victoria Ocampo geleiteten Zeitschrift, wird das Stigma mit keinem Wort erwähnt. Im Zentrum steht das literarische Werk, das Vermächtnis. Doch Alfonsina Stornis Nachrufschreiber für Sur überschlägt sich in Deutungen ihres Charakters, sozusagen als Maßstab für ihr Werk. Diesem spricht er bleibenden Wert ab: «Sie war eine intelligente, starke Frau, doch gelang es ihr nicht, sich als Dichterin zu verwirklichen, weil sie es nicht schaffte, sich selbst zu überwinden. Ihr Geschlecht war ein Hemmnis.» Wann immer sie eine Strophe geschrieben habe, «musste Storni ihre sexuellen Ergüsse unterbringen.» Immerhin gesteht er ein, dass man sie mit Heimtücke behindert habe, doch dem habe sie getrotzt: «Alfonsina fand große Resonanz hierzulande, weil Tausende von Frauen ihre Situation verstanden – Frauen, die in der gleichen Situation wie sie waren, die aber nicht über ihren Mut verfügten, sich gegen die Vorurteile zu stemmen.» Fast überall klingt das Lob wohlwollender, etwa in der Zeitschrift La novela popular vom 10. November 1938: «Mit dem Tod von Alfonsina Storni ist eine der eindringlichsten und poetischsten Frauenstimmen Amerikas verschwunden. Alfonsina konnte und wollte sich nicht an die Realität anpassen, und diese Nonkonformität drückte sich in der Ironie und dem Sarkasmus aus, die ihre Poesie durchdringen, eine Ironie, oft auch Extravaganz, die mitreißt und bezaubert.» Ebenfalls am 10. November wird in der Peña, dem Künstlerclub, der sich im Café Tortoni trifft, *Polyxena und die kleine Köchin* aufgeführt, als Hommage an Alfonsina Storni. Die Hauptrolle, ursprünglich für Berta Singerman geschrieben, wird von der kaum bekannten Schauspielerin Olga Hidalgo besetzt.

Die Selbstmordserie hallt auch in Argentiniens Nationalkongress wider. Der Senator Alfredo Palacios, Sozialist der ersten Stunde und mit seinen dreißig Jahren Amtszeit ein Veteran in Argentiniens Legislative, ergreift am 21. November 1938 das Wort in der Hohen Kammer. Was bringt ihn auf die Idee, die Selbstmorde der Schriftsteller aufzugreifen? Alfonsina Storni, die Lyrikerin, gehörte zum Kreis der Sozialistinnen, die mit ihm für die Zivilgesetzreform kämpften. Nur zwei Wochen vorher standen in Caras y Caretas zwei Beiträge fast Seite an Seite: sein Porträt seines Fechtmeisters und der Nachruf auf die freie Mitarbeiterin Alfonsina

Storni. Vielleicht erinnert sich Palacios auch an Stornis Worte am Grab von Leopoldo Lugones, ihre Warnung vor der lebensgefährlichen Gleichgültigkeit. Sie ist Palacios' Kernthema im Senat: «Binnen zweier Jahre haben sich drei der größten Geister Argentiniens das Leben genommen. Jeder einzelne von ihnen vermöchte einem Land reichlich Ruhm zu verleihen: Leopoldo Lugones, Horacio Quiroga und Alfonsina Storni. Es steht schlecht um eine Nation, wenn die Dichter, statt sie zu besingen, aus dem Leben scheiden, freiwillig, in Bitterkeit und Verachtung und seitens des Staates eisiger Kälte ausgesetzt.» Palacios spricht von den Schattenseiten des wirtschaftlichen Aufschwungs. Ein Zeitgeist äußerster Nüchternheit mache sich breit, der Mensch werde zur Maschine: «Unser wirtschaftlicher Fortschritt hat Einheimische wie Fremde verwundert. Was haben wir nicht für riesige Städte erbaut, und Hunderte von Millionen Rinder weiden in der unermesslichen Ebene Argentiniens, der fruchtbarsten auf der ganzen Erde. Und doch setzen wir das Geistige an den Katzentisch, ordnen die Kultur Überlegungen der Nützlichkeit unter, geben allem anderen den Vorrang. Bei all unserem Reichtum haben wir es noch nicht geschafft, ein Klima entstehen zu lassen, in dem auch so zarte Pflanzen wie Dichter gedeihen können.» Auch Literaturschaffende trügen zum Reichtum eines Landes bei.

Deshalb verdienten sie gute Arbeitsbedingungen. Gegen Ende der Rede bittet Palacios seine Senatskollegen sich zu erheben: «Alfonsina Storni, besiegt von Krankheit, Armut und Unverständnis, war unsere Dichterin von höchstem Adel, aufgrund der Kraft ihres poetischen Talents und ihres militanten Idealismus. Man hat sie als große Vertreterin der spanischen und argentinischen Dichtung gewürdigt. Als ernsthafte, fantasievolle Dichterin kann sie den vorzüglichsten Schriftstellern anderer Länder das Wasser reichen.» Im Senatsbulletin steht: «Allgemeine Zustimmung».

*Weit ist die Welt*
In den ersten Januarwochen 1939 erhält die Nosotros-Redaktion Leserpost: Alfonsinas Abschiedsgedicht auf Jiddisch. Ein Mann namens A. J. Zacusky hat *Ich geh schlafen* ins Jiddische übertragen, am 1. Januar 1939 in einer jüdischen Tageszeitung veröffentlicht und dann an die Redaktion geschickt. Sofort lässt man die Sache prüfen: «Personen, die Jiddisch können, haben uns versichert, dass es sich um eine wortgetreue Übersetzung handelt, die den Geist des Gedichts vermittelt.» Es ist nicht schwer, Experten für Jiddisch zu finden. Argentinien verfügt im 20. Jahrhundert über eine große Vielfalt an jüdischer Presse, führend Di Idishe tsaytung, in der Zacuskys Übersetzung erschienen ist. Besonders in

Buenos Aires leben viele aus Osteuropa eingewanderte Juden; manche gehören zu Stornis Bekannten- und Freundeskreis. Sie haben oft argentinisierte Namen (Berta und Paulina Singerman, Amelia Bence, Cesar Tiempo). Auch in jüdischen Kreisen kennt man Stornis Werk. Di idishe froi, eine antifaschistische Frauenzeitschrift, lobt Alfonsina Storni dafür, dass sie die Vorurteile gegen unverheiratete Frauen bekämpft hat. Zu dieser jüdischen Community dürfte Zacusky gehören, vermutlich ist er professioneller Übersetzer. In einem Essay aus dem Jahr 1942 fordert er, die Juden müssten ihre Literatur, besonders auch die jiddische, in andere Sprachen übersetzen. Die aktuelle Verkennung der jüdischen Kultur sei lebensgefährlich. Die Juden müssten sich selbst besser zu erkennen geben: «Worte, die aus dem Herzen kommen, erreichen das Herz. Lasst uns kein Rätsel für die Welt sein. Übersetzungen sind das Einzige, was zu einem gewissen Verständnis führen kann.» In seinem Begleitbrief zur Storni-Übersetzung schreibt Zacusky: «Wer fähig ist, die Worte dieses Gedichts auszusprechen, so klar und traurig, so heiter, im Einklang mit dem Kommenden und zugleich tragisch, wer also fähig ist, diese Worte zu sagen, die so schön und menschlich sind, der hat in dieser unserer Welt nichts mehr, wofür es sich noch zu leben lohnt. Er erstickt, wenn er auf der Erde bleibt. Zudem ist dieses Gedicht ein

überaus seltenes, ja einzigartiges Dokument für das Bewusstsein des bevorstehenden Sterbens, ob der Tod nun natürlich oder freiwillig gewählt sein mag.» Der jiddische Übersetzer würdigt Stornis freien Willen und zeigt den Wert ihrer letzten Worte für seine Gemeinschaft. Wer weiß, ob er nicht auch das katholische Argentinien mit diesem und anderen Suiziden versöhnen möchte.

Ich habe dieses jiddische Stück Alfonsina Storni in der digitalen Sammlung des Ibero-Amerikanischen Instituts Preußischer Kulturbesitz gefunden. Auf dem Nosotros-Titelblatt ist der Institutsstempel abgedruckt, mit Reichsadler und Hakenkreuz im Eichenkranz, unverkennbar aus dem Jahr 1939. Wilhelm Faupel, der damalige IAI-Direktor, hat sich schon 1914 als Militärberater in Argentinien aufgehalten, ist aber später nach Peru und Spanien gereist. Er holt in den Zwanzigerjahren deutsche Kollegen für den Aufbau einer einheimischen Giftgasindustrie nach Argentinien. Deutsche Militärinstrukteure und Lateinamerika-Manager der deutschen Industrie arbeiten gut zusammen, bis 1932 werden deutsche Rüstungsgüter im Wert von fünfundvierzig Millionen Reichsmark nach Argentinien exportiert. Als Alfonsina Storni ihre letzten Bücher vorbereitet, weiht Wilhelm Faupel Berliner Straßen und Plätze ein: Bogotastraße, Argentinische Allee, Mexikoplatz. Seine Reden überträgt die neuste deutsche Audiotechnologie, die Neumannflasche, vor der auch Alfonsina Storni im argentinischen Radio stand. Faupel macht seine letzte Reise nach Argentinien per U-Boot. Nach rund zwei Wochen taucht er am 2. Mai 1943 in Buenos Aires auf, um Fluchtwege für Nazi-Raubgut und Kriegsverbrecher auszukundschaften. Fast auf den Tag genau zwei Jahre später nimmt er sich am Rand des umkämpften Berlin das Leben, wahrscheinlich gemeinsam mit seiner Frau. Die promovierte Ökonomin Edith Faupel hat viele Jahre mit ihrem Mann in Argentinien verbracht, am IAI gearbeitet, auch als Netzwerkerin zwischen Lateinamerika und Nazi-Deutschland. Ihr ist eine Storni-Erstausgabe gewidmet, die sich im IAI-Bestand findet. Eine unbekannte Hand schreibt an die «querida doctora Faupel», mit Gruß auch an den «General Faupel», datiert auf den 10. März 1939. Ein gutes Jahr zuvor hat Alfonsina Storni an die Menschheit appelliert: «Weit ist die Welt, und in ihr haben alle Platz.» Über allem schwebt ihr Geist. In Buenos Aires übersetzt ein argentinischer Jude ihr letztes Gedicht ins Jiddische; in Berlin bekommt eine Nazi-Gattin Stornis Gedichte geschenkt. Ja, weit (und oft unergründlich) ist die Welt.

*Mutter, Tochter und das Tessin*
Im Januar 1939 tritt Paulina Martignoni erstmals an die Öffentlichkeit. Trotz des noch nahen (und

anrüchigen!) Todes ihrer Tochter lässt sie sich interviewen und fotografieren. Die Geschichte von der tapferen Mutter und ihrer großen Tochter ist ideal für die Sommerferien. Die Homestory füllt in Mundo Argentino fast drei reich illustrierte Seiten. Der Journalist Ricardo Llusa Varela spricht weder von der Todesart noch vom hinterbliebenen Alejandro, bedient aber stark die Emotionen. Er arbeite «an der offenen Wunde». Paulina in Nahaufnahme: «Die Betagte hält inne, macht eine lange Pause, fasst sich wieder, ihre Lippen zittern, ihr Blick verschleiert sich. Traurig lächelt sie und erinnert sich.» Auf die Frage nach Alfonsinas Kindheit, ihren Geschwistern, ersten Gedichten und anderen greifbaren Dingen holt sie die Postkarte von Stornis Schweizreise. «Hier, sehen Sie, das ist das Haus, in dem sie geboren worden ist. Heute ist eine Post drin. Sehen Sie den Stempel?» Die Mutter gibt sich gefasst: «Hören Sie zu – und schreiben Sie. Es tat mir weh zu sehen, dass sie so anders war als die übrigen Kinder. So scharfsinnig, so intuitiv. Manchmal tröstete ich mich mit dem Gedanken, dass sie zu Höherem berufen sein könnte, nicht wie alle anderen.» Sie erzählt von Alfonsinas Geburt in der Schweiz, wie schon die Vierjährige Verse aufschnappt, für sich allein wiederholt, mit Gesten und Rhythmusgefühl. Später notiert sie sich Dinge auf Zettel, die sie zerknüllt und in die Ecke schmeißt. Einmal hebt die Mutter einen Knäuel auf, glättet das Papier, darauf ein Gedicht ihrer Tochter: «Das hier ist eines meiner ersten Fundstücke.» Die Reliquie ist oben auf der Seite abgebildet. Der Journalist macht Paulina Martignoni zu Alfonsina Stornis erster Mentorin und deren literarischen Werdegang zu einem Siegeszug: Nach dem ersten Gedichtband seien die Musen Kalliope, Polyhymnia und Erato vor Alfonsina Storni getreten und hätten sie geweiht. «Dann erscheinen alle anderen Bände, schon haben wir in Argentinien eine der drei großen Poetinnen von Amerika. Alfonsina hat ihre Bestimmung erfüllt.»

Die Wirklichkeit sieht anders aus. Statt Musenbesuch ein jähzorniger Vater, eine kranke Mutter, eine zerrüttete Familie, die Rebellion einer Teenagerin, später einer Büroangestellten: «Schreiben, um nicht zu sterben.» Und die Mutter? Der Journalist verliert kein Wort über ihre Lebensumstände. Paulina Martignoni, verwitwete Storni und verwitwete Perelli, ist nun dreiundsiebzig und wohnt in Bustinza; dorthin war sie mit ihrem zweiten Mann gezogen. Nach dessen Tod gerät sie in eine prekäre Lage. Es gibt noch keine Witwenrenten, die Ersparnisse sind aufgebraucht, jetzt müssen die Kinder helfen: Romeo, Maria, Alfonsina, Hildo und ihre Halbschwester Olimpia. Ob sie alle es tun, ist fraglich. Sicher ist, dass Alfonsina ihrer Mutter während vieler Jahre monatlich Geld geschickt hat. Nach ihrem Tod übernimmt dies Alejandro, mittlerweile selbst junger Lehrer. Seine Mutter sei großzügig gewesen, sagt er später, aber er habe es sich nicht lange leisten können, ein Drittel seines Monatslohns an die Großmutter zu schicken, da habe er mit Hildo gesprochen. Schließlich habe dieser eingesehen, dass die Unterstützung der alten Mutter Sohnespflicht sei. Die Reportage schürt offenbar die Neugier. Man tuschelt und tratscht. Italienische Migranten, armes Pack, Analphabeten, gefallenes Mädchen, uneheliches Kind, Suizid, sündhaftes Leben, das ganze Programm kommt Paulina Martignoni zu Ohren. Fünf Monate später schreibt sie an die Redaktion von Mundo Argentino und wehrt sich gegen das pietätlose Geschwätz. Ihr *Offener Brief* erscheint am 21. Juni 1939. Sie macht sich zur Fürsprecherin der ganzen Familie aus San Juan und dem Tessin: «Es sind einige Monate vergangen, seit meine unvergessliche Tochter Alfonsina Storni leider verstorben ist, und ich sehe mit unendlicher Bitterkeit, dass man immer noch Biografien mit den abwegigsten Aussagen über ihre Herkunft verbreitet. Schlecht informierte oder vielleicht sogar boshafte Menschen finden Gefallen daran, auf diesem Punkt herumzureiten, als könnte das Verdienst oder Talent einer Person durch ihre Herkunft geschmälert werden. Aber genug ist genug.» Weder die Vater- noch die Mutterseite seien dunkel, niedrig oder was auch immer an Vorstellungen herumgeistere.

Sie spricht von verschiedenen Zweigen der Familien Storni und Martignoni. Von jenen, die in der Heimat geblieben oder nach der Emigration dorthin zurückgekehrt sind, erwähnt sie nur den Minister. Was jene, die in Argentinien geblieben sind, an Glück und Unglück erfahren haben, umschreibt sie so: «Manchmal gehen Geld und Geist nicht zusammen, und die Bitterkeit und der Ärger, die mit dem Niedergang eines Unternehmens verbunden sind, können eine Familie aus der Bahn werfen. Aber das hat mit der Geburt einer Person nichts zu tun.» Diese spielte für Alfonsina Storni selbst kaum je eine Rolle. Sie hat ihr Bewusstsein aus ihrem schöpferischen Flair, ihrer Antenne ins Große hergeleitet: Der Künstler als «Vorstadtfiliale» Gottes.

Ihre Mutter hebt prominente Mitglieder der Familie hervor. Bei den Stornis und den Martignonis gebe es talentierte, intelligente, auch politisch erfolgreiche Mitglieder. Sie nennt ihren «Cousin, der viele Jahre lang Minister war» und meint den längst verstorbenen Gaspare Martignoni. Bedeutend prominenter ist jedoch ihr Neffe Angiolo Martignoni, Tessiner Staatsrat, 1939 Vorsteher des Ministeriums für Landwirtschaft und innere Angelegenheiten. Martignoni repräsentiert seinen Kanton bei der vierten Schweizerischen Landesausstellung von 1939. Festlich gekleidet marschiert er durch Zürich. Die «Landi», am 6. Mai eröffnet, bleibt trotz

## ALFONSINA NACIO EN SUIZA

— Sí — me dice, aclarando definitivamente la nacionalidad de Alfonsina: — nació en Suiza. Ella misma lo declaró hace algún tiempo. Nació en Sala Caprisaca, un pueblo muy pequeño que se encuentra a media hora de Lugano, el 29 de mayo de 1892, a las 7 de la mañana. Quien tenga interés en confirmarlo puede pedir al Tiro Suizo de la capital federal que le muestre la copia de su partido de nacimiento, que esta institución solicitó y obtuvo recientemente. Es explicable que hayan atribuido a mi hija distintas cunas: San Juan, Rosario, Coronda, Bustinza, porque en todos estos puntos residió de pequeña. Pero la verdad es que fuera del país.

Mientras me dijo todo esto ha traído de un cajón una serie de tales que le enviara la poetisa a los distintos sitios que visitó en su viaje que ha hecho a Europa, y me enseña, fechada en Sala Caprisaca, representa una vista del campito, la que Alfonsina ha dibujado una cha señalando una casa, e inscribe esta leyenda: "Aquí nací yo".

— Ninguna, eso sí — prosigue ñora Perelli, — fué más argentina ella, con el corazón y el cerebro debe olvidarse de decirlo.

Y agrega:

# TALLAVI quiso HACER ACTRIZ a Alfonsina Storni
## PERO SU MADRE LA GUIO HACIA LA POESIA

### Por RICARDO LLUSÁ VARELA

HAN transcurrido apenas unos meses desde que la admirable poetisa de "Languidez" extendiera sus doradas alas sobre la comba de las olas marplatenses y las abandonara. Apenas unos meses, y ya se han escrito infinidad de páginas sobre su vida y su muerte.

Justo homenaje para quien hizo de su vida un símbolo, y de su muerte, buscada con la grandeza de que sólo son capaces las almas grandes, un pedestal elegiaco. Para quien derramó generosamente, en medio de una lucha angustiosamente ingrata, el fruto privilegiado de su genio poético.

Mucho se ha dicho de sus versos, de sus triunfos, de sus alegrías, de sus tristezas, de las quimeras tejidas en el telar de su alma rica en vibraciones. Pero tal vez muy pocos de los que han trasuntado en frases el sentimiento doloroso provocado por su desaparición conocieron profundamente su espíritu. Y sin duda alguna que nadie ha podido conocerle, por razones obvias, tan hondamente como un ser cuya alma sólo alienta hoy para su recuerdo, y que desde su rincón humilde de Rosario siguió con el corazón alborotado la trayectoria luminosa proyectada por la exquisita poetisa a través del arte y de la vida. Estamos refiriéndonos a la madre de Alfonsina Storni.

### LA MADRE DE LA POETISA

Visito a doña Paulina Vda. de Perelli, madre de la poetisa. No es la primera vez que llego hasta ella después de la desaparición de Alfonsina. Ni la primera tampoco que converso con la anciana sobre su hija. Pero en esta ocasión hay un motivo que me inquieta y hace que me sienta intimidado. Estoy frente a ella en trance de reportero. Voy a trabajar sobre la herida viva. Y esto vuelve el momento ingrato y difícil.

Por eso quisiera ocultarle mi misión y dejar que la charla se desarrolle espontáneamente, como tantas veces, librando a la memoria sus evocaciones. Pero ella ya sabe a qué obedece esta vez mi visita, y me acoge con la misma complacencia y cordialidad de siempre. Más aún: destruye, con unas pocas y oportunas palabras, mis temores. Y me acoge bondadosamente, con una sonrisa triste y dulce que le baña el rostro, mientras me dice, brevemente, con voz suave y persuasiva:

— Escuche..., y escriba.

La observo. Setenta y tres años. Como Alfonsina, pequeña de cuerpo. Y como ella también, luminosa la faz, con mucha vivesa en los ojos y mucha nieve en la cabeza. Miro más arriba, y un retrato de la poetisa, colgado en la pared de enfrente, me corrobora la impresión.

Hablamos de Alfonsina. A la primera pregunta que le hago, la anciana me responde prontamente, sin vacilaciones. Me asombra su agilidad mental y su memoria.

Imposible seguir un orden cronológico en los recuerdos. Tampoco pretende que lo sigamos, pues ella quitara espontaneidad a la entrevista. La madre de la poetisa va y viene en el tiempo, enlazando a veces acontecimientos y consecuencias, a veces sin motivo fundado, pero siempre naturalmente.

— Su nacimiento en Suiza puede considerarse un caso accidental, ocurrido durante un viaje que en con mi primer esposo, Alfonso Si viaje que se inició con carácter de creo y que luego hubo de prolongarse por espacio de seis años. Tenía A sina cuatro años cuando regresamos la Argentina, y nos instalamos en

Juan, d nacieron de mis h Al poco po, reveses fortuna trajeron sario, lue Bustinza, vez aqu donde y he vuel movernos donde me vida hijo celó trato las musas la llevara ocuparse ger que e en la a argentina.

*Facsímile de una de las primeras poesías que escribió Alfonsina Storni, cuando residía en Bustinza con su madre, y en la que ya se advierte la tremenda obsesión de la muerte que flota en su poesía.*

*La poetisa en 1909, cuando era apenas una adolescente que leía con avidez cuanto papel impreso caía en sus manos y escribía versos que sólo mostraba a su hermanito.*

*Pocos días antes de su muerte, Alfonsina dió una conferencia sobre Sarmiento, revelando el profundo conocimiento que posía de la obra del gran sanjuanino.*

... no podría haberla en estancias — afectación alguna obras que pronuncia la maestra gran poetisa desaparecida... sona culta ella también... literatura y el periodismo, ductora del francés y del italiano importante diario rosarino, ramente consciente del valor realizada por su hija, y del de gloria que irradia hoy sí me hace aquellas confesiones con naturalidad. Y si es atentos el tono de su voz sufrido es porque la insistencia sardo y la imagen del ser querente de nosotros, le quita la vuelve dolorida.

Las alternativas, provocadas lor de madre, seguimos a su palabra la existencia de gran Alfonsina; relación que a los albores de la vida de para prolongarse hasta el de entrar de pleno en el aún po captar con todas sus luces y sus arrastrados en admirables e inesperadas imágenes.

### NSINA, NIÑA PRECOZ

Me corresponde decir que fué una criatura precoz. Lo que no sabia aún leer y ya se manifestaban ostensibles inclinaciones por la poesía. Gustábale el declamar, sin misma lo hacía, y más de una ya no quise que ingresaran al teatro, por el cual sintió siempre marcada inclinación. Ya estábamos en Rosario cuando, de no mediar mi firme oposición, se hubiere convertido en actriz. Un día el gran Tallaví, entonces de paso por esta ciudad, la escuchó recitar. Y desde ese momento se propuso ganarla para su elenco. La esposa del gran maestro de la escena, un poco por el cariño que la niña había despertado mi hija, y otro poco, colaborando con su marido, por entusiasmarla y conquistarla para el teatro, le regaló un regio vestido de seda, que Alfonsina lució orgullosamente. Pero — ya le he dicho — no me agradaba para ella la vida azarosa de la farándula. Y me negué rotundamente a otorgarle el permiso para ingresar en la compañía de Tallaví, lo que estuvo a punto de provocarme un serio disgusto, pues hubo hasta un conato de fuga, felizmente conjurado. Contaba Alfonsina doce años de edad..."

De diversos muebles ha sacado la señora de Perelli, y puesto sobre la mesa, algunos objetos relacionados estrechamente con la poetisa: libros, retratos, papeles. De vez en cuando, antes de proseguir, los aprieta contra su pecho y los mantiene así un momento, como si en esta actitud reverenciara el amor por la hija que se fué. Toma al azar uno de los libros. Es la "Antología", aparecida hace pocos meses. Leo la dedicatoria y la fecha: "Para mamá, recuerdo cariñoso de Alfonsina."

*Doña Paulina Vda. de Perelli, la madre de la llorada poetisa, tiene un parecido extraordinario con su hija. Ella estimuló su vocación poética y fué siempre la madre comprensiva y cariñosa que adivinó el destino singular de su hijo.*

*Buena camarada, la poetisa siempre estaba presente en todas las reuniones de gente de letras que, con diversos motivos, se realizaban en Buenos Aires.*

Octubre 15 de 1938". Diez días antes de su muerte...

— A la edad en que otras niñas sólo piensan en las muñecas, Alfonsina se encerraba en su habitación o se escondía en cualquier otro rincón de la casa para leer o escribir. No sé cuál de estas dos pasiones sentía con mayor intensidad. Tal vez ambas en la misma medida. Leía cuanto papel o libro caía en sus manos. Frecuentemente encontraba yo bajo su almohada hojas de diarios y revistas que había ocultado allí para devorar por la noche, en la cama. Esta costumbre suya estuvo a punto de provocar una desgracia.

Poco faltó para que una noche ardieran en llamas junto con su hermanito, que dormía en la misma habitación. Se había procurado una vela, y cuando todo el mundo dormía, la encendió y colocó sobre una silla, junto a su cabecera, para leer una novela que, sin duda, le habían prestado. Leyendo, se quedó dormida, mientras la vela caía y prendía fuego a las ropas de la cama. Por suerte, el calor o el humo despertó a su hermano, quien empezó a lanzar gritos, alarmando a los de la casa, que se apresuraron a apagar el fuego. Mientras tanto, Alfonsina había ganado un rincón, medio asfixiada, y allí permanecía impávida, sin soltar el libro de las manos.

"A escribir se ha dedicado en una pausa que se hace prolongada. Se reconcentra. Sus labios tiemblan. Su mirada se empaña. Sonríe como para sí misma, tristemente. Recuerda. Su hija escribe. ¿Qué pasa por esa almita recién despertada a la vida? ¿Qué pensamientos, qué sentimientos la mueven, tan niña, a llenar cuartillas? La madre lo ignora.

— Me dolía verla tan distinta a las demás criaturas. Tan penetrante, tan intuitiva. Pero, a veces, me consolaba de ello pensando que tal vez estaba llamada a un destino superior, también distinto al de las demás.

### LOS PRIMEROS VERSOS

Alfonsina tiene un alma compleja, un espíritu multiforme. Es una rara. Pasa del más profundo éxtasis a la alegría más estruendosa. Piensa, analiza, profundiza. Y escribe. Escribe y oculta sus papeles. O los rompe, cuando sospecha que puedan descubrírselos. O, distraídamente, los arroja, hechos un bollo, en un rincón.

De allí los recoge un día la madre. Son versos. Alfonsina escribe versos. No se asombra de ella la autora de sus días. Lo había sospechado. Ya ahora va a conocerlos. Los lee, llena de dulce inquietud. Y es ella, que también sabe de poesía, la primera en descubrir en su hija facultades extraordinarias en embrión, que el tiempo habrá de hacer que florezcan prodigiosamente. Hay que decirlo: el primer mentor de Alfonsina Storni en el camino de la poesía fué su propia madre.

— Vea usted — me dice, alargándome una hoja de papel amarillento, blanda en muchas partes; — este es uno de los primeros descubrimientos que hice.

Desdoblo la plana y descubro, con asombro, los rasgos caligráficos de Alfonsina. La composición lleva el siguiente título: "Jamás podré olvidar", y tiene, debajo de la firma, la siguiente fecha: "Bustinza, enero 15, 1909". Hela aquí:

*Como un fantasma que significado fiero*
*Los pasos que mi loca mente da,*
*Me persigue el recuerdo, ese recuerdo*
*Que en mi pasado fijo siempre está,*
*Quiero olvidarlo, y sí al volver mi*
[mente]
*A la alegría que contemplo impávida,*
*Surge el recuerdo, ese recuerdo negro*
*Que es del dolor la infatigable dádiva,*
*Jamás olvida. Al despertar mi mente*
*De aquella muerte que en llanto mueve,*
*Acude ese recuerdo prontamente*
*De mi febril cerebro a hacerse dueño.*
*Únicamente al reposar inerte*
*De la amorosa muerte entre los brazos,*
*El recuerdo, el recuerdo siempre negro*
*Dejará de oprimirme entre sus lazos.*

Han pasado treinta años desde entonces. Es esa misma época es uno de los retratos de la poetisa que tengo ante mi vista. Está algo apagado por la acción del tiempo, pero permite re-

(Continúa en la página 55)

der Generalmobilmachung vom 1. September 1939 geöffnet. Nur kurze Zeit steht Angiolo Martignoni auf der Tribüne neben General Guisan, der nun die Schweiz durch die Kriegsjahre führen wird. Als Alfonsina Stornis Mutter den Ruf ihrer Familie wiederherstellen will, weiß sie nicht, dass Angiolo Martignoni kein Gewährsmann dafür sein kann. Niemand weiß es in jenen Jahren. Erst in den Siebzigerjahren werden Historiker herausfinden, was Angiolo Martignoni bis 1939 einzufädeln versucht. Als Tessiner Mussolini-Aktivist steht er im Zentrum einer großen Kontroverse über die Kantonsgeschichte. Das faschistische Regime des Duce hat seit den späten Zwanzigerjahren katholisch-konservative Tessiner Kreise gespalten. In diese Spannungen zwischen Kirche und Politik mischt sich Angiolo Martignoni ein und bietet Mussolini heimlich seine bezahlten Dienste an. Dieser gibt dem Staatsrat, inzwischen Landwirtschaftsminister, achtzigtausend Franken für parteiinterne Propaganda und den Kampf gegen die Antifaschisten in den Tessiner Behörden. Brieflich verspricht Martignoni dem Duce, er werde in der Tessiner Jugend «eine Haltung von herzlichem Respekt Ihnen gegenüber» fördern. Für seinen sieben Punkte umfassenden Aktionsplan, der die Zahl von Mussolinis Sympathisanten in der Schweiz massiv erhöhen soll, beansprucht Martignoni später nochmals hundertfünfzigtausend Franken, von denen er nur noch vierzigtausend erhält. Er rapportiert Halbwahrheiten über seine Leistungen und ersucht 1939 ein letztes Mal um Geld für eine Zeitungsgründung, diesmal vergeblich. Seine Briefe an Mussolini schließt er mit militärischem Gruß: «Mi irrigidisco sull'attenti salutando romanamente». Auf Deutsch in etwa: «Ich grüße Sie in strammer Haltung mit römischem Gruß».

*Wieder Weltkrieg*
Am 1. September 1939 meldet die Mittagsausgabe der Neuen Zürcher Zeitung, dass morgens um sechs Uhr der Krieg begonnen habe. Der Reichskanzler habe den entsprechenden Tagesbefehl an die Wehrmacht erlassen. Schon um sieben Uhr verbreitet der Deutschlandsender: «Der Oberbefehlshaber der deutschen Luftwaffe hat den deutschen und ausländischen Flugverkehr über dem deutschen Hoheitsgebiet ohne Ausnahme verboten. Neutrale Flugzeuge werden vor der Überfliegung des polnischen Staatsgebiets und eines genau umschriebenen Seegebiets vor der polnischen Ostseeküste gewarnt, da sie in diesen Gebieten die Beschießung riskieren. An die Schifffahrt ergeht eine Warnung, wonach vor und in der Danziger Bucht mit militärischen Operationen zu rechnen ist. Der Schulbesuch in Deutschland fällt vom heutigen Tag an bis auf weiteres aus.» Der Schweizer Bundesrat tagt am Vormittag ab halb elf

Uhr in Anwesenheit von General Guisan. Nach der Sitzung meldet die Schweizerische Depeschenagentur den vom Bundesrat gefassten Beschluss: Am 2. September 1939 tritt die Generalmobilmachung der Schweizerischen Armee in Kraft. Unterstaatssekretäre überbringen den diplomatischen Vertretungen der Schweiz Neutralitätserklärungen des Bundesrates. Die Zeitung meldet in eigener Sache: «Infolge der Mobilmachung der schweizerischen Armee wird ein großer Teil unseres Personals in allen Abteilungen des Blattes und der Druckerei heute und morgen zum Aktivdienst einrücken.» Der Personalbestand werde sich halbieren, zudem sei mit Zensur im Ausland und Transportproblemen zu rechnen, die Geschäftsleitung der Neuen Zürcher Zeitung bittet um Nachsicht und Geduld bei allfälligen Störungen. Gleich nach dem Überfall der deutschen Wehrmacht auf Polen stellt Lord Chamberlain ein Ultimatum, die Zeit verstreicht, ohne dass Hitler reagiert. Einen guten Monat später, am 25. Oktober 1939, begeht man in Argentinien Alfonsina Stornis ersten Todestag. Am ecuadorianischen Radio, berichtet Nosotros im November, hat ein Diplomat von seinen Erlebnissen mit ihr erzählt. Inzwischen ist Alfonsina Stornis Name im Zivilstandsregister des Tessiner Dorfs durchgestrichen, wie sie es sich einst ausgemalt hat. Nur geistern jetzt zwei Geburtsdaten durch die Annalen.

# MONUMENTE
Buenos Aires. Mar del Plata. Berlin. 1939–1969

Selbstmörder bekommen nur selten Denkmäler. Doch mit den Jahren wird für Alfonsina Storni, auch für Lotte und Stefan Zweig, die am 22. Februar 1942 im brasilianischen Petrópolis aus dem Leben geschieden sind, Monument um Monument geschaffen: bald aus Granit oder Marmor, oder auch aus Zelluloid. Über Alfonsina gibt es sogar ein Lied. – Bilder von einem Menschen, der gelebt hat. Weil sie schon mit sechsundvierzig gegangen ist, leben die Zeitgenossen, die sich an sie erinnern können, noch ziemlich lange, manche bis in die Achtzigerjahre, ihr Sohn sogar bis 2008. Das kleine Wunder geschieht immer mal wieder: Was den lebenden Menschen ausgemacht hat, geht nicht ganz verloren. Herzenswärme lässt das Bild, das man sich von Alfonsina Storni gemacht hat, weich und knetbar werden – eines ihrer Lieblingswörter war «elastisch». Viele Alfonsinas entstehen in den Händen einer je neuen Zeit. Die historischen Fakten ihres Lebens, vor allem aber ihr großes Werk, werden dabei zunehmend zu einem Beiboot, das sich leicht an- oder abhängen lässt.

*Ein Denkmal an der Küste*
Die drei Selbstmorde von Horacio Quiroga, Leopoldo Lugones und Alfonsina Storni gehen in den

Vorkriegswirren bald unter; im Januar 1939 bringt sich ein Vierter um, Lisandro Torres. Argentinien ist gelähmt angesichts der totalitären Regimes in den Herkunftsländern vieler Einwanderer – Italien unter Mussolini, Spanien unter Franco, Deutschland und das angeschlossene Österreich unter Hitler, die Sowjetunion unter Stalin, Ungarn unter Horthy, Rumänien unter Antonescu. In dieser höchst angespannten Atmosphäre wendet sich ein Bildhauer in Buenos Aires einem neuen Projekt zu. Luis Perlotti hat Alfonsina Storni persönlich gekannt, es gibt ein Foto aus der Peña, dem Künstlerclub, zu dem sie gehörten. Im legendären Café Tortoni gab es szenische Lesungen, Late Night Shows, Jam Sessions mit Musik, Literatur, Performance, oft ohne festes Programm und mit Spontangästen. Vielleicht schaute Carlos Gardel auf ein Tangolied rein, Roberto Arlt las einen noch unveröffentlichten Text vor, Lola Membrives spielte eine Szene aus Federico García Lorcas *Bluthochzeit*, Alfonsina Storni rezitierte Gedichte, ließ sich am Flügel begleiten, sang *Mano a mano* oder ein anderes bekanntes Lied. Es gab auch illustre Gäste wie Josephine Baker auf Südamerikatournee oder Luigi Pirandello und García Lorca, die für Uraufführungen ihrer Stücke kamen. Nach Alfonsinas Tod beginnt Perlotti, an einem Denkmal für sie zu arbeiten, vermutlich in Absprache mit den Mitgliedern der Peña. 1942 ist es fertig, das Werk

# RECORDANDO A ALFONSINA STORNI

Parece que fué ayer que la acompañamos a la Recoleta, pero se ve que ha pasado el tiempo por cómo crece el laurel alrededor de su estatua.

En el altar de la poesía femenina de América quieren que figuren juntas Gabriela Mistral, Juana de Ibarbourou y Alfonsina, aunque lo único que tienen en común es que son tres grandes voces líricas nuestras.

Gabriela Mistral ha pintado hondamente a la Storni, con estas palabras sabrosas: "Viviendo dentro de la raza romántica, su inteligencia afilada como el alfiler que la japonesa lleva en el moño, se sacudió el extremoso romanticismo criollo. Alfonsina, hermana siamesa mía, por virtud de la Cordillera que nos puso a querernos sin mirarnos la cara, cada vez que yo he querido definirla o confesarla por mi boca, se ríe de su Gabriela medio cabrera del Valle de Elqui, medio lectora de la Cartilla...".

La gran chilena la ve haciendo siempre la trampa del duende, y continúa: "Yo le doy las gracias de tener cuanto yo no tengo y de regalarme lo que no me cayó a mí en destino: el precioso ingenio europeo, el aguijón que todos le perdonamos que lleve, porque el punto en el cual se hinca es en el cuerpo de la heridora. Alfonsina es una abeja inédita entre las cantadas por los poetas griegos; la avispa que en el vuelo se persigue a sí misma, antes de caer en el matorral de mirtos, la abeja-avispa que danza un baile desgarrante buscando su propia carne, para sangrarla en una pirueta de juego que yo la entiendo, que suele hacerme llorar".

Desde Safo hasta Alfonsina, pasando por Gaspara Stampa, la italiana, por Rosalía, la gallega, y la condesa de Noailles, la monja portuguesa Mariana Alcaforado, la norteamericana Emilia Dickinson y las uruguayas ¡qué florilegio de la poesía lírica femenina podríamos hacer!

El padre Cejador y Frauca la comparó con Santa Teresa, en sus comienzos, pero para mí, ese poema de "Tú me quieres blanca", que Alfonsina quería olvidar por ser caballito de batalla de recitadoras, porque a los versos que se dicen mucho, les pasa lo mismo que a las músicas que se gastan en los organitos, me recuerda más aquello de sor Juana Inés de la Cruz:

> Hombres necios que acusáis
> a la mujer sin razón...

Y por lo feílla —aunque no lo era tanto, porque el arte y su luz interior la trasformaban—, podría parecerse a la Dickinson, aquella extraña criatura que, quizá porque era fea, se recluyó en una casona como treinta años, con una hermana con la cual se llevaba perfectamente mal, porque a una le gustaban los perros y a la otra los gatos.

¡Qué terrible es para el artista la fealdad personal, porque generalmente no van unidas las dos bellezas!

En esa especie de caparazón, la norteamericana escribió mil y pico de versos. No veía a nadie, recibiendo solamente amigos muy íntimos, tras la sombra de espesa cortina, como en un locutorio de monjas.

Cuando Alfonsina apareció en las letras de Buenos Aires, caso único de mujer que va a las tertulias y banquetes a los que solamente iban los varones, las letras no se habían repuesto de convalescencia del romanticismo, y al corazón se lo ponía en todas partes. Los poetas se peinaban entonces a "lo poe-

MONUMENTO

## Nau

Lentamente,
Es una tarde
la naturaleza
flauta erótica
viento. Y la c
por los acanti

Esta es una
da. Casi no h
humano. Y só
de estridentes
no, como un
cuerdas de su

Alfonsina ve
tado todas las
aún no encon
bre jubiloso. T
garganta por
una pena caí
de la mano ab
ledad que mu

Este es el gr
Arde en el ho
hoguera primi
la voz del mar
piendo su fur
na su elegía,

Alfonsina v
alucinada.

Esta es una
el mar con act
rina la mece l
arena, fina y
nó una barca,
corroída por l
de fantasía alz

Alfonsina v
hay árboles d
trepan las raí
vida. Y es una
sorbe su boca.
razón es una
ta las manos

bleibt aber bis 1947 in Perlottis Atelier in Buenos Aires. Dann übernimmt die Stadt Mar del Plata die Kosten für den Transport, Gemeindearbeiter installieren das Denkmal oben an der Küstenkante. Im Februar 1948 wird es eingeweiht, hauptstädtische Zeitungen berichten darüber und machen auf den Todestag aufmerksam, der sich am 25. Oktober zum zehnten Mal jähren wird. Man liest über Alfonsina Stornis Persönlichkeit: «Ein Archetyp moderner Intellektualität in einer Umgebung, die hart mit ihr umgesprungen ist». Sie sei «keine Schreibtischgelehrte» gewesen, habe um ihr tägliches Brot gekämpft, und so aus dem Leben heraus habe sie auch geschrieben: «Ihre Bücher sind erfahrungsgesättigt.» Nach der Einweihung bemerkt der spanische Schriftsteller Manuel García Brugos, das Denkmal sei falsch aufgestellt worden, die Figuren ständen mit dem Rücken zum Meer. Er hat Alfonsina Storni in Mar del Plata noch getroffen und sagt, sie hätte nie gewollt, dass er sich bei der lokalen Kulturkommission beschwere, aber er tue es trotzdem. Das Denkmal wird umgedreht und gleichzeitig näher zum Strand hin verlegt, zu der Stelle, an der Alfonsina in den Tod gegangen ist. Beim Transport ging bereits der Sockel verloren, heute ist die Stele von der Zeit gezeichnet: zugesprayt und korrodiert. Womöglich hätte Alfonsina aber gar nichts dagegen, denn um Denkmäler ging es ihr kaum je.

*Ein Freund in Nizza*
Nach Alfonsinas Tod verlässt ihr kosmopolitischer Weggefährte Manuel Ugarte das Land. Der Schreck über die Selbstmordserie in seiner nächsten Umgebung setzt ihm derart zu, dass er mit seiner Frau nach Chile flieht. Als Juan Domingo Perón, frisch verheiratet mit seiner zweiten Frau Evita, 1946 die Präsidentschaftswahlen gewinnt, ernennt er Ugarte zum Botschafter in Mexiko, 1948 in Nicaragua und 1949 in Kuba, bis er 1950 seine diplomatischen Ämter niederlegt und sich in seine Wahlheimat Nizza zurückzieht. An der Côte d'Azur blättert Ugarte in alten Manuskripten, vertieft sich in seine Erinnerungen und schreibt das letzte Buch. Unter dem Titel *Bewegende Vertraulichkeiten einer Generation* blickt er zurück. Das Buch erscheint wenige Monate vor seinem Tod. Am 2. Dezember 1951 tritt in seiner Mietwohnung Gas aus dem Heißwasserboiler aus, man vermutet Suizid. Nach Ugartes Tod verschwindet er aus der nationalen Geschichtsschreibung; erst jüngst hat ein Dokumentarfilm seine Mission für die Einheit Lateinamerikas aufgearbeitet. – In Nizza widmet sich Manuel Ugarte nochmals seiner Grabrede für Alfonsina Storni. Damals, im Oktober 1938, musste er sich als Vertreter des Argentinischen Schriftstellerverbandes kurzhalten, nun ist er frei, die Rede zu ergänzen. Er hat mehr zu Alfonsina Storni und ihrem Schicksal

zu sagen: «Ich mochte sie sehr», schreibt er, mit «allerhöchstem Respekt für ihre Aufrichtigkeit und ihr reines Herz». Er erzählt von der ersten Begegnung ebenso wie von der letzten und von Alfonsinas Bescheidenheit. Wichtigtuerei liege vielen Zeitgenossen, aber nicht ihr. Ein Opfer habe sie nie sein wollen: «Großmütig war sie, gab sich souverän und verbarg ihre Wunden klaglos. Als müsste sie sich schämen für die Kleingeisterei anderer. Kleinlichkeit war das Allerletzte, was sie sich hätte zuschulden kommen lassen.» In Argentinien zähle nur das Geld, doch in Europa bleibe auch ein armer Künstler noch Künstler. Er behalte seinen Rang und Namen, das Anrecht auf Herzenswärme, den Respekt für die geleistete intellektuelle und kreative Arbeit. Früher hätten sogar argentinische Schulkinder noch gewusst, dass ein Schriftsteller eine Respektsperson sei. Ugarte, jetzt selbst verarmt, sieht Stornis Lage gegen Ende ihres Lebens schärfer: «Man sollte von einem Dichter – und überhaupt jedem Schriftsteller – nicht die Logik eines Warenhaus-Laufburschen erwarten, sondern ihn im Reich der Wunder und des Unwahrscheinlichen leben lassen. Er taugt nicht fürs Büro und ist auch kein Uhrmacher, dafür fehlt ihm die Pedanterie.» Ugarte ist einer der wenigen Zeitgenossen, die sich mit Stornis Spätwerk kritisch beschäftigen und es in ihr lyrisches Schaffen einordnen. Er findet die sogenannten Antisonette eher unbedeutend, obwohl Storni der Meinung war, dass sie zum Besten ihres Werks gehörten. Ugarte warnte sie, dass das Publikum nur möge, was es schon kenne. Doch sie blieb sich treu, bezahlte selbstbewusst den Preis für ihre künstlerische Entwicklung: «Die Themen von früher berühren mich nicht mehr.» Auch von Stornis letzten Misserfolgen erzählt Ugarte. Ihre Bewerbung um den Poesiepreis der Stadt Buenos Aires. Ihre Kandidatur für die Vizedirektion des Conservatorio Nacional. Immer wieder habe man sie übergangen, nicht unbedingt mit Absicht, doch «die unverdienten Zurückweisungen und Misserfolge waren wie Dolchstöße». Ugarte, der im Lauf seines Lebens selbst Diffamierung und Marginalisierung erlebt hat, legt den Finger in die Wunde: «Man machte sie konstant zur Zielscheibe von Verleumdungen übelster Art, obwohl sie eine herzensgute Person war.» Er erinnert sich mit Bewunderung, wie sie sich als Mensch und Künstlerin ganz verschenken konnte: «Storni war widerborstig in ihrer Schaffenskraft und kühn in der Luft, ihr Flug frei von Künstelei und Kalkül. Das Neuartige ihrer Schriftstellerei verdankte sich stets der totalen Preisgabe ihrer Persönlichkeit. Es gelang ihr, Schwingungen aufzunehmen wie eine Muschel, in der man das Meer rauschen hört.» Immer wieder, so scheint es, spricht Ugarte insgeheim auch von sich selbst. Wunden verbergen, Schmerz für sich behalten und still einsehen, dass man womöglich «die falsche Welt gewählt» hat. Das könne auch «großen Seelen» passieren.

*Nobelpreisträgerin in Rom*
Am 30. April 1952 spricht sie im Palazzo Farnese vor über fünfhundert geladenen Gästen über *Die Dichterin Alfonsina Storni:* Gabriela Mistral. Ende Mai 1952, zu Stornis sechzigstem Geburtstag, berichtet die argentinische Familienzeitschrift El Hogar darüber: Gastgeberin ist die Argentinische Botschaft in Rom, im illustren Publikum das diplomatische Korps von Argentinien und anderer Länder Südamerikas, Behörden der Stadt Rom, Vertreter aus Kultur und Gesellschaft sowie Journalisten. In der ersten Reihe sitzt die Amerikanerin Doris Dana, Mistrals Sekretärin und, damals noch ein Geheimnis, ihre dritte Lebenspartnerin. 1948 hat Mistral die Übersetzerin und glühende Thomas Mann-Verehrerin zu sich nach Santa Barbara eingeladen. In ihre gemeinsamen Reisen fügt sich auch der Anlass in Rom. Dana wird zum Jahresende auf Long Island ein Haus kaufen, in dem die beiden bis zu Mistrals Tod im Januar 1957 leben. Mistrals Testament bestimmt Dana zur Alleinerbin und Nachlassverwalterin. Fünfzig Jahre lang, bis zu ihrem Tod 2006, übt Doris Dana Kontrolle über dieses Medienarchiv aus; einiges, zum Beispiel Tonbandaufnahmen von

Gesprächen zuhause, ist bis heute gesperrt. – Mistrals Rede beginnt beim sozialen Klima im Literaturbetrieb, wie sie ihn am Südzipfel des amerikanischen Doppelkontinents erlebt hat: «Obwohl man oft und mit Übertreibung vom ätzenden Ambiente in den literarischen und künstlerischen Zünften spricht, ist doch auch wahr, dass es viel Herzlichkeit und Zuneigung unter denen gab, die denselben Beruf ausüben und so unserem Herrn und Meister dienen. Früher waren Argentinien und Chile durch die stärkste Mauer getrennt, die man sich denken kann: die fantastischen Anden. Unser hartnäckiger Wille zu menschlicher und wirtschaftlicher Koexistenz hat diese Trennung zwischen uns Brudervölkern durchlässiger gemacht: Zwei Eisenbahnlinien und der Luftverkehr arbeiten gegen den Widerstand des Gebirges an. Nun kommen und gehen Argentinier und Chilenen, bestimmt zur Begegnung und Zusammenarbeit vom Pazifik bis zum Atlantik, auch ohne äußere Notwendigkeit, einfach nur aufgrund der natürlichen Vorliebe für herzliche Koexistenz mit den Nachbarn und Mitgeschöpfen. Plumpes Misstrauen, der so genannte Überlegenheitskomplex und andere politische Niedertracht, die die Völker dazu bringt, ihre Verbrüderung hinauszuzögern, all dies ist bereits Geschichte in diesen beiden südlichen Ländern, die dank gemeinsamen Meridianen Zwillinge sind.» Mistral porträtiert die Kollegin und ihr Werk, das

Temperament und die Beweglichkeit in der ganzen Person: «Das Schweizerische an ihr war sofort festzustellen.» Es ist offensichtlich, dass Mistral nur das zum Thema macht, worin sie sich aus eigener Erfahrung auskennt, die Lyrik. Kein Wort von Stornis Theaterstücken, von ihren feministischen Essays, von der Aktivistin, von der Kolumnistin. Mistral verfügt über genug politischen Sinn, um das Sagbare vom Unsagbaren zu unterscheiden. Botschaften von Verstorbenen gehören nicht in den Palazzo Farnese und passen auch nicht zu einer Nobelpreisträgerin. Mistral charakterisiert Stornis Lyrik anders als alle anderen. Sie verzichtet radikal auf die stets behauptete Authentizität: «Diese flinke und leichte Poesie ist wie die Möwe: Sie hat mehr Flügel als Körper. Eine gewollte Brüchigkeit, die den kompakten Satzbau der spanischen Klassik zu vermeiden sucht. Das absolute Fehlen von Abschweifung und Langatmigkeit. Das ist vielleicht der größte Vorzug ihrer Verse. Das Gedicht war immer ein Geschöpf der Luft, ein Winzling von einem Gnomen, der mit dem Leser zu spielen schien. Erst gegen Ende ihres Lebens zeigte sich ein verstohlenes Tröpfchen Blut auf dieser leichtfüßigen, schelmischen Poesie. Das Lächeln, das ihr Gesicht erst ganz am Schluss verließ, war heroisch, von jener unmerklichen Tapferkeit, die ohne Stirnrunzeln oder spektakuläre Gesten auskommt und deshalb kaum je gesehen oder bemerkt wird.»

Nach dieser ersten Annäherung beginnt sich Mistral mit Storni, gerade auch als Frau, zu solidarisieren: «Der tägliche Kampf um die Existenz, der in jenen Jahren eine Frau in der Literatur erwartete, war alles andere als sanft. Die Lyrik, Kurzgeschichte oder der Roman von uns Nachwuchsautoren waren nicht so skandalös wie im achtzehnten Jahrhundert, aber doch Lebensmittel von einer Art, wie die bekannten Handelsmarken sie nicht führten. Wir neuen Schriftstellerinnen machten eine recht komische Figur. Seltsam, ja extravagant tanzten wir auf der Bühne von Redaktionen, die bis dahin ohne Röcke und lange Haare ausgekommen waren. Alfonsina hat dieses Einweihungsritual erlebt; es ließ uns aufdringlich oder abartig erscheinen. Dieser harte Eintritt in die Dichterszene, auch in einen Verlag, mag das Messerchen ihres spöttischen Witzes geschärft haben. Auch die karge Kindheit und Jugend, der Kampf um das wirtschaftliche Fortkommen und die Last von Mutter, Kind und anderen Verwandten haben mindestens zwanzig Jahre lang schwer auf ihr gelastet. Aus der unteren Mittelschicht stammend, versuchte sie sich in verschiedenen handwerklichen Berufen, an deren Einzelheiten ich mich nicht mehr genau erinnere – nur noch an die leichteste und schönste dieser Tätigkeiten: Verkäuferin in einem Blumenladen.» Über ihren eigenen Hintergrund sagt Gabriela Mistral nicht viel, meist nur indirekt, indem sie an ihre Solidarität mit Alfonsina Storni erinnert: «Die feine Gesellschaft, also die reiche Oberschicht Argentiniens, war damals eine Gruppe von Menschen mit viel Glück und wenig Neugierde am Lesen. Noch weniger interessierte sie sich für die braunhäutigen Menschen, die für uns ganz im Stillen die nationale Kultur hervorgebracht haben. Es war dasselbe mit der chilenischen Aristokratie, ihren Nachbarn. In beiden Ländern schlief diese Klasse eine doppelte Siesta, typisch kreolisch nach dem Mittag, und die andere Siesta der bequemen, selbstzufriedenen Gleichgültigkeit gegenüber der entstehenden nationalen Literatur und den schönen Künsten.» So weit, so gut, könnte man sagen, doch zeigen sich die ersten Haarrisse: «Ich habe nie verstanden, warum Alfonsina durch diese große Abwesenheit, diese Abgeschnittenheit oder diese Verlassenheit, in der die Reichen und die Aristokraten unsere Mittelschicht hielten, verletzt wurde. Ich konnte Alfonsinas Klage gut verstehen, denn auf der anderen Seite der Anden erlebte die chilenische Gesellschaft mit ihren Prosaautoren und Lyrikern denselben vertikalen Schnitt. Wir Chilenen, ein hartes Volk, kümmerten uns jedoch wenig oder gar nicht um die Gleichgültigkeit der Großgrundbesitzer und selbst seitens der Staatsvertreter gegenüber unseren Büchern. Wir Schriftsteller wussten, dass wir dem Aristokraten ebenso wie dem Neureichen wie ein Haufen Verrückter vorkommen mussten, für den das Romaneschreiben, Silbenzählen und Reimefinden nur ein Spiel war.» Dies sei nur ein Exkurs, sagt Mistral, um die Gesellschaft zu zeigen, in der Storni lebte und sich als Schriftstellerin zu etablieren suchte, «ein Geschöpf, das wie wenige andere für die Geselligkeit, den Dialog und das Zusammensein mit Gleichgesinnten geboren wurde». Ihre Einsamkeit habe zu ihrer Melancholie und dem «radikalen Pessimismus ihrer letzten Jahre» beigetragen.

Früher habe ich geschrieben, Mistrals Porträts von 1938 und 1952 gehörten zum Klügsten, was über Alfonsina Storni je geschrieben wurde, nicht zuletzt, weil Mistral an das Wunder des Lesens erinnert: «Wenn ich sie nun erneut lese, kommt es mir vor, als sagte sie: ‹Ich bin bei dir, Gabriela. Du brauchst mich nur wieder zu lesen, um mich zu dir zurückzuholen.›» Ich stehe zu meiner Aussage, doch diese mir lange unbekannte zweite Hälfte der Rede frappiert. Wer Mistrals Karriere betrachtet, kann nur staunen über die burschikose Berufung auf die eigene Härte und Unempfindlichkeit gegenüber der Isolation, Nichtbeachtung oder Diffamierung, die Storni zugesetzt haben soll. Man darf annehmen, dass Mistral und Storni auch konkret über Ausschluss und Isolation gesprochen haben, vielleicht auch über Akteure wie Borges, der spätestens seit der Gründung der Zeitschrift Sur zu Victoria Ocampos Kreisen gehörte. Offenbar verschließt Gabriela Mistral die Augen davor, wie sie zu der geworden ist, als die sie im Palazzo Farnese steht: Schon in jungen Jahren hat sie Briefe an Gott und die Welt geschrieben, um aus Chile fortzukommen, Karriere zu machen, ohne Berufsdiplom und mit einem vergleichsweise schmalen lyrischen Werk. Der Strom an Briefen bricht nie mehr ab. Die konstante Mühe, sich zu vernetzen, trägt Früchte. Sie gelangt nach Mexiko, in die USA, nach Europa. Auch die Karrieren anderer begünstigen Mistrals Lobbyarbeit, beispielsweise wird ihr früherer Freund und Erziehungsminister zum Staatspräsidenten, von Santiago de Chile aus kann er ihre diplomatische Karriere unterstützen. Ihre Mäzenin und Freundin, Victoria Ocampo in Buenos Aires, sorgt 1938 für die entscheidende Publikation: Mistrals Gedichtband *Tala* erscheint in Ocampos Verlag Sur und wird zum richtigen Zeitpunkt von den richtigen Unterstützern in Stockholm eingereicht. 1945 bekommt Gabriela Mistral den Nobelpreis für Literatur. Sie ist Konsulin der chilenischen Regierung, die erste Lateinamerikanerin und die erste Chilenin, die den Preis erhält (1971 folgt ihr Pablo Neruda, ebenfalls Konsul), und tourt mehr denn je durch die Welt. Wer all das im Hinterkopf hat, liest einen maternalistischen Unterton mit, wenn Mistral den Berufsweg der Alfonsina Storni zumindest partiell schildert: «Das Glück war ihr hold, als der brillante und gute Don Antonio Sagarna ihr einen Lehrstuhl für Literatur an der Escuela Normal in Buenos Aires zuwies. Es war ein mutiges Dekret, das die endlose Schlange der Stellenanwärter etwas schockierte. Eine Frau, die nicht über die erforderlichen Titel verfügte, trat in den Lehrerberuf ein, absolut zu Recht, denn sie war ein kreativer Geist, der mehr als nur kommentieren und analysieren konnte. Lange staunten sie nicht, die Pädagogen, auch die Sympathien ihrer Schüler waren ihr sicher; sie erkannten schneller als die strenge Lehrerzunft, was für ein Fest der Literaturunterricht sein kann, wenn ihn eine Schöpferin erteilt, nicht bloß eine Wiederholerin toter Texte.» Alfonsina Storni äußerte sich unverblümt zu ihrer eigenen Situation als schutzlose «Distel im Wind» in einem Ambiente, das vom Schein lebe: «Wenn jemand einen wichtigen Posten bekommen soll, wo kaum Arbeit anfällt, und auf die setzt man eben oft Schriftsteller, damit sie Zeit zum Schreiben haben, dann achtet man nicht darauf, was die Person hervorzubringen verspricht. Vielmehr schaut man auf ihre äußeren Umstände, ihren Platz in der Gesellschaft, das Standing. Wer aus bescheidenen Verhältnissen kommt, deshalb leicht eingeschüchtert ist oder, wie in meinem Fall, kein Blatt vor den Mund nimmt, erscheint wie ein Aufsteiger, dem die geschniegelte Klasse mit gestärkten Krägen die Türe vor der Nase zumacht.»

Sehr viel Raum gibt Mistral dem Suizid, der sie als Christin (sie sitzt in Rom vor einem überwiegend katholischen Publikum) zur Stellungnahme provoziert: «Geschwätz über den Selbstmord gab es zuhauf. Romanautoren und die unbeholfenen Neugierigen hatten ihre Freude daran, suchten fieberhaft und erfanden eifrig. Aber lange musste man sich nicht anstrengen, die Wahrheit ist einfach: Krebs. Alfonsinas zerbrechlicher Körper hatte ihm bereits eine halbe Brust geopfert, bevor er ihre unversehrte Brust befiel. Das wollte sie nun nicht auch noch erleben, es ist eine für jedes Lebewesen schreckliche Aussicht, den eigenen Niedergang Tag für Tag am eigenen Leib zu spüren. Für jeden Christen ist Selbstmord ein Akt der Rebellion gegen den Willen Gottes, besonders wenn er die Folge eines schweren Unglücks, versagter Liebe oder von Armut ist, aber die Tortur, die Alfonsina widerfuhr, übersteigt dies an Schmerz bei weitem: Ein oder mehrere Jahre lang den eigenen körperlichen Zerfall mitansehen zu müssen, den täglichen Anblick der Wunde und das grauenhafte Gefühl, dass das eigene Fleisch zum Feind geworden ist.» Mistral erzählt Details, von denen sie nur aus dritter Hand erfahren haben kann, manches ist schlichtweg falsch, aber man wird den Eindruck nicht los, dass sie die Sensationslust des Publikums im Auge hat: «Ihr Tod schien für viele eine Flucht zu sein, aber als ich seine wahre Ursache erfuhr, fiel es mir nicht schwer, die Niederlage dieser Seele zu verstehen. Ich habe einmal den Zerfall eines anderen Geschöpfes durch Krebs erlebt. Ein Verwandter von mir, der davon befallen war, konnte weder die Erkrankung selbst noch die hohe Temperatur seines vom Krebs verbrannten Körpers ertragen. Fast ein Jahr lang lebte er auf seinen Knien, wenn man das überhaupt als Leben bezeichnen kann, und versuchte, der täglichen Hitze dieser schrecklichen Krankheit zu entkommen. Es geht hier nicht darum, die so genannte ‹Gewalt› zu entschuldigen, die jemand sich selbst angetan hat, sondern um Verständnis und Vergebung. Wir hätten einer Alfonsina Storni, die in dem Leib war, der ihr gegeben wurde, so eine brutale Flucht nicht verziehen, auch nicht die Tatsache, dass sie sich ihres Daseins, ihrer Bedürftigkeit, ihrer Familie und ihrer Freunde entledigte. Doch ihr Fall war extrem. Hier bleiben nur das Verstehen und Schweigen. Wir wissen nicht, wieviel ‹vitaler Widerstand› in einem Wesen wirkt, wir können ihn nicht an dem von uns Gesunden und Unversehrten messen. Das war sie nicht mehr. Sie glich der schönen Frucht, an deren im Schatten liegenden Rückseite sich ein Wurm eingefressen hatte. Schon eine geringfügige Verletzung versetzt uns in Aufruhr, wie erst muss das in der

Brust einer sehr empfindlichen Frau sein, diese Glut in der linken Brust, die uns weder arbeiten noch ruhen oder schlafen lässt, ein ständiger Brand, der immer da ist.» Auch Mistral arbeitet gewaltig am Mythos vom Meer: Es habe Alfonsina euphorisch gemacht, sie habe sich ihm «wie einem Liebhaber» hingegeben. Zuletzt wagt Mistral eine rhetorische Geste: «Ich bin keine Literaturkritikerin und behaupte auch nicht, entsprechende Fähigkeiten zu haben. Heute Abend wollte ich nur auf italienischem Boden Ihrer und unserer Alfonsina Storni gedenken, Dichterin mit Leib und Seele, Blume des lateinischen Volkes, die sich von ihren Schmerzen erholt, die sie uns nicht mitgeteilt hat und die wir nicht zu erspüren verstanden. Denn unsere Seele ist gewöhnlich taub und blind, selbst wenn sie liebt, und dieser traurige menschliche Zustand ist Teil von dem, was der Mystiker ‹die Bedingtheit des Adamiten› nennt: Er kennt weder sich selbst noch seine Schwestern und Brüder.» Nach der Rede kündigt Mistral die berühmte Rezitatorin Berta Singerman an, ehemalige Schülerin von Storni, für die sie ihre Euripides-Adaption geschrieben hat, doch davon weiß Mistral nichts: «Berta Singerman ist die größte und beste Interpretin von Alfonsina Storni, die deren Botschaft weiterhin durch Amerika und Spanien trägt. Wir alle danken der brillanten Rezitatorin für die Anmut ihrer Stimme, die ihr Volk bezirzt und das spanische Wort über das weite Feld der lateinischen Völker trägt. Danke, Berta Singerman, danke Ihnen allen, dem großzügigen Publikum, für die Nachsicht mit einer sehr schlechten Vorleserin und danke vor allem unserem Gastgeber, der Botschaft der großen Argentinischen Republik. Und jetzt kommt das Zauberhafte, das poetische Wort von Alfonsina Storni, unversehrt vom Tod, uns in ihrer zweiten Heimat besuchen, im universellen Rom, unser aller Mutter.»

Ich blättere weiter in dieser Familienzeitschrift. Das Heft ist eine großartige Zeitkapsel: Nur hoffnungslos Altbackene würden noch vom «schwachen Geschlecht» reden, die zwei Weltkriege hätten die Frauen «in unvorhersehbarem Ausmaß gestärkt und gestählt», wie man jetzt an Ann Davison sehe, einer Engländerin, die allein den Atlantik überquere. Sie wolle den Tod ihres Mannes rächen, der bei demselben Unterfangen im Atlantik umgekommen sei. Die nächste Bildreportage bringt zum siebten Todestag Adolf Hitlers die letzten Fotos aus dem umkämpften Berlin, mit unverblümter Nostalgie: «Und dies bleibt von der einst unbesiegbaren, von der herrlichen Wehrmacht, deren monatelanger Ansturm an den Grenzen Europas die Menschen in Angst erstarren ließ und die ganze Menschheit ins Zittern gebracht hatte.» Hitler streicht Teenagern über den Kopf, bevor er in seinen Bunker zurück-

● Envejecido, vencido, ya con el inexorable término a la vista, el Führer del Tercer Reich se estremece de frío antes de ingresar a su refugio en Berlín.

# Las últimas fotografías de Hitler

### FUERON TOMADAS 9 DIAS ANTES DE LA MUERTE, HACE JUSTO 7 AÑOS

(Nota de la Redacción: El texto que va a continuación, relacionado con este interesante documento gráfico, fué escrito por William Vandivert, corresponsal de las fuerzas aliadas durante la segunda guerra mundial.)

EN julio de 1945 llegué a Berlín con los primeros corresponsales aliados y, pocos días después, conocí a un civil alemán, ex empleado de Heinrich Hoffman. Ansioso por obtener algunos cigarrillos, me ofreció conducirme a los archivos que contenían el producto de los últimos diez años de labor de Hoffman, en su calidad de fotógrafo oficial de Hitler y del régimen nazi. Hoffman y sus ayudantes habían tenido el monopolio de las fotografías de Hitler, y, en consecuencia, acepté el ofrecimiento. Mi guía me condujo a un refugio subterráneo, cercano al del füh-

60 EL HOGAR

geht: «Sein Lächeln ist wie ein trauriger Abschied von einem jeden der Soldaten, die noch fast Kinder sind und doch mit einer Waffe im Arm in der gebeutelten deutschen Hauptstadt stehen.» – Ein «Traum tragischer Grandezza». In Argentinien liegt die Zeitschrift in jüdischen Haushalten ebenso wie bei den gegen Kriegsende nach Südamerika geflüchteten Nazis herum. Unter ihnen sind auch die «Klements»: Veronica Liebl, mit ihren Söhnen als angebliche Witwe eingereist, hat ihren falschen Pass in der deutschen Botschaft in Zürich abgeholt. 1950 kommt Ricardo Klement an, der ebenfalls vor seiner Vergangenheit flieht. Er reist mit einem vom Internationalen Roten Kreuz in Genf ausgestellten Pass ein und zieht zur ‹Witwe›, deren Ehemann er ist. Er ist auch der Vater ihrer Söhne und wird in Argentinien noch seinen letzten Sohn zeugen. Zehn Jahre später wird der ehemalige SS-Obersturmbannführer enttarnt. Der israelische Geheimdienst Mossad entführt Adolf Eichmann alias Ricardo Klement nach Israel und provoziert damit einen schweren staatsrechtlichen Konflikt mit Argentinien. Der Prozess gegen Eichmann beginnt am 11. April 1961 in Jerusalem, doch als Folge des Zerwürfnisses bleibt der Flugverkehr zwischen Argentinien und Israel fast sechzig Jahre lang eingestellt; erst im September 2017 kündigen EL AL und Areolíneas Argentinas die Wiederaufnahme von Direktflügen an.

*Filmstar und Briefmarke*

Kurt Land, ein anderer deutschsprachiger Flüchtling, lebt seit 1938 in Buenos Aires. Er ist 1913 als Kurt Landesberger und Sohn einer jüdischen Industriellenfamilie in Wien geboren. Sein Vater, ein Bergbau-Unternehmer, sieht den Sohn als Juristen, doch dieser gibt das Studium bald auf und beginnt in der größten österreichischen Filmproduktionsgesellschaft für Stummfilm und frühen Tonfilm zu arbeiten. Landesberger sammelt in der Sascha-Film erste Erfahrungen als Assistent, flieht nach dem Anschluss Österreichs an Nazi-Deutschland und findet in Buenos Aires Arbeit als Cutter. Er nennt sich nun Land und ist einer von vielen österreichischen Exilanten aus Kunst und Kultur. Wie andere Österreicher (Lang, Lubitsch, Wilder, Stroheim), die nach Hollywood geflohen sind, ist Land zur richtigen Zeit am richtigen Ort: Auch in Argentinien brechen die goldenen Jahre des Films an. Land schneidet an die zwanzig Filme, bevor er beginnt, Regie zu führen. Sein erster Spielfilm *Adiós problemas* von 1955 ist ein Publikumserfolg, nun versucht er sein Glück erneut: Zwei große Argentinierinnen stehen im Zentrum seines zweiten Spielfilms *Alfonsina*. Die überaus populäre Schauspielerin und Tänzerin Amelia Bence soll die Titelfigur Alfonsina Storni spielen. Mit Bence gelingt es Land, eine Schauspielerin zu gewinnen, die nicht nur ein Star ist: Amelia

Bence spielt eine Frau, die sie von Kindsbeinen an gekannt hat. Sie stammt aus einer jüdischen Immigrantenfamilie aus Minsk und ist 1914 in Buenos Aires geboren. María Amelia Batvinik wächst mit den Kindern anderer weißrussischer Familien auf, etwa den schauspielerisch begabten Singerman-Schwestern. Die Mütter geben einander Tipps, und so kommt die fünfjährige María ans Kindertheater Labardén, zum Unterricht bei Alfonsina Storni. Sie tritt auch in einem der Stücke auf, die Storni mit den Kindern inszeniert. – Bence beschreibt in ihrer Autobiografie ein kleines Missgeschick, das ihr als Kinderdarstellerin passiert ist, doch die Regisseurin war verständnisvoll. Die Szene geht in den Film ein, Amelia Bence, nun als Alfonsina Storni, tröstet ihr kindliches Alter Ego und fragt nach seinem Namen: «Amelia Bence». – María lernt Klavier spielen, verdient ihr Taschengeld im Warenhaus und spielt als Nachwuchsdarstellerin in einer Kompanie. Sie will unbedingt Schauspiel studieren, setzt ihren Wunsch gegen den Willen ihrer Eltern durch, bekommt dann aber am Nationalen Konservatorium für Darstellende Künste nur einen Studienplatz in Klassischem Tanz. 1933 erhält sie als Tänzerin ihre erste Filmrolle, der Regisseur argentinisiert ihren Namen, fortan ist ihr Künstlername Amelia Bence. Bald entdeckt man in ihr die Filmschauspielerin, sie bekommt Hauptrollen wie etwa 1944 in der Verfilmung von Stefan

Zweigs Novelle *Vierundzwanzig Stunden aus dem Leben einer Frau.* Als Kurt Land ihr die Hauptrolle im Spielfilm *Alfonsina* anbietet, ist Bence zweiundvierzig. Das Drehbuch sagt ihr zu, auch die Idee, dass sie die Frau verkörpern soll, die sie als Kind selbst erlebt hat. Als die Maskenbildnerin Bences Gesicht dem historischen Modell anverwandeln will, findet es Bence grässlich und sagt zum Regisseur: «Ich mache es ungeschminkt. Ich werde Alfonsina von innen heraus darstellen, aus mir selbst und mit meinem Gesicht.» Und das tut sie dann auch.

Anfang Januar 1957 wartet man gespannt auf die Filmpremiere. Darüber kann das Heft Alfonsina leider nicht mehr berichten: 1953 wurde es von der Chefredakteurin Zulma Nuñez lanciert, mit Beiträgen über Alfonsina Storni, ihre Familie, das Tessin und mit Werbung der Schweizer Tourismusorganisation, die nun ein Büro in der schicken Calle Florida hat. Zulma Nuñez, die für große Familienzeitschriften schreibt, entwarf im Editorial ihre Titelfigur, die neue Alfonsina Storni: «Diese Ausnahmeerscheinung mit großem Herzen und klarem Denken, für den Kampf wie geschaffen, verständnisvoll, optimistisch, aufrichtig und mit Respekt für das Fremde», verleihe ihrer Zeitschrift «Seele und Gefühl». Sie wolle «schwungvoll, aktiv, inspiriert, versöhnlich, den Glauben an das Gute auf der Welt hochhalten.» Der Zeitschriftenmarkt für Frauen war hart umkämpft, das Heft erschien nur dreimal. Dafür kündigt nun das populäre Frauenmagazin Vosotras eine Exklusivgeschichte mit Alfonsinas Schwester an und schürt die Neugier auf die Filmpremiere. Das Heft vom 25. Januar 1957 stammt aus demselben Haus wie Radiolandia und andere auf Musik- und Filmstars abonnierte Produkte. In der Woche darauf erscheint dann die große Reportage *Meine Schwester Alfonsina. Erinnerungen aus der Kindheit,* gezeichnet von einer Olimpia, ohne Familiennamen. Tatsächlich ist Olimpia Perelli Alfonsina Stornis Halbschwester aus der zweiten Ehe der Mutter, nennt sich aber Olimpia Storni, «aus Eitelkeit», wie Alejandro später mit Befremden vermerkt. Auch mit anderen Details nimmt man es nicht besonders genau. Die Halbschwestern haben weder Kindheit noch Jugend gemeinsam verbracht; die verwitwete Paulina heiratete, als ihre Tochter Alfonsina auf Theatertournee war, und als diese schon fast siebzehn war, kam Olimpia auf die Welt. Kurze Zeit später trat Alfonsina ins Lehrerseminar in Coronda ein, nach der Diplomierung arbeitete sie ein Jahr lang in Rosario, da war Olimpia höchstens im Kindergarten, dann zog Alfonsina endgültig nach Buenos Aires. Offenbar will die Zeitschrift den guten Moment nutzen. Es ist unklar, ob sich die Redaktion bei der Halbschwester gemeldet hat oder umgekehrt, jedenfalls erzählt Olimpia nichts Neu-

# LFONSINA, MI HERM

**SEMBLANZAS SOBRE SU NIÑEZ**

Por

## "SENSIBLE A
## DETESTABA, D
## LAS MUÑEC

Ningún amb
torturó la in
fonsina Stor
tro años de
la firmeza d
como su ac
genio fueron
do una clar

**M**UCHO
de la
fonsin
de su
más d
circularon, lle
repetirse con
cidad, en verd
te. ¿Origen?.
murmuraciones
siempre "bien
dan la prim
más absoluta
to es algo m
Y así, como q
enredada mad
ciendo hechos
verdades que,
ferencia un p
pero que en l
reda y desen
el cabo en lo
ovillo.
  Por ejemplo
chas fantasías
fantasía por i
bo aquélla que
fonsina había
un ambiente
necesidades, s
cuencia una n
caria. En tan
sin poder p
afirmaba de
en un circo.
poner una af
la otra, porqu
desnutrido ma
dido para un
requería un pe
salud. Ahora
sido cierto cu
dos versiones,
nuestro, tendr
mos que acept
la. Ya hubi
sido aquélla
deble criatu
criada en un
biente somb

ESTRO HOGAR
OTRAS ● REVISTA N.° 4

es. Das meiste muss aus zweiter Hand sein, erzählt von ihrer beider Mutter: Kindheitsanekdoten wie die Szene aus dem Kindergarten, wo Alfonsina alles kurz und klein geschlagen haben soll, andere Szenen aus San Juan, die Storni 1938 selbst zum Besten gegeben hat. Olimpia dementiert die angeblich dunkle Herkunft, die ihre Mutter schon 1939 als infame Lüge bezeichnet hat. Für Olimpia ist offenbar erklärungsbedürftig, warum Alfonsina unverheiratet geblieben ist; ziemlich abstrakte Aussagen zu Liebe und Ehe, angeblich von Storni selbst, sollen dies richten. Was besonders ins Auge fällt: kein Wort über Alejandro Storni. Das ist anders im Spielfilm *Alfonsina*, der auch die Schweizer Wurzeln erwähnt.

Der Film beginnt mit Kamerafahrten über die Küste, das Denkmal und das Meer. Atlantikwellen rollen heran, unterlegt von der Stimme Amelia Bences, die das Gedicht *Schmerz* rezitiert; eines der berühmtesten Meeresgedichte, eingraviert im Denkmal. Dann folgt eine Bahnhofsszene mit dampfenden Lokomotiven und der Einblendung: «Dieser Film gibt nicht vor, die faktengetreue Geschichte von Alfonsina Storni zu erzählen. Einiges mag nicht streng biografisch sein, denn die Darstellung eines aufregenden Lebens, dessen Wert und Geheimnis von der hohen Magie der Poesie bestimmt wurde, ist oft gültiger als die Tatsachen selbst.» Alfonsina Storni steigt aus dem Zug. Alejandros Geburt, nicht im Untergeschoss des Spitals, sondern im Haus des Ehepaars, bei dem Alfonsina dank eines Empfehlungsbriefs unterkommt. Man passt auf den Kleinen auf, während Alfonsina Arbeit sucht, teils vergeblich, teils mit Missverständnissen, die heute unter #MeToo laufen würden. Schließlich der Job als Werbetexterin im Büro. Das entsprechende Filmstill ziert das Cover der Raubkopie, die ich 2009 in Buenos Aires gekauft habe. Erneut umwirbt sie ein Chef, fährt sie mit seinem Auto in ein feines Lokal, wo man tafelt und tanzt. Allerdings nicht Tango, sondern Wiener Walzer – Kurt Land gönnt sich eine kleine Nostalgie. Bei einer nächsten Anmache spielt Bence die souveräne Einsame, die ihr berühmtestes Gedicht *Du willst mich rein* rezitiert. Einmal lässt sich Alfonsina auf einen jungen Mann ein. In dieser Affäre spielt Bence einen Menschen, der sich ganz dem Glück hingibt. Das Telefon wird zum Leitmotiv des ganzen Films: Immer wieder kommen Anrufe aus Rosario, angekündigt durch unheimliche Filmmusik, ein Unbekannter ist am Apparat, Alfonsina ist kurz angebunden: «Ja, er ist groß geworden. Bitte ruf nicht mehr an, es tut mir nicht gut, ich will ohne Schatten leben.» Sie fertigt ihn ab: «Du weißt genau, dass es Dinge gibt, die man nie vergessen kann.», und «Du bist gebunden und ich weit weg. Ruf nicht mehr an, es zerreißt mich.» Die Zuschauer merken auf, offenbar bringt

Alejandros Vater sie in Bedrängnis, die Sache ist nicht geklärt, er funkt in ihr Leben hinein. Die Episoden aus Alfonsina Stornis Leben sind teils fiktiv, aber klug miteinander verbunden, so dass ihr lyrisches Werk zum Zug kommen kann, was natürlich das alte Klischee von der Authentizität ihrer Gedichte wieder ins Spiel bringt. Das Drehbuch von José María Fernández Unsaín verschachtelt manches wie im Zeitraffer, und verklärt in zwei Szenen sogar schmerzhaft, zumindest für diejenigen, die es besser wissen: Bei der Uraufführung von *Der Herr der Welt* kommt Storni überglücklich auf die Bühne des Teatro Cervantes, dankt dem Ensemble für seine tolle Leistung und verabschiedet sich, als ginge sie auf Europatournee. Und beim Motiv für ihre Reise nach Mar del Plata: Der unbekannte Anrufer will Storni wiedersehen, er wolle sie in Mar del Plata treffen, Alfonsina erklärt sich einverstanden und fragt vor der Abreise eine Freundin: «Hältst du für möglich, dass eine verfahrene Situation eines Tages doch wieder ins Lot kommen kann?» Ja, sagt diese, es gebe Wunder. «Dann reise ich morgen nach Mar del Plata!» Die Freundin ist verdutzt, Alfonsina sagt nur: «Hach, ich bin so glücklich.» Schnitt ins Hotelzimmer in Mar del Plata mit dem großen Telefon. Alfonsina am Schminktisch, sie parfümiert sich und erleidet einen heftigen Schmerzanfall, ein Arzt wird gerufen, er kündigt Untersuchungen an, gibt ihr eine Spritze. Nachdem der Arzt gegangen ist, steht sie auf, setzt sich an den Tisch und schreibt ihr Abschiedsgedicht. Die Kamera zeigt die schreibende Amelia Bence, ihre Stimme aus dem Off rezitiert das Gedicht, bei dessen letzten Zeilen schwenkt die Kamera zum Telefon: «Wenn er noch einmal anruft, sag ihm, er solle es sein lassen, ich sei nun fort.» Der Film verknüpft also die reale Krankengeschichte mit der fiktiven, ungeklärten Liebesgeschichte. Die Schlusseinstellung: Wieder fährt die Kamera den Strand entlang, die Schauspielerin läuft barfuß durch den Sand, in die Wellen, Schnitt zurück zum Telefon im Hotelzimmer, es läutet, zu spät. Die letzte Aufnahme vom Meer, Alfonsina nur noch ein Punkt in den Wogen, *Ich geh schlafen* wird so ernst wie nur möglich genommen und initiiert die wohl erste derart explizite Selbstmordszene der Filmgeschichte. Amelia Bence erinnert sich, dass der Dreh wegen der Brandung schwierig war.

Vom 21. Juni bis zum 2. Juli 1957 finden in Berlin die Internationalen Filmfestspiele statt, die Stadt will sich unter den A-Festivals neu positionieren, auch mit südamerikanischen Filmen. Der Film *Alfonsina* feiert in diesem Rahmen seine Weltpremiere. Die Presse lobt Amelia Bences «interpretatorische Zurückhaltung». Sie wirke klug und charmant in den vielen Kammerspielszenen. Man vergleicht sie mit der österreichischen Schauspielerin Paula

Tanto amor y tanto sacrificio fue estériles. Pudo más otra pasión... Juego venció una vez más. Y de

## STEFAN ZWEIG EN

"24 HORA
DE LA VID
DE UNA
MUJER"

SE ESTRENA
EL 18

El sueño de Cecilia, fué sólo un sueño. Hubo de casarse con un hombre que no quería. Y aquí la tenemos, viuda de ese hombre, joven y sin un amor, sin una ilusión...

Una vida salvada y un amor que nace... Una noche de pasión... Ella encontraba al hombre de todas sus ansias y él un refugio para su alma atormentada...

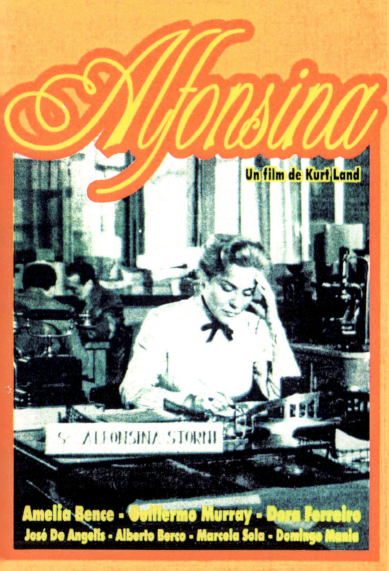

Wessely. Der neunzig Minuten lange Schwarzweiß-Film erinnert atmosphärisch an große Hollywoodfilme, in der Presse denkt man etwa an die von Ernst Lubitsch. Argentinische Kritiker halten die Fiktionalisierung der Biografie für misslungen; der Film gebe keine Idee von Alfonsina Stornis Charakter, Temperament und Poesie. Es sei allein der Schauspielerin und ihrer Persönlichkeit zu verdanken, dass die Figur plastisch wirke. Am 18. August 1957 kommt der Film in die Kinos. Er wird einer von Bences' größten Erfolgen, die argentinische Filmakademie zeichnet sie als Schauspielerin des Jahres aus und sie wird zum internationalen Filmstar.

Im selben Jahr gibt die argentinische Post Gedenkmarken mit fünf Frauen heraus, unter ihnen Alfonsina Storni. Selbst wenn der Emissionstag dieser Serie nicht bekannt ist, darf davon ausgegangen werden: ohne Spielfilm keine Briefmarke. Normalerweise sind Männer aus Militär, Politik und Geschichte auf den Marken abgebildet, manchmal nationale Errungenschaften wie zu ihrem Hundertjahrjubiläum die Eisenbahn. Die erste Gedenkmarke für eine Frau erschien in Argentinien nach Evita Peróns Tod 1952, doch erst fünf Jahre später folgt die erste Serie mit den fünf Pionierinnen: die Freiheitskämpferin Juana Azurduy de Padilla, die Autorinnen Juana Paula Manso, Juana Manuela Gorriti und Cecilia Grierson, Argentiniens erste Ärztin, sowie die mit Abstand jüngste von ihnen, Alfonsina Storni. – Am 18. Mai 1958 äußert Tomás Eloy Martínez, Schriftsteller und Filmkritiker bei La Nación, sein Unbehagen an der in seinen Augen unverdienten «Langlebigkeit der Alfonsina Storni». Martínez versteht *Alfonsina* als Biopic, genau so biografistisch wie die Literaturkritiker zu Stornis Lebzeiten ihre Gedichte – dies vielleicht in ebenso bösartiger Absicht wie der von ihm verehrte Jorge Luis Borges. Für Martínez ist der Spielfilm also keine Fiktion, obwohl er das in Liebesdingen ganz offensichtlich ist; er spricht Storni die im Film behauptete Liebeserfahrung ab, ohne zwischen der Figur im Film und der realen Person zu unterscheiden: «Sie sprach von der Liebe, als ob sie sie durch das vielfältigste Prisma betrachten würde, auch wenn man mutmaßen kann, dass die Liebe für sie ein schreckliches Spiel war, nur in der Vorstellung durchgespielt. Und doch erhielt sie so unerhört viel Applaus wie niemand mehr seit Lugones, einen Applaus, der seit ihrem Tod kaum mehr einem Dichter zuteilgeworden ist. Das Publikum glaubte an die Aufrichtigkeit ihres Dramas, vielleicht ja zu Recht: Die poetische Fiktion ist stets wahrheitsgetreuer als die Wirklichkeit.» Der letzte Satz ist ein Zitat aus dem Filmvorspann; Martínez wendet ihn gegen Alfonsina Storni und die Authentizität, die man ihr stets zugeschrieben hat. Sie wird nicht mehr aus dem Bild entlassen, das man sich zu

Lebzeiten von ihr gemacht hat; der Film frischt es mächtig auf – zum Missfallen des Filmkritikers, der es zu demontieren sucht. Beides ist «imagemaking». Beides löscht historische Wirklichkeiten aus, damit sie aus dem Blickfeld geraten, wie Hannah Arendt gesagt hat. Die Filmbilder bleiben in den Köpfen haften: Amelia Bences Gang ins Wasser, ihre Fußspuren im Sand. Das Filmplakat zeigt eine Frauenfigur, die selbst aus Wasser zu bestehen scheint. Ihre vollen Brüste, das wogende Haar, die extreme Aufwärtsbewegung der Frau, das alles macht sie zu einer Kreation wie aus einem Hollywoodstudio. Ausgerechnet diese Superwoman materialisiert sich sechs Jahre später in einem der größten Friedhöfe der Welt.

*Superwoman in Granit*
La Chacarita ist eine kleine Stadt von einem Quadratkilometer mitten in Buenos Aires, ein dichtes Straßennetz mit Mausoleen, Boulevards mit kleinen Jugendstilvillen für die Toten. Der Friedhof wurde 1871 eröffnet, weil La Recoleta die vielen Gelbfieberopfer nicht mehr aufnehmen konnte. Heute ziehen beide Friedhöfe wegen ihrer Architektur Millionen von Touristen an. Es gibt VIP-Bereiche, in La Chacarita einen neueren unterirdischen, dort ist im Pantheon die Schauspielerin Amelia Bence begraben, im älteren, oben im Freien, die Tangogröße Carlos Gardel. Auf beiden Friedhöfen besitzen bekannte Fami-

lien eine Gruft für ihre Toten. Der Zeitungsverleger Natalio Botana und seine Frau Salvadora besitzen in La Recoleta jene Familiengruft, in der Alfonsina Stornis Leichnam nun schon fünfundzwanzig Jahre lang Gastrecht genießt. Wir schreiben das Jahr 1963, als Alfonsina in La Chacarita ein eigenes Mausoleum bekommen soll. Das beschließen Kunst- und Literaturschaffende aus der Peña, Alejandro und Salvadora widersetzen sich der Idee einer Umbettung nicht. Unter der Leitung von Benito Quinquela Martín (sein Grab befindet sich heute neben Alfonsinas) wird das Projekt vorangetrieben, das Mausoleum soll pünktlich zum fünfundzwanzigsten Todestag fertig sein. Der Auftrag geht an einen Bildhauer aus ihrem Kreis, Julio César Vergottini, finanziert wird es durch den Verkauf des Flügels aus dem Café Tortoni. Vergottini erschafft eine monumentale Frauenfigur. Das Mausoleum wird im Beisein von Alejandro Storni eingeweiht. Auf der Fotografie machen die Männer vor dem Bauwerk seine Dimensionen sichtbar: Die drei Meter hohe Frauenfigur in rosa Granit schießt förmlich aus dem Gestein heraus. Unverkennbar nimmt sie die extreme Aufwärtsbewegung der Frau auf dem Filmplakat auf, wirkt aber geschlechtsloser und zumindest angehaucht vom Sowjetrealismus einer Vera Mukhina; ihr Arbeiterpaar aus Stahl, montiert auf einem fast 25 Meter hohen Gebäude, hat an der Weltausstellung 1937 Nazideutschland die Stirn geboten. Später sagt Alejandro über das Mausoleum: «Viele sagten, dass es eine Statue über den Selbstmord sei.» Das Bild von einer, die heroisch ins Wasser geht, wirkt weiter, vom Spielfilm 1957 zum Monument von 1963 bis zum Lied, das fünf Jahre später entsteht.

*Ein Lied geht um die Welt*
Die Folklore aus argentinischen Provinzen kommt 1967 auch in Europa an. Der Komponist Ariel Ramírez macht sich mit der *Misa Criolla* einen Namen. Seine erste Tournee führt durch Deutschland, Holland, Belgien und die Schweiz, zum Schluss in den Vatikan, mit Radiodirektübertragung und einer Privataudienz bei Papst Paul VI., im Ensemble eine junge indigene Sängerin namens Mercedes Sosa, die in Europa noch niemand kennt. Nach der Rückkehr wendet sich Ramírez einem neuen Projekt zu: acht Lieder über Frauen aus Argentiniens Geschichte, reale und fiktive. Zwei von ihnen stammen aus der Briefmarkenserie, Juana Azurduy de Padilla und Alfonsina Storni, deren dreißigster Todestag am 25. Oktober 1968 schon fast vor der Tür steht. Ramírez komponiert die Lieder, der promovierte Historiker und Journalist Félix Luna schreibt die Liedtexte. Er verbindet drei der Frauen mit der kollektiven Geschichte, die Politikerin und Chronistin María Sánchez de Thompson, die Freiheitskämpferin Juana Azurduy de Padilla, die Lehrerin und Seminardozentin Rosario Vera. Das

würde bei Alfonsina Storni, der Feministin, die für die Gleichstellung der Geschlechter gekämpft hat, ebenfalls auf der Hand liegen. Doch Luna entscheidet sich anders. Sein Text zum Lied *Alfonsina y el mar* erzählt von einer, die ins Meer geht, also ein tragisches Einzelschicksal. Im Begleittext zur Schallplatte steht, das Lied wolle «diese einzigartige Frau in ihrem stellaren, endgültigen Moment» heraufbeschwören. Lunas Lied beginnt so: «Durch den weichen Sand, den das Meer beleckt, führt ihre kleine Spur nicht mehr zurück. Einsame Fußspuren aus Stille und Leid bis zum tiefen Wasser; ein einsamer Pfad aus stummem Kummer reichte bis an den Meeresschaum. Weiß Gott, welche Ängste dich begleiteten, welche alten Schmerzen brachten deine Stimme zum Verstummen, dass du, eingelullt durch den Gesang der Meeresschnecke, Ruhe gesucht hast.» Luna will keine Nachtruhe, schon gar nicht die aus Stornis eigenem Abschiedslied *Ich geh schlafen*. Vor seinem inneren Auge läuft die aufwühlende Schlussszene mit Amelia Bence ab: Ihre Fußabdrücke im Sand, wie sie langsam ins Meer schreitet und Zuflucht sucht bei den Tieren des Meeres. Luna macht eine Collage aus Filmimpressionen und montiert Schnipsel aus Stornis Gedichten dazu. Er schreckt auch vor dem Abschiedsgedicht nicht zurück. Copy and paste in der Folklore. Lunas Text ist fast dreimal so lang (226 Wörter) wie Stornis (89). Er lässt sich vom Spielfilm inspirieren und setzt den

Fokus nun ganz auf die enttäuschte Liebe. Als die LP *Mujeres argentinas* («Argentinierinnen») erscheint, ist der elf Jahre alte Spielfilm *Alfonsina* immer noch eines der bekanntesten Biopics, das die argentinische Filmindustrie einer Frau gewidmet hat. Er ist unvergessen, genauso wie die immer noch populäre Amelia Bence. Außerhalb von Argentinien sieht das anders aus, denn man erfährt im Lied nur den Vornamen einer Selbstmörderin. Das reicht nicht aus, um sie als historische Person zu identifizieren. Die besungene Alfonsina wird zu einer Art Carmen von Georges Bizet, einer Angie der Rolling Stones und wie die Frauen alle heißen, die die Fantasie der Männer beflügeln.

Warum hat Ariel Ramírez nicht einfach Stornis letztes Gedicht als Vorlage genommen? *Voy a dormir* lässt sich gut vertonen, wir haben es 2016 und 2022 realisiert. Seine Choreografie des Sterbens ist einzigartig, Melodie und Instrumentierung ergeben sich fast von selbst. Warum also nicht dieses Gedicht, das der Film bekannt gemacht hat? War der in aller Öffentlichkeit vollzogene Suizid zu anstößig? Wollte der Komponist Félix Luna einen Gefallen tun und alle acht Lieder von ihm texten lassen? Daran besteht kein Zweifel: Erstens hat ihn Luna auf die Idee gebracht. Ariel Ramírez kam Storni nicht in den Sinn, obwohl sein Vater Sekretär des Lehrerseminars Coronda war, zu dessen ersten Absolventinnen Alfonsina Storni gehörte. Zenón Ramírez sprach der Halbwaisen ein Stipendium von zwanzig Pesos zu, die Direktorin gab ihr einen Aufsichtsjob, was weitere vierzig Pesos einbrachte. Im zweiten Ausbildungsjahr spielte sie die Hauptrolle in dem an der Schule inszenierten Historiendrama *Ahnungslose Verschwörer* von Zenón Ramírez. Von dieser Tätigkeit seines Vaters erzählt Ariel Ramírez in einer mehrteiligen Reportage in der Zeitschrift Folklore, die zwischen Dezember 1964 und Januar 1965 erscheint. Ihr Autor ist Félix Luna – der zweite Grund, ihm den Liedtext in Auftrag zu geben. Luna ist nämlich der Chefredakteur der Zeitschrift. Er ist eine der einflussreichsten Personen in dem für Ramírez' Werk relevanten Musiksektor. So kommt es, dass die beiden Männer und ihre junge Sängerin Mercedes Sosa eine Selbstmörderin erschaffen, die auf der ganzen Welt die Herzen rührt, gleichzeitig aber auch eine Alfonsina Storni, die aus ihrer historischen Wirklichkeit herausgleitet. Zu dritt gelingt ein unerhörter Erfolg, *Alfonsina y el mar* ist eines der bekanntesten Lieder der Welt, ikonisch in Lateinamerika. Seine legendäre Interpretin ist und bleibt Mercedes Sosa. Ihre mächtige Präsenz schenkt der Hommage an die argentinischen Frauen, von der der Komponist ursprünglich geträumt hat, Glaubwürdigkeit. Eine Folksängerin hat mit dem Lied und ihrer herzzerreißenden Melodramatik erst jüngst bei The Voice of Russia gesiegt.

# COMEBACK
Deutschschweiz und Tessin. 1943–1988

Die Schweiz mitten im Zweiten Weltkrieg. Am 23. Juni 1943 berichtet die Schweizer Illustrierte über eine erfolgreiche Tessiner Auswandererfamilie. Der älteste Sohn Secondo Storni sei Admiral und gerade eben zum argentinischen Außenminister ernannt worden, seine Schwester Alfonsina eine der bekanntesten und meistgelesenen Dichterinnen Argentiniens. Das abgebildete Kindheitsfoto sei in den Ferien in der Schweiz entstanden, die Eltern Storni hätten «mit ihren Kindern immer wieder die Schweiz besucht und den Kontakt mit der Heimat und den schweizerischen Freunden aufrechterhalten». Die Familienverhältnisse werden als helvetisch rechtschaffen und solide dargestellt: «Der Vater reiste, nachdem er sich in der Fremde eine zuverlässige Existenz geschaffen hatte, in die Heimat zurück, um hier seine Jugendliebe, das Tessiner Mädchen Pasqualina Martignoni, zu heiraten. Gerade das zeugt von der starken geistigen Bindung des alten Storni an die Heimat, eine Bindung, die sich – wie wir wohl mit Sicherheit annehmen können – auch auf die Kinder übertragen hat. Wir sind den Spuren dieser erfolgreichen Auslandschweizerfamilie nachgegangen und haben aus dem Munde alter Leutchen viel Interessantes über sie erfahren und in alten Truhen einige aufschlussreiche, vergilbte Familiendokumente gefunden, die wir unseren Lesern nicht vorenthalten wollen. Erfüllt es uns alle doch stets mit großem Stolz, wenn wir davon hören, wie sich unternehmungslustige und kühne Landsleute im Ausland einen Platz erkämpft und sich im schönsten und edelsten Sinne für die Ehre und das Ansehen ihres Heimatlandes eingesetzt haben.» Diese schöne Familienstory ist Fake, schöner Schein. Fakt ist nur die Ernennung eines Militärs namens Segundo Storni zum Außenminister, aber verwandt mit unseren Stornis ist er nicht. Alfonsinas Bruder heißt Romeo, er ist der Bub im Boot, das älteste der Stornikinder.

*Geistige Landesverteidigung*
Das Schweizer Comeback der Alfonsina Storni beginnt also im Zeichen der Geistigen Landesverteidigung und einem helvetischen Self-Fashioning. Und so sind die ersten Bilder, die man sich von ihr macht. Auch hierzulande sind Jahrestage entscheidend. Am 25. Oktober 1943, dem fünften Todestag, sendet der Landessender Monte Ceneri gleich nach der *Übertragung für die Truppe* um 19.45 Uhr eine einstündige *Erinnerungsfeier für Alfonsina Storni*. Zwei Jahre später wird vom Ceneri aus über *Das Werk von Alfonsina Storni* berichtet und 1947 eine Hörspielfassung ihrer ins

Italienische übersetzten Feuerwerksfarce *Polissena* ausgestrahlt. Leider sind diese Sendungen im Radioarchiv nicht mehr auffindbar; vermutlich zeichnet Renato Regli, Gymnasiallehrer für Italienisch in Lugano, für sie verantwortlich. Die Frage ist natürlich, wie er auf Alfonsina Storni gestoßen ist. Ihr Fall beschäftigt seit der Meldung von ihrem Tod die Zivilstandsämter mehrerer Gemeinden. Aus Buenos Aires ist die Nachricht gekommen, die am 29. Mai 1892 geborene Alfonsina Storni sei verstorben, doch in Sala findet man im Taufbuch der Kirche Sant'Antonio nur eine Storni, die am 22. Mai geboren sein soll, in Lugaggia eine mit dem aus Argentinien gemeldeten 29. Mai. Man prüft die Unstimmigkeit im Juli 1939 im zentralen Geburtenregister des Kantons. Die einen sagen, man habe die Deklaration bei der kirchlichen Taufe für glaubwürdiger befunden als die amtliche Meldung aus Argentinien, also habe man es beim 22. Mai belassen. Andere berichten, die kantonalen Behörden in Bellinzona hätten gesehen, dass in Lugaggia und in den argentinischen Akten derselbe 29. Mai 1892 vermerkt sei, also habe man die Gemeinde Sala angewiesen, das Geburtsdatum 22. Mai zu streichen. Für Alfonsina Storni war jedenfalls der 29. Mai 1892 ihr Geburtstag. Auf dieses Datum ließ sie sich das Horoskop stellen.

*Luftpost aus Montevideo*
Das Jahr 1953. Michele Storni in Tesserete ist jetzt zweiundachtzig und bekommt plötzlich Post aus Lateinamerika. Man will mehr über seine berühmte Cousine wissen. Eigentlich hat er sie als erwachsene Frau nur einmal gesehen, bei ihrer Stippvisite im Jahr 1930, aber an diesen Besuch erinnert er sich gut, und ihr Telegramm aus Paris ist für ihn wie eine Reliquie. Einer der Briefschreiber ist José Belloni, Kind italienischer Einwanderer in Montevideo, die dann in die Schweiz remigriert sind. So ist er in Lugano aufgewachsen und nach dem Kunststudium in München in seine Heimatstadt Montevideo zurückgekehrt. In Künstlerzirkeln in Uruguay und Argentinien gilt der Bildhauer als «suizo». Sein berühmtestes Denkmal *Die Postkutsche,* ebenso dramatisch wie Rudolf Kollers *Gotthardpost* von 1873, macht wahrscheinlich, dass Belloni das Gemälde des Zürcher Malers gekannt hat. Während Kollers Kutsche eine Passstraße hinunter direkt auf ein Kalb zurast, steckt Bellonis Kutscher fest und schlägt auf die Pferde ein, die seinen vollbepackten Fünfspänner aus dem Dreck ziehen müssen. Bellonis Brief an Michele Storni ist nicht erhalten, aber ich vermute, dass der Spielfilm *Alfonsina* seine Neugier angestachelt hat. Micheles Antwort ist erhalten und das einzige schriftliche Zeugnis für Alfonsina Stornis Besuch im Tessin. In diesem beschreibt Michele, was die beiden

damals gemacht haben. Er gibt auch den Hinweis auf Alfonsinas Besuch bei Staatsrat Martignoni.

*Verwandle die Füße*
Die erste deutschsprachige Übersetzerin von Alfonsina Storni heißt Waltrud Kappeler. Erste Spuren von ihr finde ich in der Neuen Zürcher Zeitung. Kappeler schreibt am 6. Oktober 1957 über Alfonsina Storni, klug und mit der nötigen Distanz zu Stornis Image in Südamerika, das Kappeler offenbar kennt: «Es wäre ebenso leichtfertig und gefährlich, die Dichterin in ihrem ungeheuren Drang nach persönlicher Hingabe als Nur-Frau festlegen zu wollen, wie es in Argentinien heute noch mit Vorliebe geschieht, als allein die schöpferischen und intellektuellen Züge ihres Wesens gelten zu lassen. Das Ganze macht den faszinierenden Zauber ihrer künstlerischen Persönlichkeit aus, dieses Hin- und Hergerissenwerden zwischen zwei Polen, der kühne Griff zu den Sternen und dann wieder die bittere Verzweiflung.» Waltrud Kappeler wohnt im Kanton Zürich, übersetzt auch aus dem Französischen und arbeitet als Lehrerin. Im Amtlichen Schulblatt, dem Publikationsorgan der Erziehungsdirektion des Kantons Zürich, erscheint sie mit Doktortitel: Dr. Waltrud Kappeler-Huber aus Uster, Jahrgang 1912. Sie wird im Mai 1956 zur Stellvertreterin an Sekundarschulen in Zürich-Limmattal ernannt.

Zwei Jahre später, am 10. März 1958, spricht sie im Zürcher Lyceumclub über Alfonsina Storni, Gabriela Mistral und Juana de Ibarbourou. Kappeler arbeitet an der ersten Storni-Ausgabe im deutschsprachigen Europa. Sie wählt neunzehn Gedichte aus dem Spätwerk, also keines der in Südamerika beliebten frühen Gedichte wie *Tú me quieres blanca*. Kappeler schreibt: «Die interessantesten, eigenwilligsten Schöpfungen von Alfonsina Storni stehen zweifellos in diesen Bänden der Spätzeit. In ihnen finden wir alles, was die Dichterin von ihren schreibenden Schwestern unterscheidet: Unmittelbarkeit der Empfindung neben sarkastischer Härte, scheinbar heitere Verspieltheit neben dem wilden Aufschrei der gequälten Kreatur, volksliedhafte Innigkeit neben grell expressionistischen Ausbrüchen.» 1959 erscheint der Band *Verwandle die Füße* im Zürcher Arche Literatur Verlag; zum vierzigsten Verlagsjubiläum 1984 wird er als nummerierte Sonderausgabe nochmals aufgelegt. Waltrud Kappeler übersetzt kongenial. Für ihr Nachwort ist sie auf Stornis Zeitgenossen angewiesen, namentlich auf Artur Capdevilas Erinnerungen. Sie sind unter dem Titel *Alfonsina. Epoche, Schmerz und Werk der Dichterin Alfonsina Storni* zum zehnten Jahrestag 1948, mit einem Foto des frisch eingeweihten Denkmals in Mar del Plata, erschienen. Außerdem kennt Waltrud Kappeler die Beiträge von Olimpia [18]

Perelli und den Spielfilm von 1957. Hat die Zürcherin von der *Alfonsina*-Weltpremiere in Berlin gehört? Oder weiß sie davon direkt aus Argentinien? Kappeler schiebt alle Küchenpsychologie beiseite und hält sich strikt an Alfonsina Stornis Werk: Sie sei kein Opfer ihrer selbst, der Gesellschaft, der Zeit, sondern Künstlerin. Wie selten eine Frau, schreibt Kappeler, habe Storni «unter der Last und der Verantwortung ihrer dichterischen Berufung» gelitten. Eine Schriftstellerin, die sich durch eigene und fremde Widerstände hindurcharbeitet und erst mit dreiunddreißig Jahren, also seit *Ocker* (1925), auch literarischen Wert für ihr Werk beansprucht: «Das Werk, das sie hinterließ, hat die Feuerprobe der ersten zwanzig Jahre bestanden. Losgelöst von allem Persönlichen und Zeitgebundenen erreicht es in vielen Gedichten jene Größe, vor der Lob und Kritik verstummen.» Waltrud Kappelers Band wird am 20. Mai 1960 in der Neuen Zürcher Zeitung besprochen. Der Redakteur mit dem Kürzel hrb lobt die Übersetzerin. Sie habe «den raum- und seelegreifenden Avantgardistenton dieser fulminanten Lyrik genau getroffen». Der Rezensent begrüßt die Neuerscheinung ausdrücklich: «Es ist gut, von dieser rabiaten Expressionistin zum mindesten Proben zu besitzen.» Ganz anders als Kappeler verfällt er der dramatisch ausgemalten Tragik: «Es war ihr keinerlei Grazie beschieden. Eisige Herzensqual, abweisender Stolz und krallende Einsamkeit umgarnen ihre Tage enger und enger und treiben sie schließlich in den Tod.» Hugo Loetscher schreibt dreißig Jahre später, Kappelers Band sei «kaum beachtet» worden. Das mag richtig sein, wenn man das Medienecho im Blick hat, doch am Ende zählt die eine Leserin, der eine Leser, die den Funken weitertragen. Eine solche Person findet Waltraud Kappelers Storni-Buch tatsächlich – eine, die im Verborgenen ein kleines Wunder wirkt.

*Alfonsinas Geburtshaus*
Die Bernerin Marlies Lenz verbringt jeden Sommer im Ferienhaus in Sala. Es gehört ihrer kinderlosen Schwester. Diese mag es, wenn Marlies' junge Familie das Haus belebt. Für die Ferien hat sich Marlies einen neuen Gedichtband gekauft. Beim Lesen realisiert sie, dass die Dichterin ja in Sala auf die Welt gekommen ist. Sofort sucht Marlies das Geburtshaus und stößt auf die Posta, die dort untergebracht ist. «Meine Mutter war schockiert», erinnert sich Tochter Marion, «dass am Geburtshaus nichts an Alfonsina Storni erinnerte.» Bei den Gemeindebehörden habe Marlies Lenz kein Gehör gefunden. Das Desinteresse an einer in der Fremde berühmt Gewordenen, vermutet Marion, habe mit den ambivalenten Gefühlen der Tessiner angesichts ihrer Migrationsgeschichte zu tun. Die Emigration

erinnert an die bittere Armut, die zur Auswanderung zwang, mit stets ungewissem Ausgang, denn auch die Fremde garantierte keinen Erfolg. Es gebe durchaus Leute, «che hanno fatto fortuna in America», erzählt Marion. Vermögend kamen sie jeden Sommer ins Dorf zurück, kauften den Armgebliebenen ein Stück Land ab, bauten sich Palazzi. Manchmal kehrte die zweite oder dritte Generation ins Herkunftsdorf ihrer Vorfahren zurück; ihren Immobilienbesitz sah man nicht ohne Neid, auch weil niemand vergessen hatte, wie es dazu gekommen war. – Marlies Lenz gibt nicht auf, wendet sich an die Argentinische Botschaft in Bern, wartet auf Antwort und schreibt immer wieder. Jeden Sommer prüft sie, ob sich am Postgebäude von Sala etwas getan hat, bis sich ihr Mann schließlich einen Ruck gibt. Seine berufliche Position in der Bundesverwaltung erlaubt es ihm, den argentinischen Botschafter persönlich anzurufen. Nach diesem Telefonat geht es schnell; schon 1966, im nächsten Sommer, entdeckt Marlies Lenz die Gedenktafel am Haus, mit dem Geburtsdatum 29. Mai 1892, das jetzt in Stein gemeißelt ist. Marlies Lenz habe von der Einweihung am 26. März 1966 nichts erfahren, aber die Tafel sei ihr eine große Genugtuung gewesen, erinnert sich Marion, die das Ferienhaus von ihrer Tante geerbt hat. Die Zeit habe das Gold in den Buchstaben ziemlich ausgewaschen, aber kürzlich sei alles restauriert worden: «Die Buchstaben sind wieder schön goldig. Jetzt kann man den Namen Alfonsina Storni gut lesen.»

Von dieser ersten Tessiner Feier und der neu entdeckten Dichterin erfährt man am 17. April 1966 aus einer kleinen redaktionellen Notiz in der Neuen Zürcher Zeitung. Anschließend folgt der Text *Alfonsina Storni und der Tod* von Dora Isella Russell, eine Collage von Gemeinplätzen aus Uruguay, ohne Bezug auf den Anlass, ohne Kenntnis des in der Schweiz erwachenden Bewusstseins. Dieser Tiefpunkt in der Storni-Berichterstattung in der Neuen Zürcher Zeitung beginnt so: «Sie war traurig und hässlich und besaß Talent. Die Ironie, die sie selbst gegen ihre Hässlichkeit und Trauer richtete, war das bittere Gegenmittel, mit dem sich verwundete Wesen verteidigen, die ihre verletzbare Stelle kennen. Ihr Dasein war das trübe Dasein eines armen Mädchens, das sein Leben so hart verdiente wie später den Tod, mit einem abwesenden Lächeln zuerst, später voller Bitterkeit.» In dieser Tonlage geht es weiter. Ein Rätsel, warum die Neue Zürcher Zeitung nicht auf die bewährte Waltrud Kappeler zurückgriff, und nur das von ihr übersetzte Gedicht über den Río de la Plata beifügte. Wer ist Russell? Sie ist in Buenos Aires geboren und war dreizehn, als Storni starb. Russells Erinnerungen erwecken den Anschein, als seien sie aus erster Hand, sie sind

# Piazza Alfonsina Storni
## poetessa 1892 - 1938

OMAGGIO AD ALFONSINA STORNI,
ILLUSTRE POETESSA ARGENTINA,
NATA IN QUESTA CASA IL 29·5·1892

AMBASCIATA ARGENTINA

BERNA 26·3·1966

es aber nicht. Ihre Quelle ist die einundsiebzigjährige Juana de Ibarbourou, die 1958 ihre Erinnerungen an Gabriela Mistral und Alfonsina Storni niedergeschrieben hat. Abgetippt wurde der Text von ihrer Sekretärin, Dora Isella Russell. Ibarbourou ist gegenüber Storni höchst ambivalent, doch sie zügelt ihre Gefühle, wenn es um ein literarisches Urteil geht: «Ich werde keine späte Rache üben und deshalb ihr Werk nicht kommentieren. Es ist umfangreich, von einer Schönheit und menschlichen Anteilnahme, für die es seit langer Zeit verdientermaßen gewürdigt wurde. Aber ich möchte doch gestehen, dass mir das J'accuse ihrer beißenden Verse oft Beklemmung verursacht hat. Ihre Gedichte schrien unbeteiligten Männern und Frauen ins Gesicht, was an Trauer, Schmerz und Säure in ihr war. Dabei war es doch so, dass ihr immenses Talent die Intelligenz ihrer Kritiker und Verleumder, die aus dunklen Motiven oder aufgrund äußerer Umstände schlecht über sie urteilten, bei Weitem überragte.» 264

*Ritt durch die Capriasca*
Im Tessin sickert allmählich durch, dass die berühmte Dichterin aus Argentinien aus Sala stammt. Fernsehleute produzieren eine regionale Dokumentation, die im Sommer 1967 im Tessiner Fernsehen ausgestrahlt wird. Der zwanzig Minuten lange Film inszeniert einen Ritt durch verschiedene Dörfer der

Capriasca; man wolle ihre Schönheit zeigen. Fünf Reiter besichtigen Origlio, Ponte Capriasca und Sala, die Reise endet in Vaglio. Für jedes Dorf wählt der Regisseur Francesco Canova etwas Sehenswertes aus; in Sala ist es das Geburtshaus von Alfonsina Storni mit der neuen Gedenktafel, die die Argentinische Botschaft anbringen ließ. Auch eine Zeitzeugin kommt zu Wort, Marina Dolci, eine rund fünfundsiebzigjährige Bäuerin aus dem Dorf. Sie wird vor dem Eingang ihres Hauses gefilmt, häkelt und erzählt im lokalen Dialekt von ihren Spielgefährtinnen Alfonsina und Maria, der älteren Schwester. Die Mädchen waren Nachbarinnen. Bei Marina im Höfchen hätten sie Verstecken und auch mit ihren Puppen gespielt. Alfonsina sei schüchterner gewesen als Maria. Dann war die Familie plötzlich weg, meint Marina, mindestens siebzig Jahre sei das her. Bei der Abreise haben sie nicht alles mitnehmen können. Marina habe ein Kleidchen bekommen, das so schön war, dass sie es gar nicht mehr ausziehen wollte. Wie lange Alfonsina denn weg gewesen sei, fragt der Reporter. «Ich habe sie nie mehr gesehen.» Das Foto zeigt Marina Dolci, wie sie den Heumachern einen Imbiss bringt, da war sie einiges jünger als beim Dreh. Marina Dolci erinnert sich auch, wie sie als Kinder ins Türmchen des Geburtshauses hinaufstiegen, wo die Spatzen nisteten. Der Regisseur stellt die Kindheitsszenen nach, im klei-

nen Hof zwischen den Häusern, im Türmchen. Die Kinder winken, als wäre da unten noch Alfonsina, ob mit vier oder bei ihren Blitzbesuchen später.

*Die große Anthologie*
Angelo Zanon Dal Bo hat als Erster Alfonsina Stornis Lyrik ins Italienische übersetzt. Seine Anthologie mit über zweihundert Gedichten erscheint 1973 in Lugano und wird mit einer Feier der Tessiner und Deutschschweizer Öffentlichkeit präsentiert. Zanon Dal Bo nennt in einer kleinen Dankesnotiz die Gedenktafel. Ihre Einweihung 1966 war ein Anstoß für ihn, denn der Maler und Restaurator Pio Cassina und seine Frau haben damals eine kleine Storni-Ausstellung organisiert und als Erste seine Recherchen unterstützt; auch den Nachkommen von Michele Storni, Sohn Aldo und Enkel Bruno, dankt Angelo Zanon Dal Bo im Nachwort. Zanon Dal Bos Enkelin Sophie Agata Ambroise erzählt, ihr Großvater wäre nach seinem Studium der politischen Wissenschaften und Wirtschaft an der Cà Foscari in Venedig gern Diplomat geworden. Er habe auf einer Spanienreise 1925 Spanisch gelernt und in dieser (und mehreren anderen) Sprachen Gedichte geschrieben: «La poesia è un interrogazione senza fine.» Seine erste Anstellung bekam er am Hauptsitz der Banco di Roma, bis er in die Direktion von Italcementi in Mailand wechselte und 1951 zum ersten Mal nach Südameri-

ka reiste. Als er auf die Pensionierung zuging, habe er ernsthaft erwogen, nach Argentinien oder Brasilien auszuwandern, sich dann aber fürs Tessin entschieden und 1969 ein Haus in Sonvico gekauft. In einem Interview sagt Zanon Dal Bo, er habe damals bereits gewusst, dass Alfonsina Storni in Sala geboren sei, doch die Idee zur Übersetzung komme nicht von ihm: «Das ist das Verdienst von Adriano Soldini. Er war für die Veröffentlichungen der Stiftung Ticino Nostro verantwortlich und wünschte sich ein Buch von Alfonsina.» Die Stiftung, 1965 gegründet mit den Stiftungsräten Adriano Soldini, Renato Regli und anderen, ermöglicht Publikationen, «an die sich hier sonst niemand heranwagt, weil sie im Verhältnis zu den Absatzchancen zu arbeits- und auch zu kostenaufwendig sind», schreibt Feuilletonchef Werner Weber in der Neuen Zürcher Zeitung. Die Buchpräsentation in der Kantonsbibliothek Lugano findet zum fünfunddreißigsten Todestag von Alfonsina Storni statt. Adriano Soldini, Präsident von Ticino Nostro, hat soeben die Leitung der Bibliothek übernommen. Der Festredner César Tiempo ist aus Argentinien angereist und trägt aus seiner Einleitung zum Buch vor. Niemand weiß, dass Tiempo im Jahr 1927 einen Band mit Gegenwartslyrik herausgegeben hat, ohne Alfonsina Storni zu berücksichtigen; ihre Gedichte fehlen in *Die aktuelle Dichtung Argentiniens.* Und von Tiempos schlüpfrigem Debüt weiß höchstens der ebenfalls angereiste Alejandro Storni. 1926 verfasste Tiempo nämlich unter weiblichem Pseudonym die «Bekenntnisse» einer Prostituierten, eine Fiktion, die die Sensationslust umso mehr anheizte, als man sie als authentisch verkaufte – bis zu Tiempos Demaskierung. Alejandro Storni erinnert sich lieber nur ungenau daran, wenn er von seiner Begegnung mit Tiempo in Lugano erzählt: «Ich mochte César Tiempo sehr. Er hatte mal Gedichte unter dem Namen einer Frau gemacht. Sehen Sie, ich möchte Ihnen dieses schöne Buch aus der Schweiz zeigen, 1973 in Lugano, ein wunderbarer Tag, wir alle gingen zu Alfonsinas Haus hinauf.» Es gibt aber durchaus Dinge, die Alejandro an den Hommagen für seine Mutter irritiert haben, besonders was man über sie in Anwesenheit des Sohns sagte. Eine Rednerin blieb ihm besonders in Erinnerung: «Sie wurde von den Schweizern bezahlt und sagte: ‹Alfonsina kam 1912 an, im Alter von 20 Jahren, schwanger mit einem Kind und allein.› Und das soll eine Hommage sein?»

Werner Weber schreibt am 30. November 1973 in der Neuen Zürcher Zeitung, Stornis Werk zähle «zum lateinamerikanischen Kulturgepäck». Die italienische Übersetzung von Zanon Dal Bo findet er indes nicht über alle Zweifel erhaben. Stornis Gedichte seien im Original härter, dezidierter, ihre Sprache «viel bilderreicher und weniger sentimental, als manche befürchten, die es nicht mehr ertragen, wenn ein trunkener Schmetterling oder ein blühender Pfirsichbaum oder die weißen Finger des Mondes in einem Gedicht erscheinen.» In den Basler Nachrichten schreibt die Journalistin und Schriftstellerin Salomé Kestenholz über die große Tessiner Anthologie. Alfonsina Storni fasziniert sie als Autorin der Schweiz, die für die Gleichstellung gekämpft hat, sowie als Tessiner Autorin. Am altbackenen Denken von César Tiempo in der Einleitung stößt sich Kestenholz: «Leider glaubt er noch an die längst überholte Sage ‹von der Mission des Dichters›, der überdies jedes Gedicht ‹der Seele entreißt›. Dass die Poesie von Frauen durch das Geschlecht bedingt sei, ist eines der hartnäckigsten Vorurteile, das von konservativen Kritikern besonders gepflegt wird. Es geistert hier durch den ganzen Essay. Wann endlich wird Dichtung von Frauen zuerst als Dichtung beurteilt? Zanon Dal Bo ist eine der beglückendsten literarischen Entdeckungen zu verdanken.» Im Nachlass von Salomé Kestenholz ein unverhoffter Fund: der Leserbrief von Waltrud Kappeler vom 2. Juli 1974. Eine Basler Freundin habe ihr den Zeitungsausschnitt geschickt, schreibt sie an Kestenholz, mit dem meisten sei sie einverstanden, nur nicht ganz mit dem behaupteten Einfluss des Italienischen: «Die Stornis hatten sich rasch hispanisiert, und die Bindung mit der Tessiner

Heimat war wohl ausschließlich familiärer Art.» Kappeler hat Alejandro Storni in Lugano kennengelernt. Er spreche nur Spanisch, ebenso wie Hildo; dann fügt sie an, Stornis Lieblingsbruder lebe «in Cañada de Gómez, ganz nah an meinem Geburtsort». Waltrud Kappeler stammt also von Schweizer Emigranten ab. Sie hoffe, schreibt sie weiter, Hildo bei ihrer nächsten Südamerikareise endlich kennenzulernen. Offenbar will Kappeler auch ihre biografische Forschung vertiefen, schätzt das Potenzial aber nüchtern ein, «denn für eine deutsche Gesamtausgabe fehlen wohl Interesse und finanzielle Unterstützung.» Es könnte gut sein, dass Kappeler an eine sehr viel größere deutschsprachige Storni-Publikation gedacht hat, die sie wegen mangelnder Resonanz verwerfen musste. Sie legt dem Brief für Salomé Kestenholz ihren kleinen, aber feinen Band *Verwandle meine Füße* bei.

Angelo Zanon Dal Bos Anthologie wirkt weiter im Tessin. Lehrer bringen die neu entdeckte Dichterin in den Unterricht, ein Mädchen von damals, Denise Tonella, erinnert sich: «Von Alfonsina Storni habe ich bereits in der Primarschule in Airolo gehört. Mein Primarschullehrer bewunderte Alfonsina. Wir lasen ihre Gedichte.» Für Daniele Finzi Pasca aus Lugano führt Alfonsina gleichzeitig in die Tessiner Vergangenheit und Zukunft: «Es brauchte gewaltig viel Wind, um jene Steinmauern zu erschüttern, in denen, wir erinnern uns, die Ausdrücke ‹Frau› und ‹Haus› viel zu oft und eng verbunden waren. Die Hüterin des heimischen Herds. Alfonsina, die Weitgereiste, hat leidenschaftlich Flammen geworfen und Herzen entzündet. Sie hat Welten entdeckt und sich hundertmal neu erfunden.» – Auch Literaten werden auf die Anthologie aufmerksam. Als Alberto Nessi sein Lesebuch zur Tessiner Literatur zusammenstellt, nimmt er Übersetzungen von Zanon Dal Bo auf und stellt Alfonsina Stornis Gedichte unter die Überschrift *Von Frau zu Frau.* Das Kapitel hat ein Motto, nämlich die Tessinerin sei günstiger und genügsamer als ein Esel. Ein Deutschschweizer will dies aus dem Mund eines Bauern im Onsernonetal vernommen haben. Nessi hätte in Alfonsina Stornis noch nicht bekannter Prosa ähnliche Zitate gefunden: «Treten wir in die Tessiner Häuser und lernen die Bäuerin kennen, überkommt uns der Wunsch davonzulaufen, weil die Verhältnisse dort den Hals zuschnüren. Jene Frau wird uns geringer erscheinen als das schwerfällige Bergeselchen in unseren Anden – eine Art Tagelöhner mit Ehegattinnen-Titel, eine Art Amme mit Mutter-Titel, eine Art Magd namens Frau.» Die Anthologie dringt auch über das Tessin hinaus, die Zeit ist günstig, denn in den Siebzigerjahren explodiert das Interesse an der lateinamerikanischen Literatur weltweit. Ein heute kaum mehr vorstellbarer Boom beherrscht die deutschsprachigen Feuilletons und Bestsellerlisten bis Anfang der Neunziger. Alejo Carpentier und Julio Cortázar, Mario Vargas Llosa und Gabriel García Marquez; unter diesen männlichen Romanautoren kann nur die junge Isabel Allende mithalten. Praktisch vergessen ist die Nobelpreisträgerin Gabriela Mistral, und Pablo Nerudas Name sagt nur den Spezialisten und der Friedensbewegung etwas. Die Tessiner Anthologie aber ist eine gute Grundlage für den ersten Dokumentarfilm über Alfonsina Storni.

*Tessiner Kameraleute in Südamerika*
Fernsehleute beginnen, sich für die Geschichte der Tessiner Emigration zum Südzipfel von Amerika zu interessieren. Sie spüren Menschen mit Tessiner Wurzeln in Uruguay, Paraguay, Chile und Argentinien auf. Im Dezember 1975 reist Dino Balestra mit seiner Equipe nach Argentinien. Am 25. Januar 1976 interviewt ihn die Zeitung La Nación. Balestra ist mit zwei Kameramännern in Buenos Aires, um einen fünfzig Minuten langen Dokumentarfilm über das Leben von Alfonsina Storni zu drehen. Sie erklären dem Journalisten ihr Projekt: «Wir haben Alfonsina gewählt, weil ihr Werk bei uns noch kaum bekannt ist und weil sie die Tochter von Tessiner Emigranten war.» Balestra betont die gesellschaftspolitische Relevanz: «Storni war eine Vorkämpferin

für die Anliegen der Frau in der Gesellschaft, und ihr Denken spiegelt sich mit großer Kohärenz in all ihren Gedichten.» Der Drehplan sieht Interviews mit Zeitzeugen vor, Blanca de la Vega und Alejandro Storni; schon abgedreht ist ein langes Interview mit Jorge Luis Borges, über den sie einen anderen Film machen. Man habe im Teatro Cervantes, im Tigre und in Mar del Plata gefilmt. Sobald sie in Buenos Aires fertig sind, reisen sie nach Paraguay, für einen Film über einen anderen Tessiner Emigranten, den Naturforscher und Anarchisten Mosè Bertoni. Der Film über Alfonsina Storni wird 1977 gesendet. Im Vorspann kommt Fermín Estrella Gutiérrez zu Wort, der Alfonsina Storni in der Freiluftschule beobachtet hat. Dort war sie ihm wie eine Naturkraft im grünen Gefängnis vorgekommen: «Ich sah sie durch das Blätterwerk der Büsche huschen, mit weißer Schürze, ihr blonder Schopf glänzte in der Sonne, sie ging hin und her zwischen den langen Tischreihen, wo die Kleinen unter den Bäumen heißen Mate-Tee mit Milch tranken.» Blanca de la Vega hebt Stornis Leichtigkeit beim Schreiben hervor: «Mehr als einmal fragte ich sie, wie schreibst du eigentlich? Sind die Verse in dir schon fertig, bevor du sie niederschreibst? Nein, sagte sie, die Verse kommen aus heiterem Himmel, so plötzlich wie das Niesen.» Blanca kann den Fernsehleuten nicht sagen, was Alfonsina Storni über das Tessin dachte, was sie dort erlebt hat. Sie habe nichts erzählt, als sie nach Paris zurückgekehrt sei. Sie sei verschwiegen gewesen.

Der dritte Zeitzeuge, Jorge Luis Borges, kommt nur im Vorspann des Films vor. Er setzt mehrmals an, ohne etwas zu sagen. Der Schnitt muss es dann richten: Borges' Aussagen sind so zusammengeschnitten, dass erst die Offstimme mit der italienischen Übersetzung sie verstehbar macht. Hier ist die Transkription: «Also es tut mir leid, dass ich es Ihnen sagen muss, aber sie war nicht gut, obwohl sie Schweizerin war. Das darf Sie nicht verletzen, der Ruhm der Schweiz hängt doch nicht von Alfonsina Storni ab. Ich glaube jedenfalls, dass die Schweiz Alfonsina Storni nicht braucht, oder? Sie war eine ziemlich mittelmäßige Dichterin. Müsste ich sie besser machen, bloß weil sie Schweizerin ist? Das geht nicht. Sie haben doch eine vielfältige, bedeutsame Literatur, da gibt es Personen von hohem, wenn nicht sogar außerordentlichem Wert. Also für mich war Alfonsina immer eine antipathische Frau. Ich erinnere mich, dass sie im Quartier Palermo ganz bescheiden lebte. Einmal ging ich sie besuchen. Nein, mir hat nie gefallen, was sie schrieb. Selbst wenn ich mir Mühe geben würde, könnte ich mich an keine einzige Zeile von ihr erinnern. Nein. Ganz ehrlich, so ist es.» Knapp vierzig Jahre nach Alfonsina Stornis Tod stellt sich Borges im Tessiner Fernsehen bloß, und wenig später auch im Radio in

Buenos Aires. Hier nennt der Moderator einen Autor nach dem anderen, alles Männernamen, wie bei einem Spiel soll Borges etwas ganz Kurzes zu jedem sagen. Fast immer äußert er sich positiv. Bei der einzigen Frau aber sagt er: «Alfonsina Storni?» «Ich glaube, sie ist ein argentinischer Irrglaube.» Borges beschließt, seinen Lebensabend in der Schweiz zu verbringen. Er liegt in Genf begraben.

*Archive im Tessin*
Franca Cleis, Pionierin der Tessiner Autorinnenforschung, stößt bei ihren Recherchen auf die Arbeit von Angelo Zanon Dal Bo, persönlich lernt sie ihn erst kennen, als er schon sehr betagt ist. Sie erinnert sich an seine «absichtslose Leidenschaft für Alfonsina Storni». Seine Arbeit sei nie gewürdigt worden, meint Cleis, deshalb wollte er seine jahrzehntelang zusammengetragenen Dokumente lieber vernichten, als sie dem Kanton zu überlassen. Cleis gelingt es, Zanon Dal Bo vom Wert seiner Sammlung für die Öffentlichkeit zu überzeugen. Gemeinsam bereitet man den Nachlass auf, bis der alte Storni-Forscher bereit ist, sein Archiv dem Kanton Tessin zu vermachen, aber nur unter der Bedingung, dass Franca Cleis es selbst inventarisieren wird. Es sei sehr berührend gewesen, erzählt Cleis, wie sie nach Bellinzona fuhren und alles übergaben. Seit 1988 befindet sich der Nachlass in der Kantonsbibliothek in Lugano (Archivio

Prezzolini-Raccolta Alfonsina Storni). In dieser Bibliothek haben fast alle Buchvernissagen und Feiern zur Erinnerung an Alfonsina Storni in der Schweiz stattgefunden, auch zwei Präsentationen der deutschen Werkausgabe, moderiert von Stefano Vassere, dem Leiter der Tessiner Bibliotheken. Das Exemplar von *Ocker,* das Alfonsina Storni ihrem Cousin Michele in Tesserete mitgebracht und mit handschriftlicher Widmung versehen hat, befindet sich ebenfalls in der Kantonsbibliothek in Lugano.

In jenem 1988 feiert Franca Cleis den fünfzigsten Todestag von Alfonsina Storni mit einer italienisch-spanischen Ausgabe der *Liebesgedichte,* die sie mit zwei Kolleginnen herausgibt. Die Vernissage findet in der Kantonsbibliothek statt, mit Alejandro Storni als Ehrengast. Waltrud Kappeler schreibt als Korrespondentin der Neuen Zürcher Zeitung: «Alfonsinas Sohn Alejandro sprach Worte der Erinnerung an seine geliebte, eigenwillige Mutter.» Carla Borla, ehemalige Gemeinderätin von Sala, erinnert sich gut an seine diskrete Erscheinung: «Niemand, der sich als Sohn der berühmten Alfonsina in den Vordergrund gedrängt hätte.» Das Tessiner Fernsehen filmt ihn auf der Terrasse der Osteria Menghetti in Bigorio. Von dort aus sieht man auf Sala und bis zum Luganersee. Es ist Alejandros letzte Reise in die Schweiz. Anwesend ist auch die Literaturwissenschaftlerin Beatriz Sarlo, die für den Band den einleitenden Essay verfasst hat. Kappeler schließt ihren Bericht mit Genugtuung; für das Publikum werde die Dichterin «immer mehr eine der ihren.» Ein letztes Zeichen der inzwischen sechsundsiebzigjährigen Storni-Übersetzerin. – Franca Cleis regt die Schaffung eines Tessiner Archivs zur Frauengeschichte an. Es öffnet seine Tore 2004 in Bellinzona, heute befindet es sich im Archivio delle Donne in Massagno. 2009 publiziert Cleis zusammen mit anderen noch einen zweisprachigen Lyrikband von Alfonsina Storni, nun mit einem Essay von Delfina Muschietti, der argentinischen Storni-Herausgeberin. Ein anderes, für den ganzen Kanton höchst bedeutsames Archiv entsteht 2005, das Audiovisuelle Archiv Capriasca und Val Colla (ACVC) mit Sitz in Roveredo. Carla Borla gehört zu seinen Initiantinnen. In allen Dörfern des Tals sammelt man Fotodokumente, die anschließend gescannt werden: «Allein durch Mundpropaganda haben wir die Spender motivieren können, zum ACVC beizutragen. Sie haben mit großem Enthusiasmus ihre Fotosammlungen zur Verfügung gestellt.» Das audiovisuelle Erbe stammt größtenteils aus Privatbesitz. Bei der Gründung pochte man auf professionelle Archivkriterien. So regelt der von Memoriav ausgearbeitete Vertrag die Beziehungen zwischen den Bildspendern und dem ACVC. Dass Bilder an Dritte weitergegeben werden dürfen, ist ein Segen für diese Biografie.

# FREI
Basel. Bloomington. Berlin. Lugano. Zürich. 1981–2024

Man hat mich oft gefragt, wie ich auf Alfonsina Storni gekommen bin. Die kurze Antwort lautet: durch *Alfonsina y el mar*. Das Lied ist in Europa eher bekannt als der Name Alfonsina Storni, weshalb man es gern als Referenz nutzt. Auch die ZEIT-Redaktion setzte über meinen Beitrag im Juni 2024 den Titel Die *Frau und das Meer,* doch über dieses Selbstmörderinnen-Meer ist längst alles gesagt – bis auf eines, das wirklich Entscheidende: Auf seinem Grund liegt Alfonsinas Vermächtnis, ihr schriftstellerisches Werk, in dem Schätze schlummern. In der ZEIT schrieb ich von Stornis bitteren, aber kostbaren Erfahrungen im argentinischen Theaterbetrieb; ich hätte den Beitrag anders betitelt, so schräg wie die Knallkörper, die Storni aus Stücken von Euripides und Shakespeare gemacht hat. Vielleicht *Theaterautorin an der Leine* oder *Eine stolze Katze namens Alfonsina Storni*. Der Redakteur schrieb im Lead: «Ihre Biografin Hildegard Keller stieß zufällig auf sie – durch ein Lied.» Zufällig? Ich erzähle hier besser, wie alles begann. Das ist auch für mich spannend, denn als Erzählerin und Forscherin möchte ich immer gern wissen, auf welchen Wegen eine Figur zu mir findet, warum sie eine Kraft entfaltet, die mich nicht mehr loslässt, bis ich einen Roman oder eine Biografie geschrieben, einen Film gedreht oder ein Lebenswerk übersetzt habe.

*Lothringerstraße*
In den frühen Achtzigerjahren wollte ich eine Weltsprache lernen. Der Englischunterricht im Gymnasium hatte mir die angelsächsische Welt unlustig gemacht, also wählte ich eine romanische Sprache. Ich studierte Spanisch und dachte dabei einzig an die hispanoamerikanische Sphäre, damals ahnte wohl kaum jemand, dass sich diese Sprache mit den Immigranten aus Lateinamerika auch in den USA etablieren würde. Zurzeit beherrscht diese rasant wachsende Bevölkerungsgruppe sogar die US-Innenpolitik und damit auch die Präsidentschaftswahlen 2024. In den Spanischvorlesungen an den Universitäten Basel und Zürich hörte ich von keiner einzigen Autorin aus der spanischsprachigen Welt, nur bei den Germanisten fand Teresa von Ávila Erwähnung, und zwar im Kontext der europäischen Mystikerinnen. Alfonsina Storni existierte auf unserer literarischen Landkarte nicht. Dabei wäre ich empfänglich gewesen: Während des Studiums las ich *Die offenen Venen von Lateinamerika* von Eduardo Galeano und arbeitete ein Jahr lang im mittelamerikanischen El Salvador. In jenen Jahren begleiteten mich die Lieder von Víctor Jara, Atahualpa Yupanqui, den ich im Zürcher Volkshaus

noch gehört habe, und Mercedes Sosa – auch das Lied *Alfonsina y el mar*. Diese Alfonsina war für mich Fiktion und blieb es noch mehr als zehn Jahre lang. Erst ein Programmzettel änderte dies.

Bei einem Konzert des Tango-Ensembles Estufa Caliente in Zürich wurden auch Gedichte vorgetragen, unter den Informationen zu Musik und Text fand ich eine biografische Skizze zu einer aus dem Tessin stammenden Dichterin namens Alfonsina Storni, die sich bei Mar del Plata das Leben genommen hatte. Diese lapidare Notiz stellte die Alfonsina aus dem Lied blitzartig in einen historischen Kontext und verortete sie sogar im Tessin. Damit hatte ich nicht gerechnet. Ich eilte heim und suchte in meinem Bücherregal die Lyrikausgabe, die mir meine Kolleginnen an der Kantonsschule, an der ich bis 1995 Spanischlehrerin gewesen war, zum Abschied geschenkt hatten: *Poesía de Alfonsina Storni*. Mir ging ein Licht auf – im Rückblick ein sehr kleines, doch das erste einer ganzen Lichterkette. Damals waren die Spätfolgen jenes Konzertabends noch nicht absehbar; und ich hatte nicht die leiseste Ahnung davon, welchen Bärendienst das schöne Lied dem schriftstellerischen Werk der Alfonsina Storni erwiesen hatte. Auch ich glaubte an die Verdienste des Lieds; jemand schrieb in den Leserkommentar zu meinem ZEIT-Artikel: «Den beiden Künstlern [Ariel Ramírez und Félix Luna] ist es gelungen, die

Dichterin unsterblich zu machen.» Heute sage ich: Die Sache ist komplizierter. Und: Wer eine Kreativschaffende ins Licht heben will, sollte sie nicht als Selbstmörderin feiern. Das starke, simple Bild wird sich vor ihre historische Wirklichkeit und ihr Werk stellen und beide in Vergessenheit geraten lassen.

*Bloomington*
Anfang 2008 wurde ich als Germanistikprofessorin in die USA berufen, die Bücher von Alfonsina Storni nahm ich im Umzugscontainer mit. Sie war nach dem langen Warten im Zürcher Regal etwas ungeduldig. Ehrlich gesagt, hatte sie seit dem Beginn unserer Nachbarschaft meine Aufmerksamkeit gesucht, doch nun war die Idee zu einer ersten Erzählform für ihre Geschichte ja da: eine Dokumentation für das Radio. Im Sommer 2009 traf ich Bernard Senn, den verantwortlichen Redakteur beim Schweizer Radio. Ich bemühte mich, ihn für die allererste Storni-Erzählung am Deutschschweizer Radio zu gewinnen. Aufhänger für meinen Pitch war das Lied *Alfonsina y el mar* – zum Glück eines von Bernards Lieblingsliedern. Er hatte in Berlin Lateinamerikanistik studiert, auch er wusste nichts vom realen Hintergrund der Titelfigur, von Alfonsina Stornis Platz in der Schweizer Literatur und in der Weltliteratur. Bernard Senn nahm das Projekt an, ich machte mich an die Arbeit. Von

Bloomington aus plante ich meine erste Reise nach Argentinien und buchte den Flug von Indianapolis nach Buenos Aires für November. – Anfang Oktober 2009 verschlechterte sich der Gesundheitszustand der vierundsiebzigjährigen Mercedes Sosa. Als die Lage kritisch wurde, versetzten sie die Ärzte in Buenos Aires ins künstliche Koma, mussten aber in den frühen Morgenstunden des 4. Oktober ihren Tod feststellen. Die argentinische Staatspräsidentin Cristina de Kirchner verhängte Staatstrauer, und am Sitz der Legislative begannen die offiziellen Trauerfeierlichkeiten. Viele erwiesen der im Kongress aufgebahrten Verstorbenen die letzte Ehre, Ex-Präsident Néstor Kirchner berührte Sosas Stirn, seine Frau küsste sie. Künstlerfreunde sangen gemeinsam das Lied *Alfonsina y el mar*. Die Langspielplatte *Mujeres argentinas* war gerade vierzig Jahre alt geworden. All die Jahre hatte Mercedes Alfonsinas Namen in die Welt hinausgetragen. – Im November 2009 brach ich vom winterlichen Bloomington in den argentinischen Sommer auf.

*Buenos Aires*
Es war eine Forschungsreise mit zahlreichen Ortsterminen. Ich rannte von Archiv zu Archiv, traf viele Menschen, machte Tonaufnahmen, fotografierte, sogar die obligaten Wachsfiguren von Alfonsina Storni, Jorge Luis Borges und Carlos Gardel im

Café Tortoni. In Argentinien war das Leben trotz aller Arbeit leicht: *Summertime, and the livin' is easy.* Die Menschen waren nahbar, kontaktfreudig. Im Hotel sprachen mich die Zimmermädchen an und zeigten mit leuchtenden Augen auf den Stapel Storni-Bücher auf meinem Nachttisch (dasselbe erlebte ich später in einem spanischen Hotel). Eine von ihnen zeigte mir am nächsten Tag ihre zerfledderte Anthologie: «Hören Sie nur, wie schön Alfonsina das gesagt hat, ‹Tú me quieres blanca›.» Die vielleicht vierzigjährige Storni-Leserin schwelgte in Erinnerungen. Die ikonischen Gedichte brachten ihre Kindheit zurück, auch ihren Vater, der seinen Töchtern einst so schön aus dem Buch vorgelesen hatte.

Ich lernte Stornis Familienangehörige kennen. Guillermo Storni, der erst nach dem Tod seiner Großmutter auf die Welt gekommen ist, wurde für mich zum Ansprechpartner der Familie in Argentinien. Wir trafen uns in der Schweizer Botschaft sowie an seinem damaligen Arbeitsplatz bei einem Schokoladenproduzenten. Guillermo verwaltete die Dokumente in Familienbesitz, half mir bei ersten Recherchen und stellte mir Fotos zur Verfügung. Bei der Forschung lernte ich Menschen auch auf wunderlichen Wegen kennen, zum Beispiel in der Nationalbibliothek von Buenos Aires. Dort merkte ich schnell, dass mir der richtige Adapter für meinen Laptop fehlte, denn je nach Stockwerk brauchte man einen anderen. In der Zeitschriftenabteilung, dem für mich wichtigsten Ort, war ich aufgeschmissen. Da schenkte mir ein Doktorand seinen Zweitstecker. Romeo Farías forschte über die Figur des Gaucho im Comic, wir tauschten uns über manches aus. Eines Tages stand auf der Bestelltheke eine Tafel: «STREIK. Keine Auslieferungen heute». Das war fatal, denn damals konnte man die Quellen nur vor Ort einsehen: Es gab noch keine Digitalisate von argentinischen Zeitungen und Zeitschriften zwischen 1900 und 1945, nicht einmal im ausgezeichneten US-amerikanischen Bibliothekssystem (zum Glück hat sich das geändert, mittlerweile kann man auf den digitalen Zeitschriftenplattformen der Biblioteca Nacional de España in Madrid und des Ibero-Amerikanischen Instituts in Berlin abwesend-anwesend recherchieren). Aus den Gesprächen mit Romeo wurde Freundschaft. Nach meiner Rückkehr nach Bloomington mailte er: «Podés contar conmigo para lo que necesites por estas tierras.» Und so war es: Ich konnte auf Romeo zählen. Das erste Selbstporträt von Alfonsina Storni ist einer seiner Trümpfe. [17]

An meinem letzten Tag in Buenos Aires wollte ich nochmals ins Staatsarchiv. Die Zeit war knapp, also nahm ich ein Taxi, aber es blieb im Verkehr stecken. Schon wieder Arbeitskampf! Gewerkschaften demonstrierten in der ganzen Innenstadt, es war stickig heiß. Der Taxifahrer und ich kamen ins Gespräch, einmal mehr fiel der Name Alfonsina Storni, da erzählte er von seinem Schwiegervater, der Alfonsina Storni verehrt und viele ihrer Gedichte auswendig rezitiert habe. Gegen Ende seines Lebens habe er gewünscht, «bei Alfonsina begraben» zu sein, und genau skizziert, was dafür zu tun sei. Nach seinem Tod fuhren die Hinterbliebenen mit der Urne nach Mar del Plata, gingen auf die Mole hinaus (sie stand damals noch), streuten die Asche ins Meer, warfen den Blumenstrauß hinterher, alles gemäß dem letzten Wunsch des Verstorbenen. An jenem Tag machte ich im Staatsarchiv einen

47 wichtigen Fund: Alfonsina Stornis Brief an Manuel Ugarte.

Während meiner ersten Argentinienreise lebten nur noch ganz wenige Personen, die Alfonsina Storni persönlich gekannt hatten. Eine von ihnen besuchte ich mehrmals. Die zweiundneunzigjährige María Vilches hatte in den Dreißigerjahren bei Alfonsina Storni studiert: Sprechtechnik und Deklamation am Conservatorio de Música y Declamación. María wusste viel Anekdotisches, von einer Frau, die die Mädchen lehrte, sie selbst zu sein, die forderte und förderte und im Sommer ohne Strümpfe zur Arbeit ging. «Das tat man nicht», sagte María schelmisch. Manches, was sie erzählt hat, floss ein ins Radiofeature *Auf alles gefasst sein.*

*Bruderholz*
Es entstand in einer Sommerwoche 2010 auf dem Bruderholz. Ins Basler Studio, damals noch DRS2, brachte ich Originaltöne aus Buenos Aires und dem Tessin mit, um die Impressionen aus Argentinien und der Capriasca zum Klingen zu bringen. Sie spielten eine wichtige Rolle im Drehbuch. Mir schwebte eine Zeitreise zu Alfonsina Storni vor. Eine Woche wunderbarer Arbeit: Aufnahmen mit Sprecherinnen und Sprechern, zum ersten Mal für mich mit Mona Petri, später folgten gemeinsame Hörspielprojekte. Simon Meyer unterstützte Bernard Senn und mich beim Schnitt, montierte die mitgebrachten Materialien, half uns beim fiktiven Intro (Storni liest die Einladung nach Montevideo vor); das Feature ist so glaubwürdig geraten, dass ein Regisseur später das Originaldokument für seinen Film haben wollte. – Dieses Radio-Feature war ein Meilenstein für mich, denn zum ersten Mal erzählte ich Alfonsina Stornis Geschichte als eine, die mit ihr auf die Reise geht. Die Erstausstrahlung fand während der Frankfurter Buchmesse 2010 statt. Gastland war Argentinien. Michi Strausfeld, von 1974 bis 2007 Programmleiterin für Lateinamerikanische Literatur bei Suhrkamp, hatte eine Anthologie zusammengestellt, mit Alfonsina Storni als einziger Frau der «Gründer-Generation». Sie zähle zu den «unverzichtbaren Autoren» der ar-

gentinischen Literatur der letzten beiden Jahrhunderte, schrieb Michi Strausfeld. Ihr Versuch, Stornis Lyrik im Kontext ihrer argentinischen Kolleginnen und Kollegen vorzustellen, blieb der einzige im deutschsprachigen Raum. Wie wäre es, dachte ich mir, wenn man über den Tellerrand der Lyrik hinausschaute und Stornis Generation in Europa mitberücksichtigen würde, ihre Kollegen (und vielleicht auch Kolleginnen) aus dem deutschsprachigen Feuilleton oder dem experimentellen Theater? Ich begann von einer längeren Geschichte zu träumen. Das war der Keim zu dieser Biografie.

*Zürich*
Ich machte mich an die Arbeit, merkte aber bald, wie absurd es ist, die Biografie einer Schriftstellerin zu schreiben, ohne dass ihr Werk auf dem deutschsprachigen Buchmarkt erhältlich ist. Es gab nur Ausgaben mit ausgewählter Lyrik – die allererste von Waltraud Kappeler, die aber nur noch in der Bibliothek oder antiquarisch zu haben war, neben einigen wenigen neueren Datums. Also stellte ich die Biografie zurück und begann, eine mehrbändige Werkausgabe zu konzipieren, keine Gesamtausgabe, sondern eine Auswahl, die den Lesern die Möglichkeit bot, Stornis literarische Arbeit zunächst überhaupt und dann auch besser kennenzulernen. Ich glaubte an dieses Wieder- und Neu-Entdecken.

Mir fielen Lesemotive ein: Alfonsina Storni kann schreiben, mit lammfrommer Miene rotzfrech. Sie hat einen grandios schrägen Humor, ist gewitzt und nie aufgeblasen. Ihr Revier ist die Großstadt. Sie beschreibt urbane Lebensmuster, Konsumverhalten und Deformationen des Menschlichen. Sie ist eine der ersten «new women» in lateinamerikanischen Medien. Sie ist Schauspieldozentin, Theaterautorin und Regisseurin, ebenso fantasievoll und progressiv wie zermürbt und fehl am Platz. Dass ihre Flamme so früh erstickt wurde, geht unter die Haut: Vergessen, verdrängt und entstellt – diese Pionierin verdient Licht, Aufmerksamkeit, Wertschätzung. Davon war ich überzeugt. Damals kannte ich Waltrud Kappelers skeptische Einschätzung des Marktes noch nicht. Ich schrieb einen langen Essay für die geplante Werkausgabe; ich bot sie einem Verlag an, der sich für Schweizer Literatur, auch aus dem Tessin, engagiert. Man fand das Risiko zu groß und wollte nur einen Band herausgeben, eine Art Lesebuch. Obwohl die Idee der Werkausgabe in meinem Kopf blieb, willigte ich ein und wählte einen Satz aus Stornis Ugarte-Brief als Titel. – Für das Buch *Meine Seele hat kein Geschlecht* übersetzte ich eine Auswahl der Kolumnen, Erzählungen und der autobiografischen Lyrik. Mein langer Essay diente als Einleitung, war aber für diese kleine Ausgabe eigentlich zu ausführlich und auf Werkteile bezogen, die für mich Stornis Wirken ausmachten, aber aus Gründen des Umfangs fehlen mussten. Das Buch erschien im Oktober 2013, zum 75. Todestag von Alfonsina Storni (eine Auswahl in italienischer Übersetzung 2017 in Bellinzona). Wir feierten die Vernissage in einem Zürcher Kino, zeigten Kurzfilme, die ich mit meinem Kameramann in Bloomington gedreht hatte, mit Gedichten und Aphorismen von Alfonsina Storni. Im gleichen Jahr kam Christoph Kühns Dokumentarfilm *Alfonsina* heraus. Visuelles Leitmotiv ist das Wasser. In der Schweiz fiel die Koinzidenz zwischen Buch und Film auf. Ich wurde oft gefragt, ob der Film von mir sei, manche nahmen es stillschweigend an.

In den letzten Jahren haben «vergessene» und «wiederentdeckte» Frauen den Buchmarkt erobert. Auch ich habe für eine von ihnen gekämpft. Wie alle historischen Figuren, mit denen und für die ich gearbeitet habe, ist Alfonsina Storni auf leisen Sohlen gekommen. Sie hat Licht in meinem Fenster gesehen. Sie hat angeklopft, ich war gar nicht überrascht, ich habe sie hereingelassen, ohne genau zu wissen, wer und was da kommt. So ist sie in mein Leben, in unsere Zeit getreten – Zufall? Ja, aber nicht im landläufigen Sinn. Ich wusste nicht, dass Alfonsina Stornis Werk ein Eisberg ist: Nur die Spitze ragt aus dem Wasser, bekannt sind, abgesehen von dem berühmten Lied *Alfonsina y el mar*, nur einige wenige feministisch-freche Verse, auch ein paar traurige. Neunzig Prozent von diesem Eisberg liegen noch unter Wasser, sagte ich mir und tauchte tief und tiefer – in den USA, in Argentinien, in Lugano, Berlin und Zürich. Als ich die Konturen sehen konnte, wurde mir klar: Alfonsina Storni soll ihre eigene Stimme und ihr Werk in ganzer Breite und Tiefe zurückbekommen. Ich gründete die Edition Maulhelden, übersetzte Alfonsinas Texte ins Deutsche und brachte mit meinem Team die fünf Bände heraus, ohne die ich diese Biografie nicht hätte schreiben können. Klein und schön sind sie geworden, wie Alfonsina Storni selbst es war. Es gibt ein angemessenes Erinnern, wenn Leben und Werk so zusammengebracht werden, als wären beide verlorene Seelenfunken.

*Nochmals Bloomington*
Nachdem ich an die Indiana University berufen worden war, machte Barack Obama bei uns auf dem Campus Wahlkampf, Monate später wurde er gewählt und zog im Januar 2009 ins Weiße Haus ein. Ich erlebte die amerikanische Universitätslandschaft als fruchtbaren Boden, auch für politisches Bewusstsein und persönliches Commitment, damals noch tabu in der schweizerischen Hochschullandschaft. In den noch jungen LGBTQ Studies entdeckte ich Forscherinnen mit neuem Blick, durch

«class, gender and race» geschärft; sie nahmen panamerikanische Perspektiven ein, ihre Publikationen waren längst nicht überall willkommen. So brachte der erste Band von Gabriela Mistrals Autobiografie Dinge ans Licht, die in Chile für Aufruhr und Empörung sorgten. War Gabriela Mistral «the queer mother of the nation»? Hatte sie vielleicht sogar ein uneheliches Kind? Man wird die beiden nächsten Bände abwarten müssen, um mehr zu erfahren. In diesem Bloomington also kam die Idee einer Multimedia-Performance zu Alfonsina Storni auf. Nach dem Radiofeature sollte es die zweite Erzählung sein, diesmal mit künstlerischen Mitteln, auf der Bühne des größten freien Theaters in Bloomington, dem Buskirk Chumley. Ich erteilte einen Kompositionsauftrag an Francisco Córtes-Álvarez. Der Mexikaner hatte Komposition an der Jacobs School of Music studiert. Als ich ihm sagte, ich wünschte mir ein neues Lied für Alfonsina, eines mit ihrem eigenen Text, mit dem Abschiedslied *Voy a dormir*, war er ebenso entzückt wie verblüfft – diese Aufgabe sei großartig, denn *Alfonsina y el mar* sei «una canción icónica», aber dieses Abschiedsgedicht kenne er nicht. Franciscos *Suite de Alfonsina* ist ein Werk für ein zehnköpfiges Ensemble mit Flöten, Geigen, Piano, Harfe, Perkussion und Stimme. Den gesanglichen Part übernahm Patricia Illera, die an der Jacobs School of Music Operngesang studierte. Das

Drehbuch war zweisprachig, mit spanischen Originaltexten und meiner Erzählfassung, die Julia Karin Lawson ins Englische übersetzt hatte; wir hatten noch große Pläne, doch Anfang Januar 2024 starb sie ganz unerwartet. Jener Frühling war ein einziges Feuerwerk. Für eine Lesung und Filmvorführung hatte ich auch den erklärten Storni-Fan Pedro Lenz nach Bloomington eingeladen.

Ein weiterer Meilenstein war der Theaterband *Cimbelina*. Atemlos las ich Alfonsina Stornis Stücke für Erwachsene und für Kinder, suchte aus, was ich in den Band aufnehmen wollte, und begann zu übersetzen. Ein unverhofftes Glück waren die Erstausgaben von Alfonsina Stornis Büchern und ihre Gestaltung. Ich fand sie alle in der Herman B Wells Library, der Hauptbibliothek auf dem Campus der Indiana University Bloomington: Stornis Debüt von 1916 mit Prolog und Unterschrift ebenso wie den letzten Gedichtband *Maske und Kleeblatt* von 1938, eingebunden in Buenos Aires, die Buchdeckel mit dem schönen Marmorpapier überzogen, das ich als Vor- und Nachsatzpapier für diese Biografie gewählt habe – zur Erinnerung an die Entdeckungen in Bloomington. Dazu gehört ganz besonders auch die Erstausgabe der Kindertheaterstücke von 1950; dieser (große!) Teil von Alfonsina Stornis Schaffen kam also erst zwölf Jahre nach ihrem Tod erstmals ans Licht; zur Kenntnis genommen wurde er bis

# alfonsina storni

# TEATRO INFANTIL

RAMON J. ROGGERO Y CIA.
editores

heute praktisch nicht. Besonders berührend fand ich Stornis Essay *Hinter den Kulissen*. Als Autorin und versierte Dozentin für Schauspielstudierende berichtet sie darin von der Uraufführung von 1927. Wie mutig, ja tollkühn steht sie für ihr Talent ein, verteidigt ihr Werk und ihre Lebensweise öffentlich! «Sich ins Leben hinauslehnen», hat sie das genannt. Der Essay und die darin geschilderten Erfahrungen sind eine Zäsur in Stornis Leben. Nach diesem brutalen Weckruf ist sie endgültig wach, aus ihrem Theatertraum schmerzlich herausgerissen. Sie weiß nun, wie eingeschränkt ihre Möglichkeiten sind, die neue Frau wenigstens künstlerisch, in der Fiktion in die Welt zu bringen. Trotzdem sagt sie sich: Jetzt erst recht. *Hinter den Kulissen* hat mir gezeigt, dass das, was ich seit 2009 getan habe, auch im Sinn von Alfonsina Storni ist: ihr Werk in die Welt bringen, es zu den Lebenden und Lesenden zurückholen. Sie hat es selbst getan, hat die misslungene Inszenierung von der Bühne geholt und das ursprüngliche Stück *Zwei Frauen* als Buch veröffentlicht, entschlossen und zutiefst verletzt. Sie hat sich ihr Werk zurückgeholt. Besagter Essay ist der Königsweg zum Verständnis der Alfonsina Storni. Er zeigt ihren zähen Kampf mit den Zeitumständen, in denen sie lebte. Wie selbstverständlich doch einer Autorin die Rechte auf ihr Werk und die damit verbundene Anerkennung aberkannt werden konnten! Die amerikanische Hispanistin May Summer Farnwort sagt dazu: «Ironically, the only Argentine woman playwright of the 1920s who is widely recognized today, Alfonsina Storni, was the least celebrated in her day.» Dass Stornis einzigartige Kreativität erst hundert Jahre später anerkannt wird, passt zu ihrem Vertrauen in den Lauf der Zeit: Diese sei die Nachlassverwalterin eines schriftstellerischen Werks, schreibt sie im Todesjahr. Das eine pflüge die Zeit unter, das andere grabe sie aus.

Die Werkausgabe aus der Edition Maulhelden (2020–2022) macht im deutschsprachigen Raum ihren Weg. Die Rezeption in Deutschland und Österreich ist lebendig. Deutsche Bloggerinnen berichteten über die Werkausgabe, im Newsletter eines bekannten deutschen Publizisten wurde sie empfohlen. Man fragt nach Aufführungsrechten für Theaterstücke und Lizenzen für Radioproduktionen und Lesungen an deutschen Theatern, immer mal wieder vergebe ich Abdruckrechte für Kalender und Anthologien. So kam Alfonsina Storni auch in den 2022 erschienenen Band *Prosaische Passionen,* der die weibliche Moderne weltweit abbildet; unter den 101 Geschichten befindet sich auch *Cuca.* Die Neue Zürcher Zeitung, die ja auch schon früher ein Augenmerk auf Alfonsina Storni hatte, empfahl im April 2016 das Lesen toter Dichter aus der Schweiz, mit ausdrücklicher Empfehlung für Alfonsina

Storni: «Oder man lasse sich begeistern von den hinreißenden Gedichten der nach Südamerika ausgewanderten Tessinerin Alfonsina Storni, die Roberto Bolaño einmal die ‹begabteste Frau Argentiniens› genannt hat. Welten sind hier zu entdecken.» Die Werkausgabe wurde leider nicht besprochen. Im Januar 2023 schrieb Paul-Henri Campbell in der Literaturzeitschrift Volltext mit Sitz in Wien: «Was ist da nur los in Helvetien, ist man einen Moment lang versucht zu fragen? Während in Deutschland silberbärtige Herren das barocke Wunderkind Sibylla Schwarz (1621–1638) in schmalen Bändchen edieren, legen alpenländische Rebellinnen Gesamtwerke auf den Tisch. Man denke hierbei etwa auch an die Herausgeberschaft der Literatur von Marina Zwetajewa (1892–1941) durch Ilma Rakusa. Und da ist sie wieder, die ganze Spannweite jener Frage: Wen oder was meint ‹feministische Literatur›? Restitution am Kanon? Ein Nachtrag? Aus der Vorzeit hervoredierte ‹weibliche Positionen› wie Sappho oder Sibylla Schwarz? Oder doch lieber Poesie, wie diese hier, die wie eine Säge durchs Herz geht. Alfonsina Storni – deren Werk aus journalistischen Beiträgen, Theaterstücken, Episteln und Erzählungen besteht – ist ein wahrer Mensch, keine Frau, die sich erst bewähren oder erweisen muss. Sie braucht nur die Evidenz ihrer Worte, um sich auszudrücken.» – In der spanischen Sphäre wird der Name

Alfonsina Storni auch in Preisen weitergetragen, deren Vergabe regelmäßig für Aufmerksamkeit sorgt: In Spanien wird ein Premio Internacional de Poesía Alfonsina Storni vergeben, unter der Trägerschaft einer Verlagsgruppe in Madrid. Im Jahr 2016 wurde in Argentinien ein Lyrikpreis in drei Kategorien gestiftet, den das Centro Kirchner vergibt. Der Premio Storni de Poesía (ursprünglich hieß er Premio Alfonsina) sieht 400 000 Pesos für den ersten Preis, je 200 000 Pesos für den zweiten und dritten vor. Ob diese Finanzierung unter Staatspräsident Javier Milei und seinem radikalen Sparprogramm gesichert ist, wird sich zeigen. Er kennt die Gesetze des Marktes, die ja auch für den Büchermarkt gelten: «Denn jedem, der hat, wird gegeben werden, und er wird haben im Überfluss; wer aber nicht hat, dem wird auch das genommen werden, was er hat» (Zürcher Bibel, Mt 25,29). Milei ist bekannt für originelle Ideen. Vielleicht ersetzt er die Preissumme des Premio Storni de Poesía bald durch einen Ehrenpokal, in den eine Kettensäge eingraviert ist.

*Eisberg*

Oft wurde ich gefragt: Wann erscheint die Biografie denn nun? Warum dauert das so lange? Gute Frage! Eisberge, kann ich nur sagen. Bücher sind bei mir immer mit anderen Büchern verbunden. Funken springen von einer Werkstatt über zur anderen (ich arbeite oft gleichzeitig an verschiedenen Projekten). Wenn ich zurückblicke, sehe ich den «Zaubergeist der Inspiration»; immer wieder neue Ideen, die sich vor Stornis Biografie, manchmal sogar mitten in sie hineinschieben. Die meisten handeln von Frauenleben und Frauenwerken, von denen zu viele in der Welt unbekannt sind und fehlen. Zum Beispiel der Roman *Was wir scheinen,* an dem ich in den USA zu arbeiten begann. Er erzählt vom letzten Sommer der Hannah Arendt im Tessin, von einer anderen, vielfältigeren, menschlicheren Arendt als der offiziellen. Die Erkenntnis, dass sich in dem relativ kurzen Zeitraum von ein paar Urlaubswochen das Leben einer Denkerin und Dichterin kristallisieren kann, verdanke ich einer Inspiration, als ich den Essay von Elsa Tabernig de Pucciarelli übersetzte. Darin schildert sie Storni am Strand von Uruguay., wo sie zum letzten Mal Urlaub machte. Mitten in meiner Arbeit rückten Storni und Arendt zusammen, ihre Biografien wurden zu kommunizierenden Röhren, Gemeinsamkeiten und Unterschiede manifestierten sich: ihre Gedanken und Erfahrungen bezüglich Liebe und Sprache (beide fanden durch die Liebe zu einem wesentlich älteren Mann zum Schreiben, der bei ihrer Ausbildung eine Rolle spielte). Ihre Art zu denken, sich zu bewegen, sich vor allem in Texten auszudrücken und mitzuteilen und auch Bäume und Vögel, Eidechsen und Frösche zum Schreibanlass zu nehmen, die Wertschätzung der Metapher, ihre Überlegungen zur Wirkung von Kunst und zum Freitod in ausweglosen Situationen, Gedichtlektüren und erlittene, geheim gehaltene Verletzungen, Buenos Aires, die jüdische Herkunft und die Nazis, Adolf Eichmann – all das legte sich übereinander. Ein einziger verregneter Ferientag wird bei mir so zum Karussell, das alles in die Lüfte hebt, schwingt und dreht und dreht. Es war leicht, Alfonsina Storni einen Gastauftritt in *Was wir scheinen* zu verschaffen: 1975, in Hannah Arendts letztem Sommer, ist die Storni-Rezeption im Tessin angelaufen, also ist es plausibel, dass sich in der Hotelbibliothek eine zweisprachige Storni-Ausgabe befindet. Abends im Bett greift sich die Hauptfigur den Band und liest das Gedicht *An die Göttin Poesie.* Das regt sie an zum Nachdenken über künstlerisches Talent und darüber, ob die Gabe des Dichtens auch ein Fluch sein kann, über die Paria-Existenz des Künstlers, über Selbstbestimmung bis zum letzten Atemzug. – Als der Arendt-Roman in Druck ging, kehrte ich, neu und selbst verändert, in die Storni-Werkstatt zurück.

*Geheimnis*
Einer der eifrigsten Detektive, der in Alfonsina Stornis Leben herumstocherte, ist Carlos Alberto Andreola. Seine Bücher sind nicht uninteressant,

selbst wenn man nicht weiß, ob seine Informationen wirklich hieb- und stichfest sind. Vielleicht gab es deshalb seitens der Familie – gemäß Zanon Dal Bos Gesprächsnotizen von 1973 – eine gewisse Abneigung gegen Andreola. Dies änderte sich 1976 nicht zum Positiven, als Andreola nach mehreren Büchern das lebenslang gehütete Geheimnis der Alfonsina Storni ausposaunte, den Namen des Vaters ihres Sohnes: Carlos Tercero Arguimbau. Andreola hat wie ein Privatdetektiv gearbeitet und gibt Details preis. Arguimbau habe schon vor der gemeinsamen Zugreise die Pension für seine schwangere Geliebte reserviert. Nach der Veröffentlichung von Andreolas Buch blieb es in Argentinien merkwürdig still. Verwundert über dieses Schweigen griff die nächste Biografin aus Lateinamerika die Spur auf: Tania Pleitez stammt aus El Salvador und lebt in Barcelona. Sie recherchierte weiter und schrieb in ihrer stark narrativen Storni-Biografie darüber – ohne ein Bild von Arguimbau, das die Ähnlichkeit mit seinem Kind bezeugt hätte. Er war vierundzwanzig Jahre älter als Alfonsina Storni; sie hat ihn vermutlich als Theaterautor kennengelernt, bei der Uraufführung seines Stücks, bei der sie als kaum sechzehnjährige Nachwuchsschauspielerin in Tallavís Truppe mitwirkte. Arguimbau war involviert in die Gründung des Lehrerseminars in Coronda, dessen ersten Lehrgang Storni absolvierte, und er scheint ihr in Rosario erste publizistische Gelegenheiten verschafft zu haben. – Ich suchte mehr Informationen. 2016 half mir ein Bekannter in Zürich weiter: Er verwendete eine damals neue Plattform zur genealogischen Recherche. Er zeigte mir, was man damit machen kann, zuerst bei meinem Film *Whatever Comes Next* und der darin porträtierten Annemarie Mahler-Ettinger; schon damals fand er Informationen und Dokumente, die mir neu waren. Das machte mir Mut. Tatsächlich fand sich auch ein Bild von Arguimbau, ein zerrissenes Passfoto, auf dem sich Vater und Sohn auffallend ähnlich sind. Finderglück? Nicht wirklich. Noch während des Schreibens beschlichen mich erste Skrupel, als ich diese Schnittpunkte zweier Leben und einer Liebe sah und ein Bild aus dem Internet die Bestätigung lieferte. Gehörte das überhaupt in meine Biografie? Falls ja, in welcher Form? Alfonsina Storni hat den Namen ihres Geliebten zeitlebens für sich behalten. Sie wollte nicht, dass die Identität des Vaters bekannt wurde, und auch Alejandro hat das Geheimnis nie gelüftet. Als Opfer sah sich Alfonsina nie. Das war lange bevor Beziehungsgeheimnisse eines anderen Schriftstellerpaares gegen den Willen der Frau öffentlich wurden; der Briefwechsel zwischen Ingeborg Bachmann und Max Frisch war jahrzehntelang unter Verschluss gewesen; sie hatte sich nach dem Ende der Beziehung intensiv darum bemüht, ihre Briefe zurückzubekommen oder wenigstens vernichtet zu wissen. Das ist nicht geschehen. Man diskutierte 2022 die Rechtmäßigkeit dieser Veröffentlichung; um diese zu untermauern, sprach man von «intimen Mitteilungen» oder von «Weltliteratur». Ebenfalls schon vor #MeToo habe ich das bereits Geschriebene zu Alejandros Vater mit dem zerrissenen Foto wieder gelöscht. Heute zeigt eine einfache Bildrecherche das Geheimnis, das keines mehr ist, unter den ersten Resultaten; Tania Pleitez hat Alfonsina und Alejandro in den Stammbaum der Familie Arguimbau eingetragen. In Lugano sagte Alejandro, er sei sechs Jahre alt gewesen, als er seinen Vater getroffen habe. Bei diesem einen Mal blieb es. Mit seiner Mutter habe er nie über ihn gesprochen.

*Weiterleben*
Mehrbändige Biografien sind gar nicht so selten, wenn es um große Männer geht. Bis Anfang 2024, als in Spanien der erste (von drei!) Biografiebänden über Gabriela Mistral erschien, gab es meines Wissens nur die zweibändige Originalausgabe zu Virginia Woolf, verfasst von ihrem Neffen Quentin Bell. Die Zäsur zwischen den Büchern ist die Hochzeit mit Leonard Woolf: über dem ersten steht «Virginia Stephen», über dem zweiten «Mrs Woolf». Darin gibt es ausführliche Anhänge mit weitver-

zweigten Stammbäumen, prominenten Familienmitgliedern in Kultur und Gesellschaft, auch eine Liste der vielen Nachlassarchive von Virginia und Leonard Woolf. Bei Alfonsina Storni sieht das anders aus: keine nennenswerte Genealogie, kein Ehemann, kein Nachlass. Es ist nicht einmal bekannt, ob Alfonsina Storni vor ihrer Abreise aus Buenos Aires selbst dafür gesorgt hat, dass nur Familienfotos, Widmungsexemplare und die handschriftliche Abschrift des letzten Gedichtbandes erhalten geblieben sind. Diese Hinterlassenschaft ging in den Besitz von Alejandro Storni über, nach dessen Tod im Dezember 2009 gelangte sie zu seinen Nachkommen. Die entscheidende Quelle für meine Arbeit ist Alfonsina Stornis Werk. – Eine klassische Biografie endet mit dem Tod der Porträtierten. Wer bis hierher gelesen hat, kann verstehen, warum es mir sinnvoll schien, bis ins Hier und Jetzt weiterzuerzählen. Bis heute berührt es mich, wie die einen vergessen, die anderen erinnert werden, und wie das eine mit dem anderen durchaus zusammenhängen kann. Für mich sind Jorge Luis Borges und Alfonsina Storni wie siamesische Zwillinge, die zudem beide einen existenziellen Bezug zur Schweiz haben. Der eine verdrängt die andere, wo immer sich ihm eine Chance bietet. Dies zu Lebzeiten und auch noch Jahrzehnte nach Alfonsinas Tod, als er längst arriviert ist: Er schiebt sie aus dem Licht, in die Unsichtbarkeit, betreibt aktiv ihr Vergessen und Verschwinden, so hartnäckig wie der finstere Klosterbibliothekar Jorge von Burgos in Umberto Ecos *Der Name der Rose,* der die Freude und das Lachen von Jesus Christus für so gefährlich hält, dass er sie aus der Welt schaffen will und dafür Menschenleben opfert. Diese Biografie ist deshalb auch eine Geschichte vom Leben und Weiterleben, eine Geschichte des Erinnerns an einen Menschen, eine Schriftstellerin.

*Internet*
Im Herbst 2009 stieß ich zum ersten Mal auf Bilder, die mit «Alfonsina Storni» getaggt waren, sie aber nicht darstellen. Offenbar wusste kaum jemand, wie Alfonsina Storni ausgesehen hatte. Eine Online-Recherche bestätigte, dass viele «Alfonsinas» im Umlauf waren und arglos weitergepostet wurden. Diese Fehler blieben bis heute unentdeckt, jedenfalls regte sich nirgends Widerspruch. Eines dieser Bilder wurde gar in einem Gedichtband von Alfonsina Storni als ganzseitiges Porträt der Autorin abgedruckt. Offenbar wussten der Verleger, der Herausgeber und der Übersetzer nicht, wie ihre Autorin ausgesehen hatte, als sie die Datei aus dem Internet fischten. Das Buch wurde in der Neuen Zürcher Zeitung besprochen, auch der Rezensent deckte den Irrtum nicht auf. Noch immer kommt

diese «Alfonsina Storni» durch flinke Kopisten und Verlinker zum Vorschein, auch im Programm eines Literaturfestivals, an dem ich 2023 die Werkausgabe vorstellte. Der Organisator hatte mich nicht gefragt, obwohl ich vor den Falschbildern gewarnt hatte. – Wer ist diese falsche Alfonsina Storni? Julia de Burgos García, 1914 in Puerto Rico geboren, war Lehrerin und schrieb Lyrik und Radioprogramme für Kinder. Nach zwei gescheiterten Ehen verlebte sie ihre letzten zehn Jahre in Manhattan. Im Morgengrauen des 6. Juli 1953 brach sie schwer alkoholisiert auf der Fifth Avenue zusammen. Sie trug keinen Ausweis bei sich. Im Spital von Harlem starb sie anonym und wurde in einem Gemeinschaftsgrab auf Hart Island beigesetzt. Erst als Angehörige in Puerto Rico sie auf Polizeifotos erkannten, ließ man die Leiche exhumieren und nach Puerto Rico überführen. Für Julia de Burgos war Alfonsina Storni keine Unbekannte, denn deren erste fünf Gedichtbände waren in ganz Lateinamerika populär. Alfonsina Storni habe «Sinn für die Tragik des Lebens», soll Julia de Burgos gesagt haben. Das Foto von ihr ist eine Studioaufnahme: «Storni fand sich nicht fotogen, jedenfalls nicht hübsch, deshalb gibt es auch keine Studioaufnahme von ihr», teilte mir Alicia Heinrich Sanguinetti, die Tochter der berühmten Fotografin Annemarie Heinrich, über eine gemeinsame Bekannte mit. Dass Storni «hässlich» gewesen sein soll, ist eine verbreitete Ansicht, die auch Gabriela Mistral zu Ohren gekommen war. Sie dementierte vehement.

*Wiese, Waldrand und Seeufer*
Alfonsina Storni liebte die Natur, war gern unter freiem Himmel, dichtete über Flüsse und Blumen, umarmte Bäume. Auf den Wiesen rund um ihren Geburtsort Sala wachsen Apfelbäume, seit kurzem auch alte Sorten, die die Gruppierung Pro Frutteti vor dem Verschwinden retten will. Eine dieser alten Apfelsorten wurde nun Alfonsina getauft. Saftig und schmackhaft auf der Zunge zu liegen, ist Alfonsina Storni bestimmt angenehm. Dass aber eine nackte Frauenbüste beinahe ihren Geburtsort entzweie, dürfte sie mit gemischten Gefühlen erfüllen: Verlegenheit, dass man schon wieder so viel Aufhebens um ein Denkmal macht. Verwunderung und auch ein wenig Stolz auf das Lehrstück über direkte Demokratie in ihrer alten Heimat. Anfang 2021 gingen erstmals die Wellen hoch: Der Gemeinderat hatte einen künstlerischen Auftrag vergeben und darüber bestimmt, dass die Statue für Alfonsina Storni vor dem Geburtshaus aufgestellt werden sollte, dies ohne vorherige Anhörung von Einwohnern oder Sachverständigen. Die mangelhafte Kommunikation des Entscheids führte dazu, dass die Gemeinde das Werk schon zwei Monate später erstmals zu

sehen bekam: eine Büste, durchaus in der Tradition der angejahrten Vorstellung vom heroischen Selbstmord wie im Spielfilm *Alfonsina* von 1957, auf dessen Filmplakat oder beim Monument von 1963 auf dem Friedhof La Chacarita. Aus der Ferne erlebte ich mit, wie sich unter der Einwohnerschaft Widerstand regte; er wurde heftiger, es folgten Anfragen bei politischen Instanzen und eine Petition, schließlich gab die Kantonsregierung dem Begehren seitens der Einwohnerschaft nach, und es kam zur Abstimmung über die Frage: Soll das bereits fertiggestellte und bezahlte Auftragswerk vor dem Geburtshaus von Alfonsina Storni aufgestellt werden? Im April 2022 durften die im Ortskern Wohnhaften abstimmen; 62% der 418 Einwohnerinnen und Einwohner legten ein Nein in die Urne. Seither ist in der Capriasca Ruhe eingekehrt. Es bleibt bei den «mele Alfonsina». – Im Sommer 2023 konnten Wanderer auf einer Vorarlberger Wiese Alfonsinas Abschiedsgedicht lesen und via QR-Code zweisprachig anhören; es war in einem der zehn Holzhäuschen des Poesiewanderwegs ausgestellt. Ein Zürcher Künstler schrieb im Mai 2024 eines ihrer Gedichte großformatig ab und hängte es am Waldrand in Zürich auf. Zauberhaft gelegen ist die Rivetta Alfonsina Storni, klein, aber fein, an schönster Lage in Lugano: ein Plätzlein am Uferweg, deshalb Rivetta und nicht Riva. Unter Platanen steht eine Sitzbank, von

der aus man auf den See hinausschauen kann. Verantwortlich dafür ist eine städtische Kommission von Lugano, die seit einigen Jahren Straßen, Gassen und Plätze ausmacht, die Frauen gewidmet werden können. Aus privater Quelle vernahm ich, dass es auch in Lugano zu Diskussionen kam. Die Wahl des Seeufers fand man nicht sehr glücklich. Die Nähe zum Wasser könne bei einer Selbstmörderin wie Alfonsina Storni falsch verstanden werden. Am Ende setzte sich der Vorschlag zum Glück durch; in der Tessiner Öffentlichkeit hat Alfonsina ein hübsches Plätzchen bekommen, für das sie der Straßenbenennungskommission dankt. Ein prominenter Platz oder eine vielbefahrene Straße wären nichts für sie gewesen.

*Sich selbst fortschenken*
«Ich lebe, habe gelebt und werde leben», dichtet Alfonsina Storni 1919, im Todesjahr der rund zwanzig Jahre älteren Rosa Luxemburg. Letztere meldete sich nach einer wichtigen politischen Niederlage in der Zeitung zu Wort: «Ich war, ich bin, ich werde sein». Rosa und Alfonsina leben. Menschen, mit denen man zusammenlebt, verändern einen. Ich habe begonnen, in einen intensiven Austausch mit Alfonsina Storni zu treten und über sie zu forschen, habe aber bald gemerkt, dass sie auch mich erforscht. Sie hat mein Leben umgepflügt wie

einen Acker, der neu bestellt werden soll. Sie war dabei, als ich zu wilderen und kunstvolleren Reisen mit anderen historischen Frauen aufbrach. Die Hörspiele der *Trilogie des Zeitlosen* entstanden – und alles, was ich danach erschuf. – Ist das maßlos? Alfonsina lacht. Schon im Kindergarten sagte man ihr, sie solle sich mäßigen, aber es hat nichts genützt. Wer unbändig ist, verwirrt die Welt. Manche machen einen Bogen um uns herum, andere errichten Holzstöße für Hexen. Alfonsina Storni lacht über eine Welt, in der jeder bleiben muss, was er nicht mehr ist. Leichter ist mein Leben nicht geworden, seit sie bei mir ist, aber es ist wichtig und richtig, der Seele mehr Freiheit zu geben. Hier endet meine Antwort auf die Frage, wie ich auf Alfonsina Storni gekommen bin. Es ist mit ihr so geheimnisvoll wie mit anderen, deren Wirken ich ein Stück weit in die Welt zurückgebracht habe. Eines Tages erzähle ich vielleicht auch, wie Jakob Ruf und Etty Hillesum, Hildegard von Bingen und Meister Eckhart, Hannah Arendt und Rosa Luxemburg zu mir gekommen sind, um sich selbst im Hier und Jetzt fortzuschenken.

# NACHWEISE

Die Zitate aus der fünfbändigen Werkausgabe von Alfonsina Storni sind durch farbige Zahlen am Seitenrand nachgewiesen; dort finden sich die vollständigen Texte, die spanischen Originaltitel und Angaben zur Erstpublikation. Texte von Alfonsina Storni, die nicht in der Werkausgabe enthalten sind, habe ich für diese Biografie erstmals ins Deutsche übersetzt; die Nachweise stehen beim jeweiligen Kapitel. Abgesehen von wörtlichen Zitaten aus dem Werk von Dritten nenne ich hier die für mich wichtigsten Werke für das jeweilige Thema; aus Platzgründen verzichte ich auf Mehrfachnennung.

**Werkausgaben von Alfonsina Storni**
Alfonsina Storni: Obras completas I: Poesía y ensayo. II: Prosa. Editado por Delfina Muschietti. Oviedo 1999 / 2000.
Alfonsina Storni: *Chicas. Kleines für die Frau.* Herausgegeben, übersetzt und mit einem Nachwort von Hildegard E. Keller. Mit Geleitwort von Georg Kohler. Zürich 2021. – Alfonsina Storni: *Cuca. Geschichten.* Herausgegeben, übersetzt und mit einem Nachwort von Hildegard E. Keller. Mit Geleitwort von Elke Heidenreich. Zürich 2021. –Alfonsina Storni: *Cardo. Interviews & Briefe.* Herausgegeben, übersetzt und mit einem Nachwort von Hildegard E. Keller. Mit Geleitwort von Denise Tonella. Zürich 2021. – Alfonsina Storni: *Cimbelina. Theaterstücke.* Herausgegeben, übersetzt und mit einem Nachwort von Hildegard E. Keller. Mit Geleitwort von Daniele Finzi Pasca. Zürich 2021. – Alfonsina Storni: *Ultrafantasía. Lieblingsgedichte.* Handverlesen, übersetzt, illustriert und mit einem Nachwort von Hildegard E. Keller. Zürich 2022.

**Europa**
Zum Empfang in Spanien: Francisco Madrid: Alfonsina Storni en Barcelona. El Hogar, 23. Oktober 1948. – Die Reiseroute der ersten Europareise (Barcelona, Madrid, Sevilla, Lugano, Tesserete, Lugaggia, Sala, Paris) ist rekonstruiert aus Interviews und dem Brief von Michele Storni (*Cardo*, 92). – «Fast alle schreibenden Frauen …»: Alfonsina Storni: *Desovillando la raíz porteña.* In: Homenaje a Buenos Aires en el cuarto centenario de su fundación. Buenos Aires 1936, 333–367, 344 (übersetzt von Hildegard E. Keller). – Zur Cap Arcona und ihrer bewegten Geschichte: Stefan Ineichen: Cap Arcona 1927–1945. Märchenschiff und Massengrab. Zürich 2015.
Zu Concha Mendez: Begoña Martínez Trufero: La construcción identitaria de una poeta del 27: Concha Méndez Cuesta (1898–1986).

Madrid 2011; Paloma Ulacia Altolaguirre: Concha Méndez: Memorias habladas, memorias armadas. Madrid 1990, 72–82; die in Buenos Aires veröffentlichten Debüts: Concha Méndez: Canciones de mar y tierra. Buenos Aires 1930; Consuelo Berges: Escalas. Buenos Aires 1930. – Zu Salvadora Medina Onrubia, ihrem Schicksal nach dem Tod von Carlos, zum Spiritismus und zur Theosophie nach Annie Besant: Vanina Escales: ¡Arroja la bomba! Salvadora Medina Onrubia y el feminismo anarco. Buenos Aires 2019, 107–134.

«Die Singermans waren …»: Berta Singerman: Mis dos vidas. Buenos Aires 1981, 13. – Zur Diktatur und ihrem Rückschlag für die Feministinnen: Stella M. Longo: La prosa periodística de Alfonsina Storni por los derechos civiles de las mujeres. Alfonsina Storni y el campo intelectual. In: Sara Beatriz Guardia (ed.): Mujeres que escriben en América Latina. Lima 2007, 465–480.

Biografien zu Alfonsina Storni: Graciela Gliemmo / Ana Silvia Galán: La otra Alfonsina. Buenos Aires 2002; Tania Pleitez: Alfonsina Storni: Mi casa es el mar. Madrid 2003. Graciela Gliemmo: Alfonsina Storni. In: Mujeres argentinas. Hg. von Graciela Batticuore. Buenos Aires 2006, 141–179; [Josefina Delgado: Alfonsina Storni. Una biografía. Buenos Aires 1990].

Zur Familie Storni: Zwischen 2009 und 2017 durfte ich Gespräche mit Angehörigen der Familie Storni im Tessin und in Argentinien führen: Guillermo Storni, Buenos Aires, Carlo Storni †, Lugaggia; Bruno Storni †, Adliswil. – Zanon Dal Bos Nachlass enthält Informationen zur Genealogie und der Familiengeschichte, die er aus Gesprächen mit Alejandro Storni gewonnen hat; seine Aufzeichnungen befinden sich in der Biblioteca cantonale di Lugano, Archivio Prezzolini, Raccolta Alfonsina Storni (unten nur noch als: Raccolta Storni). – Weitere Informationen: Conrado Nalé Roxlo / Mabel Mármol: Genio y figura de Alfonsina Storni. Buenos Aires 1966; Carlos A. Andreola: Dos articulos editos acerca de Alfonsina Storni. Buenos Aires 1970; ders.: Alfonsina Storni, inédita. Buenos Aires 1974; ders.: Alfonsina Storni: vida – talento – soledad. Buenos Aires 1976.

Zur Familie Martignoni (Paulina Martignoni; Gaspare und Angiolo Martignoni): Auskünfte von Damiano Robbiani, Archivio storico della Città di Lugano.

## Chaplin

Zu Micaela Feldman: Sie schloss sich in Rosario den Anarchistinnen an, studierte an der Universität von Buenos Aires Zahnmedizin und lernte Hipólito Etchebéhère bei der Studentenzeitschrift Insurrexit kennen; dort schrieb auch Storni (*Am Scheideweg*. In: *Cuca*,

190–192). Alfonsina machte Mica mit Salvadora Medina Onrubia bekannt. Ich verwende die spanische Schreibung Mica aus Stornis Briefen (Cardo, 71–84). Diese Briefe aus dem Nachlass von Feldman hat mir Elsa Osorio zugänglich gemacht, sie stammen aus den Recherchen zu ihrem biografischen Roman *Die Capitana* (Berlin 2011; dort mit Schreibung Mika).

Zu *Cymbeline um 1900* von Alfonsina Storni: Julio Prieto: *Cimbelina en 1900 y pico. Las técnicas de la (re)escritura en el teatro de Alfonsina Storni.* Latin American Theatre Review 1998, 32.1, 25–40; May Summer Farnsworth: Feminist Rehearsals. Gender at the Theatre in Early Twentieth-Century Argentina and Mexico. Iowa City 2023, 141; Beatriz Seibel: Historia del teatro argentino: desde los rituales hasta 1930. Buenos Aires 2002, 678ff.; Celia Garzón-Arrabal: El teatro de Alfonsina Storni. Feminismo e innovación. Chapel Hill 2008, 142–187. – Zu Luigi Pirandello in Argentinien: Seibel 2002, 689. – Zum Spiel mit der Weltkugel: Podcast Alfonsina Storni, Nr. 3 https://www.alfonsinastorni.ch/2022/02/22/alfonsina-storni-und-das-lachen/ – Alfonsina Stornis Sonett an die Akademie ist abgedruckt in Andreola 1976, 311; dort findet sich auch der Satz «Die Lebensumstände …».

«Ich habe meine Mutter …»: Gesprächsnotizen von Angelo Zanon Dal Bo und Alejandro Storni, 1976 (Raccolta Storni). Bei dieser Gelegenheit nannte Alejandro Storni auch die Reiseroute. – Im selben Archiv befindet sich auch der Briefwechsel zwischen Michele Storni und Olga Storni nach Alfonsina Stornis Tod (Briefe vom 10. November 1938 und 2. Februar 1939).

Zu *Polyxena und die kleine Köchin* von Alfonsina Storni und dem Einfluss des Avantgarde-Theaters in Lateinamerika (u.a. Luigi Pirandello und Bert Brecht): María A. Salgado: Reflejos de espejos cóncavos. El teatro clásico en las farsas pirotécnicas de Alfonsina Storni. Latin American Theatre Review 1996, 30.1, 21–29; Garzón-Arrabal 2008, 111–141; Summer Farnsworth 2023, 140–145; zu Euripides als dem «sensiblen Verkannten»: Therese Fuhrer/Martin Hose: Das antike Drama. München 2017, 41ff.; zum Jungfrauenopfer: Albert Henrichs: Blutvergießen am Altar. In: Gewalt und Ästhetik zur Gewalt und ihrer Darstellung in der griechischen Klassik. Hg. von Bernd Seidensticker und Martin Vöhler. Berlin 2006, 59–90, hier 72. – Der Wahlspruch der Zeitung Crítica im Original: «Dios me puso sobre vuestra ciudad como un tábano sobre un noble caballo para picarlo y tenerlo despierto. Socrates» – Zu Federico García Lorca, seinem Aufenthalt in Buenos Aires und «La Barraca»: Ian Gibson: De Nueva York a Fuente Grande (1929–1936). Barcelona 1987; Osvaldo

Pellettieri (ed.): Dos escenarios: intercambio teatral entre España y la Argentina. Buenos Aires 2006; Gustav Siebenmann: Der Surrealist García Lorca. In: Sinn und Sinnverständnis. Hg. von Ludwig Schrader und Karl Hölzl. Berlin 1997, 87–97 (mit Deutung von Stornis Gedicht).

Zu Chaplin für Kinder: Seibel 2002, 688ff.; zu *Ein Traum am Wegrand* Garzón-Arrabal 2008, 235–239; Aufführungs- und Textinformation nach Andreola 1976, 322.

### Zugfenster

Zur Gründung der Stadt Buenos Aires: Die erste Beschreibung stammt von dem bayrischen Landsknecht Ulrich Schmidl, der mit Pedro de Mendoza an den Río de la Plata gereist war: Reise in die La Plata-Gegend 1534–1554. Bearbeitung und Kommentar von Franz Obermeier. Straubing 2008. – Alfonsina Stornis Rede *Über den Ursprung von Buenos Aires* in: Storni 1936 (siehe Kapitel Europa).

Zu Manuel Ugarte: Norberto Galasso: Manuel Ugarte. Buenos Aires 1974; Norberto Galasso, Domingo Merlino, María C. Ardanaz (eds): Los malditos. Hombres y mujeres excluídos de la historia oficial de los argentinos. 2 vols. Buenos Aires 2005; Dokumentarfilm Manuel Ugarte: El destino de un continente / Manuel Ugarte. Das Schicksal eines Kontinents, 2023.

Zu den Theaterstücken für Kinder: Alfonsina Storni: *Teatro infantil.* Buenos Aires 1950. Es ist unklar, wer diese Texte (und auf welcher Grundlage) herausgegeben hat, vermutlich handelt es sich um Manuskripte aus dem Archiv des Kindertheaters. Blanca de la Vega steuert gewisse Regieanweisungen bei, ein Musiker setzt Alfonsina Stornis Melodien in Noten um. – Die Texte dieser Edition wurden in die von Delfina Muschietti besorgte Ausgabe (Band 2) aufgenommen. – Die literaturwissenschaftliche Erforschung von Stornis Kindertheater hat erst begonnen: umfassend Garzón-Arrabal 2008, 188–241; Marcelo Bianchi Bustos: Una mirada a los textos dramáticos de Alfonsina Storni destinados a los niños. Argus-a. Dez. 2020.

Zu *Die Technik von Mister Dougall* von Alfonsina Storni: Garzón-Arrabal 2008, 83–101; den Kampf gegen den Alkoholmissbrauch untersucht Sönke Bauck: Nüchterne Staatsbürger für junge Nationen. Die Temperenzbewegung am Rio de la Plata (1876–1933). Stuttgart 2018. – Zum Marschlied *It's a long way to Tipperary:* https://www.youtube.com/watch?v=cPk21CoWpkg. Die Hymne der Fußballmannschaft River Plate im Dezember 1932 mit dem Orchester Francisco Canaro, gesungen von Ernesto Famá: https://youtu.be/scuXjfyjCWw?si=jpdZXakGuOIo6Z-m. Zur Geschichte des Liedes im argentinischen Fußball: https://anotandofutbol.blogspot.com/2018/03/river-plate-parte-4.html und https://www.youtube.com/watch?v=xbXkMmd_10c.

Zur angeblichen «Urtraurigkeit in Südamerika»: Hermann Graf von Keyserling: Südamerikanische Meditationen. Berlin/Stuttgart 1932. Der Autor war bei Victoria Ocampo zu Gast, überwarf sich mit ihr und schrieb über den Entwicklungsstand von Lateinamerika und der Frauen. Siehe Victoria Ocampo: *Against the Wind and the Tide.* Translated by Doris Meyer. New York 1979.

Zum Tourismus: Jennifer Valko: Tourist Gaze and Germanic Immigrants in Roberto Arlt's Aguafuertes patagónicas. In: Revista Hispánica Moderna 62.1 (2009), 77–91, hier 79–81. – «Als ich die Pampa …»: Paloma Ulacia Altolaguirre: Concha Méndez: Memorias habladas, memorias armadas. Madrid 1990, 80.

Zu Horacio Quiroga und seinem Selbstmord: Emir Rodríguez Monegal: El desterrado. Vida y obra de Horacio Quiroga. Buenos Aires 1968; Ezequiel Martínez Estrada / Horacio Quiroga: El hermano Quiroga. Cartas de Quiroga a Martínez Estrada. Montevideo 1968; Tania Pleitez Vela: El suicidio y la bruma bonaerense. In: Cuadernos Hispanoamericanos 664, Okt 2005.

«Auf der Reise von Warszawa …»: Krzysztof A. Kuczyński: Ingeborg Bachmanns Polenreise. In: Acta Universitatis Lodziensis. Folia Litteraria. 11, 1984, 111–121, hier 118 (mit Dank an Jörn Münkner). – Zu den Reden in Montevideo: Gabriela Mistral: *Acto de obediencia a un ministro.* In: El ojo atravesado II. Gabriela Mistral entre los uruguayos. Edited by Verónica Zondek and Silvia Guerra. Santiago 2007, 61–66; Juana de Ibarbourou: *Casi en pantuflas.* In: Obras escogidas. Selección y prólogo por Sylvia Puentes de Oyenard. Buenos Aires 1998, 233–241.

**Ich geh schlafen**

«Mitschaffende sucht Zarathustra …»: Friedrich Nietzsche, Zarathustra, Vorrede 9. In: Kritische Studienausgabe, Band 4, 26. – «Lesen ist …»: Marina Zwetajewa: Der Dichter über die Kritik (1926). In: Dies.: *Ein gefangener Geist.* Essays. Frankfurt am Main 1989, 7–43, 37 und 41; Georgji Efron. *Tagebücher 1940–1943.* 2 Bände. Wien 2022; zur Einreichung für den Literaturpreis: Juan José Urquiza: Alfonsina Storni frente al público. In: ders.: Imágenes y recuerdos de Buenos Aires. Buenos Aires 1998, 13–21.

«Am Morgen stellte …»: Alejandro Stornis Aussagen stammen aus den Gesprächsnotizen von Zanon Dal Bo (Raccolta Storni). – Zu jiddischsprachigen Medien: Alejandro Dujovne: Cartografía de las publicaciones periódicas judías de izquierda en Argentina, 1900–1953. Revista del Museo de Antropología 2008,1, 121–138; Mimi Pinzón: Alfonsina Storni. In: Di idische froi 1951, 5, 16.

«Worte, die aus dem Herzen ...»: A. J. Zacusky: Las traducciones como medio de hacernos conocer (1943), zit. nach Liliana Ruth Feierstein: Babel. ¿Heredad Judaica? ¡Davke! Las revistas culturales judías en Argentina. La riqueza de una herencia ignorada. In: Múltiples identidades. Hg. Verena Dolle. Berlin 2012, 51–70, hier 53.

Zu den Faupels: Beiträge von Oliver Gliech in: Reinhard Liehr, Günther Maihold und Günter Vollmer (Eds.): Ein Institut und sein General. Wilhelm Faupel und das Ibero-Amerikanische Institut in der Zeit des Nationalsozialismus. Frankfurt 2003; zu Edith Faupel auch https://victordeutsch.com/edith-faupel-y-el-mito-indigenista/.

Zur finanziellen Lage von Alfonsinas Mutter: Gesprächsnotizen von Zanon Dal Bo, Raccolta Storni; zu Angiolo Martignoni: Mauro Cerutti: Le Tessin, la Suisse et l'Italie de Mussolini. Fascisme et antifascisme 1921–1935. Lausanne 1988; Robert Bianchi: Il Ticino politico contemporaneo, 1921–1975. Locarno 1989, 159–161, dort ist auch der militärische Gruß zitiert.

**Monumente**

Zum Weiterleben von Alfonsina Storni in Argentinien: María Gabriela Mizraje: Argentinas de Rosas a Perón. Buenos Aires 1999, 171–187, besonders 174ff.; zum Monument in Mar del Plata und seiner Positionierung: Manuel García Brugos: 50 años de vida Literaria y Artística en Mar del Plata. Buenos Aires 1965, 73f.

«Ein Archetyp ...»: Die Aussagen stammen aus einem Zeitungsausschnitt in La Prensa, den Angehörige der Familie Storni ihren Verwandten im Tessin geschickt haben; ohne Datierung, vermutlich aus dem Besitz von Michele Storni, heute Raccolta Storni.

Nobelpreisträgerin in Rom: Zu Gabriela Mistral und Doris Dana liegt nun der Briefwechsel vor (Gabriela Mistral / Doris Dana: *Doris, vida mía*. Cartas. Edición y notas de Daniela Schütte González. Santiago de Chile 2021) sowie der erste Band der Biografie von Elizabeth Horan: Mistral, una vida. Solo me halla quien me ama. 1889–1922. Barcelona 2024, 269–273; die beiden anderen Bände sollen 2025 (zu den Jahren mit der Mexikanerin Palma Guillén) und 2026 (zu den Jahren mit Doris Dana) erscheinen.

«Obwohl man oft ...»: Diese Teile von Gabriela Mistrals Rede habe ich hier erstmals ins Deutsche übersetzt. Ein Fragment der Rede habe ich für den Band *Cardo* übersetzt; es war das Einzige, was zu jenem Zeitpunkt bekannt war, ich stützte mich damals auf: Gabriela Mistral: Recados para hoy y mañana: textos inéditos. Santiago de Chile 1999, Bd. 1, 204–206, auf Deutsch in: Cardo, 245–248. Erst nach Erscheinen des Bandes der Werkausgabe fand ich das vollständige Typoskript im Anhang des handschriftlichen Entwurfs (Gabriel Mistral. *Algo sobre Alfonsina Storni* [manuscrito] Gabriela Mistral. Archivo del Escritor. Disponible en Biblioteca Nacional Digital de Chile https://www.bibliotecanacionaldigital.gob.cl/bnd/623/w3-article-136978.html. Accedido en 4.5.2024.

Zu Kurt Land und Amelia Bence: Edith Blaschitz: Argentinien. In: Wie weit ist Wien. Lateinamerika als Exil für österreichische Schriftsteller und Künstler. Hg. von Alisa Douer und Ursula Seeber. Wien 1995, 21–26; Amelia Bence, Raúl Etchelet: La niña del umbral. Buenos Aires 2011, 163. – Conrado Nalé Roxlo: Cómo la conocí a Alfonsina Storni. In: Vosotras, 25. Januar 1957; Olimpia [Perelli]: Alfonsina, mi hermana. Semblanzas sobre su niñez. In: Vosotras, 1. Februar 1957 (Originale, vermutlich aus dem Besitz von Michele Storni, heute Raccolta Storni). – Zur Kritik am Film: Domingo Di Nubila: Historia del Cine Argentino. Buenos Aires 1960, II, 224; Hannah Arendt: *Home to Roost: A Bicentennial Address.* The New York Review of Books. 26. Juni 1975.

«Durch den weichen Sand …»: Félix Luna: *Alfonsina y el mar,* Übersetzung von Hildegard E. Keller.

### Comeback

Zum Film des Tessiner Fernsehens: *Vista lago – Itinerario attraverso la Capriasca.* Von Francesco Canova, RSI, 31.07.1967 (mit Dank an Carla Borla und Olmo Giovannini). https://www.rsi.ch/s/2138383.

Zur ersten Tessiner Anthologie: Alfonsina Storni: *Poesie. Antologia.* Traduzione dallo spagnolo, scelta, note e appendice di Angelo Zanon Dal Bo. Lugano 1973; zur Idee: Nadia Gabi: Los pasos de Alfonsina Storni. Noticiero Latinoamericano, Genf, 26.1.1984 (Raccolta Storni). – Informationen und Fotos aus dem privaten Nachlass der Familie Zanon Dal Bo, mit Dank an Sophie Agata Ambroise. – Zur Anthologie: Exposición de la Actual Poesía Argentina, 1922–1927. Hg. César Tiempo y Pedro Vignale. Buenos Aires 1927. – Der Nachlass von Salomé Kestenholz befindet sich im Schweizerischen Sozialarchiv in Zürich (Ar 168). – Zum Weiterwirken: Alberto Nessi: Rabbia di vento. Un ritratto della Svizzera italiana attraverso scritti e testimonianze. Bellinzona 1986, 107.

«Wir haben Alfonsina …»: Bericht über die Dreharbeiten mit Regisseur Dino Balestra. La Nación, 25. Januar 1976. https://www.rsi.ch/play/tv/-/video/alfonsina-storni-e-largentina?urn=urn:rsi:video:1853461

– «Ich sah sie …»: Fermín Estrella Gutiérrez: Recuerdos de la vida literaria. Buenos Aires 1966, 89; ders.: Alfonsina Storni. Su vida y su obra. In: Boletín de la Academia Argentina de Letras 1959, 24, 29–55. – Jorge Luis Borges: *La vida y el canto*. Radio Rivadavia, Buenos Aires, August 1979, zit. Sergio Delgado: Variaciones Borges, 2017, 44, 7–22; in einem Interview für RSI behauptet Borges, in seiner Jugend sei er in Lugano gewesen, doch diese Aussagen finden Experten aus dem Tessin nicht stichhaltig: https://www.rsi.ch/play/tv/-/video/jorge-luis-borges-a-lugano?urn=urn:rsi:video:11345808.

Franca Cleis und die Tessiner Autorinnenforschung: Cleis, Franca: Ermiza e le altre. Il percorso della scrittura femminile nella Svizzera italiana con bibliografia degli scritti e biografie delle autrici. Torino 1993; Alfonsina Storni: *Poemas de amor*. Edizioni Casagrande 1988 (mittlerweile in dritter Auflage); Alfonsina Storni: *Vivo, vivrò per sempre e ho vissuto*. A cura di Franca Cleis e Marinella Luraschi-Conforti. Balerna 2008.

Zu Delfina Muschiettis Verdiensten: abgesehen von der spanischen Gesamtausgabe hat sie Borges' Avantgarde-Behauptung kritisch analysiert (Muschietti 2003); anlässlich ihres Tessinbesuchs wurde sie von einer Schulklasse aus Tesserete interviewt: https://tesserete.sm.edu.ti.ch/wp-content/uploads/sites/45/2020/06/18_Storia_Alfonsina-Storni_Mosaico_2009.pdf.

**Frei**
*Der Vorabend aller Pracht: eine Lesereise durch zwei Jahrhunderte argentinischer Erzählkunst und Poesie.* Ausgewählt und zusammengestellt von Michi Strausfeld. Mit Skulpturen, Objekten und Malerei von Alberto Heredia & Zeichnungen von Martin Kovensky. Die Horen. 238, Jg. 55/2 (2010). – Zu meinen Kurzfilmen, Performances und dem Band *Cronache* (Bellinzona 2017) siehe www.alfonsinastorni.ch

Zu Gabriela Mistral: Licia Fiol-Matta: A Queer Mother for the Nation: The State and Gabriela Mistral. Minnesota 2002; Elizabeth Horan 2024; auch Francisco Casas, der Mistrals Leben mit ihrer amerikanischen Sekretärin Doris verfilmen wollte, stieß in Chile auf großen Widerstand.

«Ironically …»: Summer Farnsworth 2023, 84. – Die Erzählung *Cuca* in: Sandra Kegel (Hg.): *Prosaische Passionen. Die weibliche Moderne in 101 Short Stories.* München 2022. – Zu Alejandros Vater: Andreola 1976; Pleitez 2003.

# BILDNACHWEISE

Die Abbildungen in diesem Buch stammen aus den nachstehend genannten Institutionen sowie aus gemeinfreien Quellen, aus Privatbesitz von Bruno Storni (†), Esther Cattaneo-Storni, Tesserete, Guillermo Storni, Buenos Aires, und Hildegard Keller, Zürich. Der Verlag dankt für die freundliche Überlassung.

Bellinzona, Fondazione Pellegrini Canevascini: 29, 208–209.
Berlin, Ibero-Amerikanisches Institut, Preußischer Kulturbesitz: 8, 33, 62, 64, 86, 89, 93, 149, 170, 204–205, 231, 242–243, 255–256.
Bloomington, Lilly Library, Indiana University Libraries: 112–113.
Buenos Aires, Archivo General de la Nación: 12, 38, 48–49, 54–55, 58–59, 98–99, 102–103, 105, 116, 130, 137, 179, 196–197, 250, 296, 324.
Lugano, Biblioteca cantonale, Archivio Prezzolini-Raccolta Alfonsina Storni: 188, 213, 277.
Madrid, Biblioteca Nacional de España, Hemeroteca Digital: 133, 144, 159.
Montevideo, Biblioteca Nacional de Uruguay: 44–45.
Roveredo, Archivio audiovisivo di Capriasca e Val Colla: 26, 80–81, 271.
Santiago de Chile, Biblioteca Nacional Digital de Chile, Archivo del Escritor / Gabriela Mistral: 219.

Für freundliche Unterstützung, auch in allerletzter Minute, danke ich: Nicola Arigoni, Carla Borla, Christa Erbacher von Grumbkow, Vanina Escales, Ariane Herms, Katia Piccinelli, Daniela Eugenia Schutte González, Karin Stefanski und Stefano Vassere.
Mit Rat und Tat haben mich begleitet: Jana Anna, Stephan Bader, Linus Hunkeler, Jörn Münkner, Kathrin Siegfried, Seraina Töndury und, last but not least, Christof Burkard.
Euch allen danke ich von Herzen.

edition Maulhelden

**Nº 1 Hildegard E. Keller & Christof Burkard:
Lydias Fest** zu Gottfried Kellers Geburtstag.

**Nº 2 Hildegard E. Keller & Christof Burkard:
Frisch auf den Tisch.** Leckerbissen der Weltliteratur.

**Nº 3 Alfonsina Storni: Chica.** Kleines für die Frau.
Herausgegeben, übersetzt und mit einem Nachwort
von Hildegard E. Keller. Geleitwort von Georg Kohler.

**Nº 4 Alfonsina Storni: Cuca.** Geschichten.
Herausgegeben, übersetzt und mit einem Nachwort
von Hildegard E. Keller. Geleitwort von Elke
Heidenreich.

**Nº 5 Hildegard E. Keller: WACH.**
Vom Leben und Weiterleben der Alfonsina Storni.
Biografie Band 1 (1870–1929).

**Nº 6 Hildegard E. Keller: FREI.**
Vom Leben und Weiterleben der Alfonsina Storni.
Biografie Band 2 (1930–2024).

Nº 7  **Alfonsina Storni: Cardo.** Interviews & Briefe. Herausgegeben, übersetzt und mit einem Nachwort von Hildegard E. Keller. Geleitwort von Denise Tonella.

Nº 8  **Alfonsina Storni: Cimbelina.** Theaterstücke. Herausgegeben, übersetzt und mit einem Nachwort von Hildegard E. Keller. Geleitwort von Daniele Finzi Pasca.

Nº 9  **Alfonsina Storni: Ultrafantasía.** Lieblingsgedichte. Handverlesen, übersetzt, illustriert und mit einem Nachwort von Hildegard E. Keller.

Nº 10  **Cornelia Roffler: Eigentlich gut.** Geschichten.

Nº 11  **Christof Burkard: Starkstrom.** Kriminalroman.

Nº 12  **Hannah Arendt & Hildegard E. Keller: Die weisen Tiere.** In Vorbereitung.

Nº 13  **Christof Burkard: Fleisch.** Kriminalroman. In Vorbereitung.

Gedruckt mit Unterstützung der Ulrico Hoepli-Stiftung, Zürich

Covermotiv: Emilio Centurión, 1923
Covergestaltung: Hildegard E. Keller
Lektorat und Korrektorat: Kathrin Siegfried
Satz: Linus Hunkeler
Druck: Graspo CZ, a.s. Zlín

ISBN 978-3-907248-06-5. Alle Rechte vorbehalten

© 2024 Hildegard E. Keller
© 2024 Edition Maulhelden / Bloomlight Productions GmbH, Zürich.

www.editionmaulhelden.com

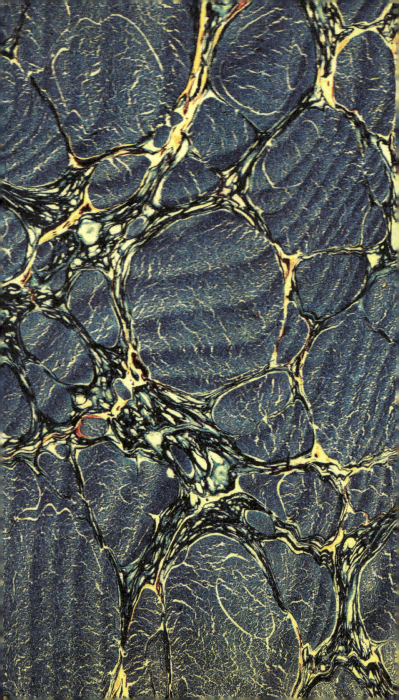